国家社会科学基金一般项目"国家治理视角下
深化两岸融合发展的路径研究"（22BZZ083）阶段性成果

新时代社区组织参与社区治理研究

肖日葵 ◎ 著

九 州 出 版 社 | 全国百佳图书出版单位
JIUZHOUPRESS

图书在版编目（CIP）数据

新时代社区组织参与社区治理研究 / 肖日葵著.
北京：九州出版社, 2025.5. -- ISBN 978-7-5225
-3937-9

Ⅰ. D669.3
中国国家版本馆CIP数据核字第202520QX63号

新时代社区组织参与社区治理研究

作　　者	肖日葵　著
责任编辑	邓金艳
出版发行	九州出版社
地　　址	北京市西城区阜外大街甲 35 号 (100037)
发行电话	(010)68992190/3/5/6
网　　址	www.jiuzhoupress.com
电子信箱	jiuzhou@jiuzhoupress.com
印　　刷	鑫艺佳利（天津）印刷有限公司
开　　本	720 毫米×1020 毫米　16 开
印　　张	15.25
字　　数	250 千字
版　　次	2025 年 6 月第 1 版
印　　次	2025 年 6 月第 1 次印刷
书　　号	ISBN 978-7-5225-3937-9
定　　价	58.00 元

自 序

党的二十大报告指出，完善社会治理体系，健全现代社会治理制度。这为完善基层社区治理指明了方向。推进社会治理体系建设需要加强社区治理和社会组织建设。相应地，推进完善基层社会治理体系，提升基层社区治理能力，迫切需要提升基层社会组织或者社区社会组织的能力，发挥好社区社会组织在完善基层治理中的积极功能，以便更好地调动居民参与，共建、共享基层社会治理成果。

具体地，在新时代、新发展阶段，随着我国社会主要矛盾发生转变，社会利益主体呈现出复杂化、多元化趋势，人民对基层治理、公共服务的需求呈爆发式增长。在此背景下，仅靠政府的作用难以完全适应社会治理各方面的需求，客观上要求在党的领导下，政府、社会、市场和个人之间建立起协商合作与良性互动关系，积极构建社会各方参与社会治理的平台和载体，扩大和完善社会组织参与基层社会治理的制度化渠道，从而形成多元共治合力，完善社会治理格局体系。

尤其需要指出的是，党的十九届四中全会提出构建"人人有责、人人尽责、人人享有的社会治理共同体"，社会组织是不可缺少的重要力量。社会组织具有政府和营利性组织所没有的非行政性、非营利性和志愿性、公益性等独特属性，在了解和反映民生需求、调解公共冲突等方面充当着重要角色。充分发挥社会组织在社会治理中的作用，既有利于弥补政府组织治理资源不足，激发社会活力，也有利于发扬基层民主，有效回应群众需求，促进社会源头治理，还有利于转变社会治理方式，丰富社会治理手段，实现社会治理专业化。

随着我国社会治理体系现代化的不断推进，城市社区建设已经由政府主导的行政化模式向社区自治模式转变，城市社区组织不断兴起。如何增强社区组织能力，并发挥其功能，对推动社区治理现代化具有重要的理论和现实意义。

本书以自组织理论为主要理论视角，采用个案研究方法，研究内容主要包括两部分：一是社区组织的能力建设及其提升机制；二是社区组织如何参与基层社区治理。具体地，第一部分聚焦于社区组织自身能力建设与提升的路径。社区组织的功能发挥需要以自身能力水平的提高为前提。基于此，本书以自组织理论为基础，以社区自组织能力为研究对象，选取金山社区志愿者协会为个案，描述、分析协会自组织能力建设现状、能力建设主要举措，揭示、总结自组织能力建设过程中蕴藏的主要机制。研究表明，机制创新是社区自组织能力建设的推进器，把握能力建设重点是社区自组织能力建设的增效路径。同时，研究也指出"依靠但不依赖"是社区自组织能力建设的重要策略，作为外界环境的政府组织应做好政策调整和制度安排，正确认识居委会与社区自组织的关系，为社区自组织能力发展提供体制空间。第二部分，在乡村振兴背景下，选取海峡城乡发展基金会为个案，关注社区组织如何参与社区治理，特别是海峡城乡发展基金会如何参与乡村振兴。具体地，在梳理社区组织参与社区治理模式基础上，重点探究海峡城乡发展基金会参与社区治理的七个维度，分析海峡城乡发展基金会参与社区治理和乡村振兴的经验、面临的主要问题，以及提升海峡城乡发展基金会参与社区治理效能和乡村振兴成效的对策建议。与以往研究相比，本书将主要内容集中于社区组织能力建设，以及社区组织参与社区治理研究，创新之处在于：

第一，从能力功能和能力内部结构相结合的角度，将社区自组织能力操作化为资源整合能力、自主运作能力、网络建构能力。其中资源整合能力包括人力资源整合能力与财力资源整合能力；自主运作能力包括制度化能力和自我协调管理能力；网络建构能力包括社会关系网络建构能力和与居委会互动能力。通过概念操作化，对社区自组织能力的界定落到了具体的实践操作层面，丰富了社区自组织能力研究。同时，引入组织生命周期的分析视角，认为在社区自组织生长、发展不同的阶段，社区自组织能力建设重点是不同的：萌芽期以资源整合能力建设为重点，成长期以自主运作能力建设为重点，成熟期则以网络建构能力为重点。

第二，将社区自组织能力建设与机制研究紧密结合，认为二者是一体两面的关系。研究发现协会自组织能力建设过程中蕴含的主要机制有开放性机制、需求导向与服务多元机制、资源共享机制、领袖机制、创新机制、民主参与的协商机制、信任机制等。通过揭示能力建设的机制，能更好地认清和把握社区自组织能力提升的路径，可为今后社区自组织能力研究提供新的分析视角。

第三，在探究社区自组织能力建设机制基础上，提升社区组织能力的目的是更好地发挥社区组织在完善社区治理中的角色与功能。为此，研究指出关注社区组织自身建设的同时，发挥好社区组织在社区治理中的作用更为重要。本书进一步关注社区组织参与社区治理的模式，以及社区组织参与社区治理、社区建设和乡村振兴的路径维度等，延展了社区组织研究的学术链条。

肖日葵

2024 年 10 月

目　录

绪　论

第一节　问题的提出

在我国，城市社区组织兴起有着深刻的社会背景。市场经济改革引发社会治理领域"小政府、大社会"的改革，为社区组织的发展奠定了制度和空间基础。作为社会经济体制改革和社会结构调整在城市社区发展中的一种反映[1][2]，城市社区发展经历了由行政主导型社区向合作型社区再向自治型社区转变的过程[3]。而实现每一次转变的关键在于社区组织力量的发展壮大。

从应然角度看，社区组织的生长、发展对社区建设、社区治理具有重要意义。首先，社区组织可成为政府、居委会职能转变的有效载体。随着计划经济时代铁板一块的均质社会为利益多元的异质社会所替代，社区的复杂性不断增加，社区利益群体分化，社区居民需求日益多元化、复杂化，这导致社区管理与服务难度加剧。政府和居委会在应对社区居民需求时，面临着知识不足、能力不足等问题，他们只能提供普遍性的刚性服务，而无法满足居民个性的多样化需求。社区组织的发展有助于充分调动和运用社区资源，降低各种组织、动员和管理成本，提高公共物品的效率；同时发动居民自主参

---

① 魏娜. 我国城市社区治理模式：发展演变与制度创新 [J]. 中国人民大学学报 ,2003,(01):135-140.
② 王思斌. 体制改革中的城市社区建设的理论分析 [J]. 北京大学学报 (哲学社会科学版),2000,(05): 5-14.
③ 潘小娟, 史卫民 , 王时浩等 . 城市基层权力重组 : 社区建设探论 [M]. 中国社会科学出版社 ,2006:306.

与、自主选择、协商互助，有效地兼顾社区公共需求和个性化需求。其次，社区组织为居民参与社区建设提供了更为便捷的平台。由于社区组织是居民因共同需求、利益而自发形成的组织，利益纽带强，居民参与社区的积极性大大提高，这为社区建设奠定了参与基础。再次，社区组织强调平等主体之间的协商、合作，注重建立水平合作的团结关系，这有助于改变以行政命令、服从为特征的行政关系，有利于政府职能的真正转变，推动社区治理由政府主导型向合作型，再向自治型发展。最后，社区组织有利于加强居民日常的沟通、交流和联系，增进相互了解，培养共同情感。松散、灵活的协商组织更容易被居民所使用，成为个人之间互信、互惠的源泉[1]。这种基于居民间合作、互助所形成的互惠、信任关系，有助于改变城市居民邻里因异质性和沟通缺乏而引发的冷淡，提高社区社会资本。总之，社区组织的生长、发展有助于更好地满足居民需求，促进政府、社区居委会职能转变，推动社区治理结构转型，实现政府和社区居民的有效互动合作，进而更好地建构社区共同体，最终实现社区自治，有助于基层社会治理体系的完善和基层治理能力的提升。

然而就现实情况而言，目前我国城市社区组织的发展仍处于较低水平，集中表现为量不多、质不高。在量的方面，能真正担当起推动社区发展和社区自治使命的社区组织在数量上还远远不够；在质的方面，自组织的自治功能太弱[2]。具体说来，首先，社区组织的产生领域更多局限于国家行政权力的剩余领域即行政权力未及或无法覆盖的"真空地带"，是一种行政边界外的自组织[3]，这大大限制了组织层次，使得社区自组织停留在兴趣类、服务类等领域，突出特点是范围窄、公共性不强；其次，社区自组织以组织形式成立的数量少，它们只具备组织的雏形，大多仍处于活动型的松散状态；再次，自组织程度不高，有些组织表面上是自组织，但实际运作过程还是"被组织"；最后，自组织能力弱，社区自组织在生存和发展过程中还面临着诸多困境。

---

① 刘春荣. 国家介入与邻里社会资本的生成 [J]. 社会学研究 ,2007,(02):60-79.

② 曾望军. 论我国社区自组织的自治困境及其成因 [J]. 理论与改革 ,2007,(03):85-88.

③ 余坤明. 转型时期城市社区自治——行政权边界外的自组织 [D]. 华中师范大学 ,2006.

简而言之，社区自组织多半以应急的、非制度化的形态呈现，加之其力量微薄，资源有限，很难长期与居委会并肩前行，流于形式、名存实亡的自治组织不在少数[①]。可见，社区组织还远没有达到社区组织所应该达到的自主治理，自我服务，这限制了社区自组织应有功能的发挥。

在城市社区建设由政府主导的行政化模式逐步转向社区自治模式的趋势下，社区组织应然和实然之间的差距，使如何培育和增强社区组织能力成为紧迫的问题，这也是本书所要探索和研究的问题。进一步说，本研究将致力于探索以下问题：什么是社区组织，其自组织特征有哪些，社区组织能力的构成要素是什么，社区组织能力建设现状如何，其能力建设的机制是什么，存在哪些问题以及该如何应对等。笔者认为，通过对这些问题的研究将有助于进一步探析社区组织发展和能力建设的内在规律，进而提升社区组织能力，促进社区组织功能的发挥。与此同时，随着我国基层治理体系和基层治理能力现代化的不断推进，社区组织在社区治理体系的作用不断提升，社区组织如何更好地参与社区治理，并发挥好社区组织的治理功能成为本书研究的第二个重点。

第二节　文献综述

自 1887 年德国社会学家滕尼斯在《社区与社会》一书中首次提出"社区"概念后，"社区"及其衍生概念如"社区组织""社区治理"等逐渐成为西方学术界研究焦点。20 世纪 30 年代，费孝通、吴文藻等中国学者率先使用"社区"概念，并倡导社区本土化研究。而后随着改革开放以及城镇化进程的不断深入，国内学者对于社区的研究日益多元和广泛。本节旨在系统性梳理"社区组织"与"社区治理"两大核心概念，以及社区组织与社区治理关系的已有研究成果，以期为本书构建基本概念框架奠定基础。

[①] 闵学勤. 社区自治主体的二元区隔及其演化 [J]. 社会学研究 ,2009,24(01):162-183.

一、社区组织研究

（一）社区组织概念研究

社区是社会的基本单元，组织是社区的构成要素。学界对于社区组织的定义主要从组织的主体进行区分。一种观点认为，社区组织是以社区居民为主要参与主体[1]、以满足居民不同需要为目标、在政府和企业之外的非营利性社会组织[2]。也有学者依据我国城市建设和发展的实际状况，以组织的"主要资源提供者"和"主要目标受惠者"为两个变量维度，将社区组织主要形态划分为服务组织、社团组织、经营组织以及非营利组织[3]。

此外，也有研究主张社区组织除了包括民间组织外，还应纳入政府组织。轩明飞研究分析社区组织的具体内涵，认为社区组织大致包括政府组织和社团组织两大部分[4]。刘岩指出中国城市社区组织包含行政化社区组织和民间社区组织两大基本形态。行政化社区组织主要指上级政府部门及其派出机构（主要指街道办事处）主办的社区组织，民间社区组织可以理解为在没有政府介入情况下，自下而上成立并获得合法性的社区组织[5]。

综合上述观点，笔者尝试从组织是否受到外界特定的命令，以及运行机制是否为自组织，将社区组织分为社区自组织和社区被组织。社区自组织主要包括业主委员会、社区专业服务组织、社区发展协会、社区志愿者协会、基金会及各类兴趣队伍等。社区被组织主要包括社区党组织、团组织、妇联以及街道办事处、政府职能部门的派驻机构等。

（二）社区组织特征及其功能机制研究

社区组织作为社会结构的基本单元，对于维持社会稳定、促进社区发展

---

① 李涛,李真,王海英.社会工作培育社区社会组织的功能、路径和方法 [J].中国社会工作,2021,(04):25-27.

② 王名.社会组织论纲 [M].社会科学文献出版社,2013:2.

③ 吴宗友,翟玉龙.论城市社区组织的形态培育和角色定位 [J].中国民政,2003,(11):14-15.

④ 轩明飞.社区组织与社区发展——对社会学概念关系的界定与阐述 [J].科技与经济,2002,(04):27-30.

⑤ 刘岩.城市社区组织的自主性缺失与内源性发展 [J].社会科学战线,2009,(02):207-211.

具有不可替代的作用。学界关于社区组织的研究大致可以概括为三个主要方向：一是对社区组织本身的研究，即关注其特征、性质、结构等要素；二是对社区组织功能和运行机制的分析；三是宏微观视角下的社区自组织及其能力研究。

1. 社区组织的特征、性质、结构要素研究

在明晰概念的基础上，研究发现现有社区组织在组织架构、人员结构和关系互动等方面呈现明显与西方社区不同的特征，包括本土化、非均衡性以及情感维系特征等。具体而言，首先在组织架构方面，与西方相比，社区组织在中国呈现出明显的本土化特征，即官民双重性[①]，这一特征强调了社区组织是介于政府和企业中间地带的社会组织，具有行政管理与社区自治相互交融的特征，例如我国居委会是建立在街道办事处层面上的半官方半自治性机构，其治理手段通常是有效的行政推动和有序的社区自治交织[②]。其次，在人员结构层面，社区组织呈现出人员所属行业间、所在区域间的非均衡性，即社区组织内部人员主要集中在少数行业领域，商业力量主导作用明显；同时在地域分布上，受城乡二元结构和区域经济发展水平的影响，社区组织成员主要来自城镇，其开展活动的场地也多集中在城市，呈现出明显的城乡不均等特征[③]。最后，在关系互动层面，社区组织呈现出明显的情感维系特征，即社区组织所具有的是一种以情感归属为主要纽带的平等纵向关系，而非行政层面上行下效发号施令的垂直管理关系[④]。

在社区组织的类型划分中，大多研究从社区组织承担的功能出发，认为社区组织包括志愿服务类、权益维护类以及公益慈善类等类型[⑤]，也有研究依据社区组织的法律地位将其划分为正式注册的社区组织、在街道或社区备案

---

① 方晓彤.中国社会组织：历史进程、现实状况与发展趋向[J].西南石油大学学报（社会科学版），2017,19(05):71-77.

② 张莺.试论城市社区组织构成的特征[J].经济与社会发展,2010,8(03):119-121.

③ 方晓彤.中国社会组织：历史进程、现实状况与发展趋向[J].西南石油大学学报（社会科学版），2017,19(05):71-77.

④ 姜郸.中国城市社区互动式治理研究[D].吉林大学,2020.

⑤ 刘振，朱志伟.目标与结构：社区社会组织的类型化分析[J].社会工作与管理,2018,18(02):72-77.

的社区组织，以及尚且处于发育中未注册也未备案的社区组织①。不同类型的社区组织在性质方面具有共性，例如学界普遍认为社区组织应具有地域性、自主性、志愿性②和非营利性③等要素。此外，随着对社区研究的逐渐深入，学界现有对社区组织要素的研究也更加细化，更加强调社区组织的社区性与内部性④。

社区组织结构，则经历了从传统向现代的转变，社区组织自主性在持续增强。传统的社区组织结构可以概括为"大政府、小社会""政府统制"结构，政府系统以种种直接、间接的方式消解、抹去了社区自治组织的社会独立性，是政府对于社会组织和成员的单向制约⑤。而现代社区组织结构逐渐转向"经纬式""小政府大社会""群体互动式"结构。当下社区内一般有四个管理性的组织网络，除了像街道办事处作为政府的派驻机构外，还有以市场原则运作的物业管理公司，以及居委会——群众性的半自治性组织和由社区中介组织等构成的组织网络⑥。也有学者在考察中国城市社区组织结构发展变化的历程时发现，我国社区组织结构探索的成就在于社区组织中各个主体在社区治理结构中的地位得以突出，社区治理从单一中心逐步走向多中心；社区组织结构中各个主体的功能逐步分化，并有了制度保障；社区自治组织的组织建设、制度建设得到明显加强⑦。

综上，已有研究阐明了社区组织的基本特征和结构要素，为社区组织研究奠定了坚实理论基础。但同时，伴随时代发展和新政策出台，社区组织作为社区治理的重要主体，其概念界定和结构功能会随着社会的发展而不断演变与更新。

---

① 夏建中.社区社会组织发展模式研究 [M].中国社会出版社，2011:11.

② 张云熙.社区社会组织研究综述 [J].社科纵横,2015,30(04):95-98.

③ 李涛，李真，王海英.社会工作培育社区社会组织的功能、路径和方法 [J].中国社会工作,2021,(04):25-27.

④ 王名.社会组织论纲 [M].社会科学文献出版社,2013:62-65.

⑤ 陆震.社区建设、企业改革和现代社会结构 [J].社会,1998,(05):7-9.

⑥ 王英伟.城市社区组织结构的重建 [J].社会科学家,2003,(02):50-53.

⑦ 卜万红.中国城市社区组织结构的演变与重构 [D].华中师范大学,2004.

2. 社区组织的功能及运行机制的研究

自 1954 年起，我国在城市范围内相继完成了街、居两级组织的组建工作，形成了以街道办事处和居民委员会为核心的两大城市社区基本组织。随着城市更新以及时代变迁步伐的加快，社区组织的功能和运行机制也在不断演变。越来越多学者致力于挖掘社区组织运行机制的创新经验模式，以期完备社区组织功能，持续助力基层治理体系和治理能力现代化。

具体而言，我国社区建设实践表现出了社区组织结构体系复杂化和社区自治化两种趋势。有学者基于社区组织现实问题和学术理论构架基础，提出了社区组织新机制，即各种社区组织在一个中心舞台上进行互动、博弈，并相互之间形成网络型的组织体系，党组织、政府组织、各种利益实体、社会团体均在其职能范围内依法活动，相互支持，促进社区的自主运行、自我发展[1]。同时，在构建和谐社区的基层建设过程中，社区组织的功能也在进一步明确，有研究认为社区组织应扮演社区的调动员、服务员、中介员、协调员，充分发挥社区组织的调动、服务、安全阀、公共治安等职能[2]。其中，社区居委会这一居民自我管理、自我教育、自我服务、自我监督的基层群众性自治组织，在我国社区建设与社区发展过程中也出现了社区组织行政化的倾向[3]。此外，委托-代理理论也被学者运用分析社区政府与社区组织之间的关系问题，研究发现可以通过建立健全内外部激励约束机制，优化社区政府与社区组织的新型互动关系[4]。

尽管社区组织在社区治理，以及促进居民社会参与中发挥积极作用，但也面临诸多复杂挑战。城市社区组织管理体制旧有模式的缺陷主要包括：社区组织结构不合理、社区组织管理职能不明确、社区组织管理目标的设定不

① 夏玉珍,李骏.社区组织体制创新刍议[J].华中师范大学学报(人文社会科学版),2003,(03):44-47.
② 卞国凤.社区组织角色、职能定位与和谐社区建设[J].高等职业教育(天津职业大学学报),2006,(01):61-64.
③ 向德平.社区组织行政化:表现、原因及对策分析[J].学海,2006,(03):24-30.
④ 张会霞.城市社区政府与社区组织之间的新型互动关系[J].中国集体经济(下半月),2007,(02):242-244.

科学，以及社区组织管理制度不健全的问题。①在此基础上，有研究进一步指出，社区组织功能暂未发展全备，资金不足、资源分散、无实质性话语权、相关法规不健全、社区组织较为单一、自我管理落后等问题是社区组织发展的瓶颈②。

值得注意的是，部分学者针对具体社区的个案研究也为社区组织运行机制探索做出了贡献。基于对长春市和心俱乐部、东站十委等的调查资料，刘岩分析了这两个典型城市社区组织的发展特色及其典型意义，探讨社区组织的内源性发展问题，认为体制和资源是制约中国城市社区组织发展的关键因素③。贺丽瑾以南京市的实践探索为例，分析南京经验，总结出南京基层社区组织发展的初步模式，即"应需而生，政府带动，政府他组织与社区自组织的有效对接模式"④。李师坪通过深圳市南山区的案例，探究"自主互动与多元合作"的社会组织体系的建构。就南山区的经验来看，其社区组织体系经历了"居站分设"、社工进站、服务中心建立、综合平台建设的变革，社区新兴专业服务组织的出现进一步促进了组织职能的分化，建构了新的社区组织体系⑤。王秋花则实地考察了惠州市 H 社区组织的发展现状，认为其在塑造社区文化、提供便民服务、倡导公益慈善和维护居民权益等方面发挥着重要作用，然而也面临多元主体对社区组织的重要性认识不足以及社区组织自身获取社会资源的能力较低、发展不均衡等突出问题⑥。

现有研究侧重讨论社区居委会等传统社区组织的具体功能和运行机制，着重关注"社区组织－政府"间关系，但对于社区内其他非营利性社会组织的分析较少，未能进一步分化社区内部不同组织对于社区治理贡献的差异性。同时，已有研究对社区组织的内部治理结构、资金来源、人力资源配置等方

① 张立荣,李莉.当代中国城市社区组织管理体制：模式分析与改革探索 [J].华中师范大学学报（人文社会科学版）,2001,(03):14-19.
② 王雪婷.浅析我国社区组织存在的问题及其对策 [J].福建论坛（社科教育版）,2010,(06):61-62.
③ 刘岩.城市社区组织的自主性缺失与内源性发展 [J].社会科学战线,2009,(02):207-211.
④ 贺丽瑾.城市社会管理创新中的基层社区组织研究 [D].南京师范大学,2012.
⑤ 李师坪.社区社会工作与社区组织体系建构研究 [D].吉林大学,2012.
⑥ 王秋花.社区组织参与城市社区治理的实践与思考——基于惠州市 H 区的调查 [J].惠州学院学报,2017,37(01):19-24.

面的微观探讨和过程研究还有所不足，对社区组织间关系的探究较少。

3. 社会自组织研究

鉴于本书所选取和分析的案例较为集中于社会自组织领域，为了更深入地理解社会自组织的本质、功能、运行机制及其在社会变迁中的作用，有必要对社会自组织的相关研究进行全面的文献梳理，以期在理论和实践、宏观与微观等层面都获得更为深入的认识。

纵观已有的社区自组织研究，主要从宏微观两个层面展开。宏观层面的社区自组织研究，侧重于从市民社会理论、法团主义理论、新制度主义理论、治理理论等角度去探讨社区自组织兴起的宏观背景，社区自组织发展、壮大对社区和社会发展的意义以及社区自组织发展路径等[①]。微观层面的社区自组织研究主要探讨社区自组织的概念内涵、社区自组织类型、社区自组织现实状况、社区自组织个案与特征分析以及社区自组织能力研究等。总的来说，已有研究大致可分为以下三个方面：

（1）社区自组织整体研究

国内直接应用自组织理论来研究社区的成果较为稀少，已有的社区自组织研究主要围绕以下两条路径展开：一是社区自组织概念以及实现自组织的制度设置研究；二是社区自组织困境以及解困研究。

第一类研究是当前社区自组织研究中较为深入和成熟的研究，主要代表人物是华中师范大学的陈伟东教授，他首先将自组织概念引入社区研究中，著有《社区自治——自组织网络与制度设置》一书。该书对当前的社区自治内涵进行了重新界定，提出以自组织理论为框架的社区自治理论[②]。在他看来，社区自组织是指不需要外部具体行政指令的强制，社区成员通过面对面协商，取得共识，消除分歧，解决冲突，增进信任，合作治理社区公共事务的过程，并使社区逐步进入"自我维系"状态。同时，他认为社区自组织有 5 个基本

---

① 肖日葵，萧仕平. 不同理论视角下的社区自组织研究综述 [J]. 天府新论,2009,(01):82-85.

② 即不需要某种外部力量的强制性干预，社区利益相关者习惯于通过民主协商来合作处理社区公共事务，并使社区进入自我教育、自我管理、自我服务、自我约束秩序的过程，这是一个长期发展的过程。参见陈伟东. 社区自治——自组织网络与制度设置 [M]. 中国社会科学出版社，2004.

要素、2 个基本标志①。他指出社区自组织理论的价值在于它克服了目前学术界流行的社区自治概念的缺陷：社区自治组织存在"全能化倾向"，政府组织与社区组织的"对立化"倾向；自治要素内涵过于"简单化"倾向②。在上述理论基础上，他们也开展了实证研究，如其学生吴猛研究了社区自组织与居委会直接选举成本的关系，通过理论上和实践上（社区自组织发达程度不同的两个社区进行比较研究）证实了社区直选成本与社区自组织程度成反比的假设，从而得出结论：民主制度的绩效取决于其环境接近于自组织秩序的程度③。

　　第二类研究是在批评第一类研究的基础上发展起来的，主要代表人物有曾望军、吕耀怀。他们认为虽然全国各地的社区管理模式都作了种种改革和创新，试图提升广大社区组织的自治能力，但尚未有大的改观，即"应然"意义上的"自组织"，其"实然"还是"被组织"，名义上是社区自治的主体，而在实践中却不能奉行自治本职，究其原因在于社区自组织遭到了自治的困境④。该类研究认为社区自组织网络为提升社区自治提供了一个新的思考方法和探索路径，但这种理论构想把自治使命托付在"楼道网络、联谊性小社团、互助网络和志愿者行动"等组织形式上，而并没有对它们的作用大小，生存现状以及发展趋势进行更深入的比较分析，终究因自组织层次太低、范围太窄、力量太弱而无法担当起实现自治的重任。为此，他们主张从新的角度来考察社区内存在的各类组织，分析它们目前的生存现状，对社区中现存或潜在的自治组织主体重新归类，并进一步明确它们在实现社区自治中担负的自治功能和重要使命。他们认为只有这样才能从根本上提高社区的自治能力和自治水平⑤⑥。

① 陈伟东，李雪萍."社区自治"概念的缺陷与修正 [J]. 广东社会科学,2004,(02):127-130.
② 陈伟东，李雪萍. 社区自组织的要素与价值 [J]. 江汉论坛,2004,(03):114-117.
③ 吴猛. 社区自组织与居委会直接选择成本——以武汉柴东社区和宁波澄社区为个案 [D]. 华中师范大学.2005.
④ 曾望军. 论我国社区自组织的自治困境及其成因 [J]. 理论与改革,2007,(03):85-88.
⑤ 曾望军，吕耀怀. 论社区自组织在社区管理中的角色归类及自治功能 [J]. 理论与改革,2006,(01):30-33.
⑥ 刘剑康，曾望军，吕耀怀. 社区自组织在我国社区管理中的角色困境及其解救 [J]. 湖湘论坛,2006,(03):9-11.

　　在笔者看来，第一类研究为社区自组织研究提供了良好的理论基础，其主要贡献在于将自组织理论分析引入社区研究，界定了社区自组织概念，并分析社区自组织的两种网络以及各自走向社区自组织的制度条件。但也存在一些问题：1. 其理论的现实基础是自治型的"江汉模式"，社区自组织较为发达，而在一些自组织不发达的地区，其自组织现状如何，如何培育自组织，增进自组织能力途径有哪些，这些都需要进一步探讨；2. 不同层次的自组织形态对社区建设的作用与功能不同，邻里级网络在社区建设中的作用有限；3. 该研究注重制度的设置。社区管理制度的创新对社区自组织的发展具有重要的意义，但一个社区自组织的发展除了外在制度的设置之外，更需要自身内在能力水平的提高，因而，社区自组织能力建设十分重要。

　　第二类研究没有形成比较完整的理论，但其对社区自组织困境及解困的研究，告诉我们社区自组织还存在量少质不高的状况，尤其是社区自组织能力水平不高、能力建设还存在着许多问题。这迫切需要我们对社区自组织进行更为深入的研究。

　　总体看来，上述研究两者互为补充，启发我们：一方面对社区自组织的研究要有相关理论指导，同时由于社区自组织是一个较新的领域，更需要有理论补充和创新，如研究社区自组织机制、自组织能力构成，以及能力建设路径等；另一方面，在实践中，社区自组织作用的有效发挥必须通过相关研究解决社区自组织存在的问题，才能提高自组织能力才能实现。

　　（2）社区自组织个案研究

　　通过个案研究，可以深入分析社区自组织的生成过程及其运行机制。研究社区自组织个案对认识社区自组织能力具有重要意义。当前对社区自组织的个案研究大体上可以分为两类：一类是社区自组织特征研究；另一类是社区自组织形成条件研究。

　　第一类研究主要是描述、分析社区自组织特征。如葛道顺对广州文昌地区慈善会的特征描述。研究发现，慈善会从开始筹建到运行发展都以社区资源的重新配置为己任，具有社区自组织的一般特征，这些特征包括：1. 独立法人的非营利机构，有自己的章程和宗旨；2. 资金来源自主筹集；3. 自主决策与运营；4. 组织运行制度化；5. 居民参与志愿者行动；6. 能平等独立地与政府组织互动^①。

康晓光在社团自治化研究中，认为评价社团自治化的基本指标主要有 9 个：一是法律框架。有关法律或管理条例对社团自治权利是如何界定的？二是章程的制定。谁决定了社团的组织制度、组织目标和活动领域？三是高层人事权的归属。谁拥有任免高层管理人员的权力，是理事会？还是业务主管单位？四是经费来源。社团的资金来自哪里，或者说社团靠谁吃饭？五是日常决策权的归属。社团的人员编制、职位分配、项目开发、管理体制、组织结构、筹资、资助、外事活动等等是由谁决定的？六是运行方式。社团的运行方式是以行政化方式为主，还是以社会化方式为主？七是激励机制。推动社团发展的动力来自哪里？是政府，还是社会？谁决定了社团的兴盛与衰落？八是监督制度。谁监督社团，政府、社会，还是社团自己？九是社团的主观倾向。社团自己是希望强化对政府的依附，还是追求自治？如果找到了这些问题的答案，也就确定了社团的自治程度^②。

余坤明认为社区居民组织内部的自主性指标主要是用于对居民组织的属性"自组织"或"被组织"做出判断。选取这一指标隐含着一个基本假设：自组织优于被组织。他用 6 个"自主性"变量对自主性指标进行测量：1. 居民自组织是基于成员的需要，由成员自下而上自愿结合而形成的，还是由政府、社区法定组织等的要求自上而下组建形成的；2. 组织负责人产生的自主性；3. 组织成员进出的自主性；4. 组织规范形成的自主性；5. 组织经费来源、使用和管理的自主性；6. 组织活动内容的自主性^③。

第二类研究较为深入地分析某个社区自组织生成、发展过程。如陈伟东、张大维分析了武汉市"院落自治"和"门栋自治"等社区自组织是如何创立、

① 葛道顺. 社区自组织下的志愿者行动与老人服务 [OL].http://www.china social policy.org/Paper_Show.asp?Paper_ID=151,2005-11-21.
② 康晓光. 关于官办社团自治化的研究. 载于中国青少年发展基金会, 基金会发展研究委员会编. 处于十字路口的中国社团 [M]. 天津人民出版社 ,2001:118.
③ 余坤明. 转型时期城市社区自治——行政权边界外的自组织 [D]. 华中师范大学 ,2006.

形成发展①。归纳起来，这些条件包括：1. 政府职能部门和社区公共管理组织（居委会）主动退出曾被挤压了的居民自治空间，并为居民自治提供基本物质和制度条件；2. 通过民间精英的志愿服务活动，培育草根民主，影响和带动居民参与民主自治；3. 居民群众的积极参与和对美好生活的渴望，即居民的公共需求；4."小集体行动"形成，包括收益的内部化，熟悉的人际关系等。

李国武、刘岩根据对长春市一个自发社区组织"和心俱乐部"的一手调查资料，从该组织的生成过程、活动方式以及与外界组织的关系等三个方面探讨了这个自发社区组织的经验及其意义。他们认为和心俱乐部的成功之处在于该组织建立时间密集型的活动方式，充分发挥老年群体在社区工作中的作用。同时，他们也指出制约该组织发展的一些障碍：少数社会精英可以支撑起一个自发社区组织的运转，但是核心人物的更替困扰着这类组织的持续存在；在和心俱乐部和外界的关系方面，尽管和心俱乐部引起了社会的关注和承认，从中获得了很多有价值的社会资本，但它也呈现出一种"底气不足"的无奈，它渴望政府能在资金上给予更多帮助，但这种渴望又是违背民间组织性质的②。

马西恒等研究了由社区精英发动的党员志愿者组织——"市民寻访团"。他们通过对社区精英蒋阿姨的访谈，描述了一个志愿者的心路历程以及"市民寻访团"的组建过程，分析了"市民寻访团"的双重合法性以及运作规律，反映了志愿活动在社区治理结构中"拾遗补缺"作用，揭示了志愿活动与党和政府的双向互动关系。同时也探讨了志愿组织及其活动的信任问题，以及志愿行动中的政府推动问题③。

笔者认为第一类研究侧重于探讨社区自组织的特征。归结起来，他们主要从社区组织的生成方式、运作方式以及与政府组织的互动关系等维度，来衡量和界定一个社区组织是否为社区自组织，这对社区自组织特征研究具有

① 张大维，陈伟东，孔娜娜 . 中国城市社区治理单元的重构与创生——以武汉市"院落自治"和"门栋自治"为例 [J]. 城市问题 ,2006,(04):59-63.
② 李国武，刘岩 . 一个民间社区组织的成长经验及其面临的问题——来自长春市"和心俱乐部"的启示 [J]. 城市发展研究 ,2004,(04):8-13.
③ 马西恒，何海兵，罗峰等 . 中加社区治理模式比较研究——以上海和温哥华为例 [M]. 上海人民出版社 ,2006:102-108.

重要的启发意义。但其主要不足在于，没有进一步探讨形成和维持自组织特征的原因或条件是什么，即没有进一步研究这些社区自组织的现状如何？他们能否生存下去？如若可以，有哪些条件可促成社区自组织的可持续发展？

第二类研究较为深入地探讨了社区自组织的形成条件，尤其是探讨了社区精英对社区自组织形成和发展的作用，以及社区自组织与政府组织的关系。应该说，这类研究对社区自组织条件的认识具有很大的启发作用。但其不足在于缺乏对某一个社区自组织的发展进行全面的分析，未能指出促成社区自组织生长和发展的关键因素在于社区自组织能力的提高。社区精英的作用以及社区自组织与政府组织的互动能力，只是社区自组织能力的重要组成部分。另一方面，已有研究更多的是静态分析，缺乏过程研究，特别是缺乏对社区自组织阶段性特征进行研究。每个社区自组织都有其萌芽、产生、成长、成熟、衰亡的过程，因而，社区自组织每个阶段发展的条件或者说能力建设重点也是有所不同的。

简而言之，第一类研究提供了衡量和判定一个社区组织是否为社区自组织的主要理论依据，而第二类研究则进一步启发我们应深入研究社区自组织的生长、发展过程，注重社区自组织发展的过程性。同时，使我们认识到，加强社区自组织能力建设是维持社区自组织生存，获得可持续发展的必然要求。

（3）社区自组织能力研究

最初的自组织能力研究，散见于非营利（社团、民间）组织研究。自主性是非营利组织的重要特征之一，因而，自组织能力研究成为非营利组织能力研究重要内容之一，主要代表人物有王思斌、高成运、黄浩明等。

王思斌认为组织能力是组织所拥有的、实现组织目标的能力。它是组织所拥有的有利于实现其目标的各要素之间的整合，以及可以借助的外部力量的总和。在此基础上，他认为社团的能力可以分为要素能力、协调能力、获致能力、影响能力[1]。

高成运认为民间组织的能力建设是指为实践其章程规定的宗旨、目标有

---

[1] 王思斌. 社团的管理与能力建设 [M]. 中国社会出版社,2003:88.

意识进行的自我组织、自我建设、自我发展的活动与过程。具体包括：可持续发展能力、自我管理能力、开展活动能力、竞争能力、社会参与能力[①]。

黄浩明指出民间组织的能力建设强调组织性，它是一个机构为了实现机构的远景和宗旨而应拥有的筹措和管理社会资源所需要的基本能力。其基本内容应包括治理能力、创新能力、协调能力和持续发展的能力[②]。

以上可以看出，该类自组织能力研究侧重于从非营利组织的角度，将自组织能力视为非营利组织的主要能力之一，主要不足是未能与自组织理论有机结合。

随着社区自组织研究的深入，直接以社区自组织能力为对象的研究才逐步兴起，主要代表人物是杨贵华和王瑞华。他们从社区自组织网络出发，围绕社区自组织能力概念，社区自组织能力构成，社区自组织能力现状及其原因以及提升社区自组织能力路径等维度展开研究。

王瑞华认为，社区自组织能力是指社区组织和机构，在适应社会环境变化，并与其他社会组织协调共生的过程中，通过自身努力促使自身组织结构不断进化，组织机制与功能不断优化，进而实现自我生存、滚动发展、逐渐完善、不断壮大的能力。具有了这种能力，社区成员就能通过面对面的协商而取得共识，消除分歧，调解冲突，增进信任，共同参与社区合作网络的治理，使社区自组织不需要外部指令的强制就能够进入自我维系状态。并认为社区自组织能力由以下 3 个方面有机构成：1. 整合资源与凝聚共识的能力；2. 化解冲突与促进和谐的能力；3. 自我适应与现实创新的能力[③]。他进一步指出，社区自组织能力建设正面临着工作人员整体素质偏低、社区自我管理任务繁重、居民民主参与不足、集体决策能力虚弱、资源协调能力较差等诸多方面的难题；认为这些难题的成因可以归结为：作为能力承载主体的社区自组织自身、作为能力外在环境的社区自组织客体和作为能力作用规则的社区

①　高成运. 民间组织能力建设的视角与路径 [J]. 学会 ,2006,(05):15-21.
②　黄浩明. 加强民间组织能力建设的有效途径 [J]. 杭州师范学院学报 (社会科学版),2003,(05):5-9.
③　王瑞华. 社区自组织能力的有机构成及其提升途径 [J]. 四川大学学报 (哲学社会科学版),2007,(02):101-105.

自组织体制等[①]。

杨贵华指出，社区自组织能力是指社区共同体不需要外部力量的强制性干预，自身就可以自我整合、自我协调、自我维系，进而实现社区公共生活有序化的能力，并从 6 个维度来测量社区自组织能力：社区共同体的资源整合利用能力；社区自组织网络的结构和发育程度；社区居民自主参与社区公共事务和社区活动的状况；社区共同体的自我管理能力；社区共同体的自我服务能力；社区共同体的自我教育、自我约束、纠纷自我调解的能力[②]。由上可见，社区自组织能力研究视角经历由非营利组织视角到自组织理论视角的转变，对社区自组织能力的界定也由抽象开始转向具体。

在促进社区自组织能力发展方面，他们根据自组织理论的复杂性、生态性和创新性原理，主张从内核、环境和机制三个方面实施社区自组织能力建设工程。首先，要提高社区自组织能力，必须加强自身建设，使组织内部的各个成分、要素和构件之间形成强烈的化学键和分子间的物理引力作用，形成相互作用的能量和力量。其次，生态环境是社区自组织周围的政治、经济、法律、科技及自然条件等方面的制约自组织生存状态的外界因素，它是自组织能力发生作用的前提条件和基础。最后，运作机制是组织系统客观、自动与可调的有机结构、运行机理及制度规则，也是制约社区自组织的活动方式、职责功能和运行状态的重要变量，搞好运作机制建设对于自组织能力的提升具有内生性的意义[③]。杨贵华认为重塑社区文化是社区自组织能力建设的有效路径，为此需要从完善社区文化体系、重塑和培育现代社区精神、建立社区文化的共建共享机制、彰显社区文化个性等几个方面入手[④]。

国外相关研究认为，社区是一个复杂的统一体（complex entities），它由来自不同社会地位，具有不同政治、经济权力，宗教、社会声望和目的

① 王瑞华.社区自组织能力建设面临的难题及其成因 [J]. 城市问题 ,2007,(04):64-69.
② 杨贵华.重塑社区文化,提升社区共同体的文化维系力——城市社区自组织能力建设路径研究 [J]. 上海大学学报 (社会科学版),2008,(03):92-98.
③ 王瑞华.社区自组织能力的有机构成及其提升途径 [J]. 四川大学学报 (哲学社会科学版),2007,(02):101-105.
④ 杨贵华.重塑社区文化,提升社区共同体的文化维系力——城市社区自组织能力建设路径研究 [J]. 上海大学学报 (社会科学版),2008,(03):92-98.

需求的个人构成。以复杂系统为研究对象的自组织，是社区研究的一项重要视角[1]。克里斯蒂娜·塞克亚斯和布里安·达比[2]在《生物保护和社区发展整合行动中的社区自组织》(Self-organization in integrated conservation and development initiatives) 一文，研究了"基于社区的环境保护（Community-based Conservation CBC)"[3]项目，认为社区自组织的维持和发展，有助于提高社区居民参与社区减贫和保护生态多样性活动的意愿和行动能力。同时，他们比较和分析了世界范围内的许多社区，指出以下 6 个要素是促进社区自组织发展的共同要素（common ingredients ）：1. 居民和关键人物的参与和奉献（involvement and commitment of key players ）；2. 充足的经费（funding ）；3. 强有力的领导（strong leadership ）；4. 能力建设（capacity building ）；5. 政府和社区的伙伴关系（partnership with supportive organizations community and government ）；6. 经济利益驱动（economic incentives ）。

笔者认为，上述对社区自组织能力的研究较好地分析了社区自组织能力不足的表现、原因以及能力建设内外相结合的路径。但也存在一些不足：一是他们的社区自组织能力定义是在对"社区""自组织""能力"三个概念综合基础上提出来的，过于抽象化；二是对社区自组织能力的三个构成能力的界定都是从能力的功能角度出发的，没有明确能力的内部结构和构成，使得对社区自组织能力的界定没有落实到具体实践层面。三是他们是从社区层面即从社区自组织网络角度来界定社区自组织能力，而非从单个社区组织层面界定社区自组织能力。

---

[1] Agrawal, A. and C.C. Gibson, 2001, "The role of community in natural resource conservation. In Communities and the Environment: Ethnicity, Gender, and the State in Community-based Conservation". (eds.)A.Agrawal and C. C.

[2] Cristiana Simao Seixas and Brian Davy,2008, "Self-organization in integrated conservation and development initiatives". International Journal of the Commons Vol(2)1:99-125.

[3] 该项目由联合国发展项目（United Nations Development Program UNDP）支持，旨在通过能力建设，提高社区居民在减贫和保护生态多样性的作用。http://www.undp.org/equatorinitiative/.

二、社区治理研究

（一）社区治理概念研究

20 世纪 90 年代，在计划经济体制向市场经济体制转变的同时，中国原有的单位体制和街居体制的城市基层社区管理形式也在逐步向合作型社区和自治型社区发展。2012 年，社区治理首次代替社会管理进入国家政策话语，出现在党的十八大报告中，其中虽未直接呈现明确定义，但相关论述强调了在社区治理过程中发挥群众自主性，保障人民依法直接行使民主权利的重要性。

学界对于社区治理概念的界定，有一种较为普遍的说法是，社区治理是政府与社区组织、社区公民共同管理社区公共事务的活动，主要以社区地域为基础，体现为社区范围内的不同主体依托各自资源而进行的相互作用模式 [1][2]。部分学者进一步细化了社区治理的主体，认为社区治理是依托于政府组织、民营组织、社会组织和居民自治组织，以及个人等各种网络体系，以应对社区内的公共问题，共同完成和实现社区社会事务管理和公共服务的过程 [3]。此类定义强调政府只是社区治理的主体之一，还需其他主体持续互动、协调合作，才能有效促进社区建设。

同时，也有研究从社区治理目标以及运行机制视角加以解释，认为社区治理的目标就是通过多元权力对社区公共事务的参与，在多元权力格局职责分明而又相互依赖的基础上整合社区资源，满足居民需求，维护公共利益，推动社区发展 [4]；社区治理是通过社区各个主体协商谈判、上下互动等方式，共同对社区公共事务和公益事业进行有效管理，从而提高社区自治水平、增进社区可持续发展的过程 [5]。

---

[1] 魏娜 . 我国城市社区治理模式：发展演变与制度创新 [J]. 中国人民大学学报 ,2003,(01):135-140.

[2] 康宇 . 中国城市社区治理发展历程及现实困境 [J]. 贵州社会科学 ,2007,(02):65-67.

[3] 夏建中 . 治理理论的特点与社区治理研究 [J]. 黑龙江社会科学 ,2010,(02):125-130.

[4] 胡仙芝，罗林 . 社会组织化与社区治理研究 [J]. 中共福建省委党校学报 ,2007,(11):36-41.

[5] 张平，雷洁琼 . 社区服务、社区建设、社区管理、社区治理的概念辨析 [J]. 淮北职业技术学院学报 ,2017,16(01):84-88.

笔者认为社区治理是指政府、社区组织以及居民等主体，基于市场原则、公共利益和社区认同，相互协调合作，有效供给社区公共物品与服务，满足社区需求，优化社区秩序与建设的过程与机制。

（二）社区治理的理论与实践研究

社区不仅是政策落实的"最后一公里"，更是民众生活的基本单元，承载着社会和谐稳定与发展的基石作用。随着社会治理重心逐渐下移，基层社区治理作为社会治理体系中不可或缺的一环，其重要性日益凸显，并因此赢得了学术界的广泛关注。国内学者对于社区治理的研究可以从理论和实践两方面进行解释。

1. 多学科理论视野的分析

社区治理研究涉及社会学、政治学、公共管理学等众多学科，近年来学者们主要从"社会资本""治理理论"等理论视角对社区治理进行分析。

社会资本理论视角下的社区治理研究。信任、合作、互惠是社会资本的核心要素，也是构成和谐社区，推进社区治理的重要目标。因此，学者们往往将"社会资本"当作社区治理研究的"自变量"引入。吴光芸和杨龙认为，社区居民之间普遍的信任、互惠的规范和通过社区组织所建立起来的致密的社会参与网络构成了社区社会资本，社区治理依赖于社区内丰富的社会资本[①]。燕继荣利用社会资本理论进一步分析讨论了增强社区治理创新制度依赖性的有效途径，即致力于"熟人社会"建设、促进社区自组织发展、加强社区成员交往和信任、提高社区成员集体行动能力的社会资本投资[②]。也有学者采用量化手段，对两种形态的社会资本（共通性社会资本和特定社会资本）在我国城市地区的分布进行了描述。研究发现，共通性社会资本的两个维度——包容性的社会信任与开放型的社会网络，对社区居民委员会的治理产生了显著的积极作用；而特定性社会资本的两个维度——局限性的人际信任

---

① 吴光芸，杨龙．社会资本视角下的社区治理 [J]．城市发展研究，2006,(04):25-29.
② 燕继荣．社区治理与社会资本投资——中国社区治理创新的理论解释 [J]．天津社会科学，2010,3(03):59-64.

与封闭性的社会网络，对社区居民委员会的治理产生了显著的负面作用[①]。此外，通过深入考察 H 市 M 社区和 J 市 S 社区的社会资本形成路径，有学者发现社会资本的培育就是发现居民特定的社区交往需求并为其创造以人为本的社区空间、发育良好的社区社会组织以及完善的社区治理结构；而在陌生人社区社会资本形成过程中，需要国家和政府的合理介入，以发挥"引导程序"作用[②]。

除了将社会资本理论当作"自变量"引入，也有研究聚焦于社区社会资本的创造和动员机制，尤其关注基层政府如何通过治理结构与机制的创新来培育社会资本，强调只有基层政府能够在调动公共参与和团结社会组织上做到对社会资本的激活与培育，才能顺利完成职能转换与运作方式的创新，真正建立起国家与社会的协同机制[③]。

治理理论视角下的社区治理研究。治理理论为社区治理研究提供了较为全面、系统、动态的分析框架，当前学界研究主要聚焦社区治理主体和治理方式的变动。理论建构层面，夏建中在分析概括全球治理、国家治理、地方治理三种治理理论共同特点的基础上，提出了社区治理的主要内容和特点[④]。陈家喜基于合作治理的理论视角，将物业公司和业主委员会纳入社区治理结构，希望通过构建社区主体间的合作机制，缓解社区内部的利益纠葛和紧张关系，培育社区精神和合作氛围[⑤]。杨君等学者运用整体性治理理论分析当下社区面临的"碎片化"问题，积极倡导社会的再组织化，推动社区治理体制创新，尽快形成协调、整合、分工、合作的治理格局[⑥]。叶林等学者具体分析了 G 省 D 区"互联网 +"社区治理案例，并以协同治理理论为视角，强调城

---

① 陈捷，卢春龙.共通性社会资本与特定性社会资本——社会资本与中国的城市基层治理 [J]. 社会学研究 ,2009,24(06):87-104.

② 方亚琴，夏建中.社区治理中的社会资本培育 [J]. 中国社会科学 ,2019,(07):64-84.

③ 程秀英，孙柏瑛.社会资本视角下社区治理中的制度设计再思考 [J]. 中国行政管理 ,2017,(04):53-58.

④ 夏建中.治理理论的特点与社区治理研究 [J]. 黑龙江社会科学 ,2010,(02):125-130.

⑤ 陈家喜.反思中国城市社区治理结构——基于合作治理的理论视角 [J]. 武汉大学学报 (哲学社会科学版),2015,68(01):71-76.

⑥ 杨君，徐选国，徐永祥.迈向服务型社区治理 : 整体性治理与社会再组织化 [J]. 中国农业大学学报 (社会科学版),2015,32(03):95-105.

市社区治理的协同性需体现在治理理念、体制机制、平台建设以及资源保障四个层面[①]。此外，也有研究从认同视角出发，解析社区治理过程。唐有财和胡兵基于认同视角，强调国家认同和社区认同是城市居民参与社区事务的重要文化驱动力，社区居民在社区参与中获得的意义和价值感强化了参与的持续性动力[②]。

可以看出，学界现有关于社区治理的研究较多是基于社会治理这一理论视角，对社区治理的内在逻辑、优化路径以及效能感的提升三个方面展开探讨。从社区治理的内在逻辑角度，现有研究大多基于"五社联动"的社会治理背景[③]，从组织重塑、利益聚合、行动协同三个方面探讨了多元主体融合参与社区治理的内生逻辑与必要性[④]。也有研究从数字赋能社会治理的角度，探讨了数字赋能社区治理的逻辑框架，即通过完善管理体制、再造治理空间、重塑治理结构等手段实现社区治理的数字赋能[⑤]。而从社区治理的优化路径角度，学界现有研究发现运用多维手段参与社区治理的过程中存在诸多问题与困难，如社会本位丢失、运行制度缺位及衍生风险增加等[⑥]。

基于已发现的社区治理困境，现有研究依托社会治理相关理论，提出了具体的优化路径，如数字赋能社区治理过程中，需要完善相关政策环境、重视工具理性和价值理性相统一、实现技术社会双向赋能等[⑦][⑧]；也有研究从社会治理的党建角度指出社区治理应遵从基层党建引领共建共治的实践优化路

① 叶林,宋星洲,邵梓捷.协同治理视角下的"互联网+"城市社区治理创新——以G省D区为例[J].中国行政管理,2018,(01):18-23.

② 唐有财,胡兵.社区治理中的公众参与：国家认同与社区认同的双重驱动[J].云南师范大学学报(哲学社会科学版),2016,48(02):63-69.

③ 卢瑾,郭光玉.建构社区治理共同体的多重逻辑与实现路径——基于昆明C社区"五社联动"分析[J].中共天津市委党校学报,2024,26(04):87-95.

④ 李嘉豪,卢芳霞.从"分散治理"到"融合治理"：社会治理的逻辑转向——以M社区融警务创新为例[J].上海公安学院学报,2024,34(02):22-38.

⑤ 丁柯汛,徐红.数字技术赋能社区治理的逻辑与出路——以上海市Q街道"数字孪生"为例[J].智慧中国,2024,(06):84-86.

⑥ 甘骏,戴顾卫,李嘉威等.数字技术赋能社区治理的逻辑、困境及其纾解[J].科技和产业,2024,24(11):130-134.

⑦ 胡杨可,杨静慧.数字赋能社区治理的内在逻辑与优化路径[J].决策科学,2024,(01):67-77.

⑧ 沈冠辰,王磊,杨鑫.大数据背景下我国城市社区治理问题及优化路径[J].科技智囊,2022,(11):43-48.

径①②。此外，在社区治理具体效能感的提升方面，现有研究大多从多元主体参与的角度强调了协同治理有助于提升社区治理效能感的观点③④，其中数字赋能与党建引领共治也被检验为提升社区治理效能感的重要手段⑤⑥。

2. 多种社区治理模式的总结

根据社会学中政府、市场和社会三大理论视角，学者将城市社区治理创新模式被归纳总结为政府主导模式、市场主导模式、社会自治模式和专家参与模式⑦。与此同时，中国社区治理表现出高度的政治化与行政化的特征，地方基于旧体制逻辑，不断推出的所谓创新或模式，其实是国家传统社区管理体制的延续、巩固和强化，滞后于当前社会的发展和进步，学者认为从威权式治理向参与式治理转型才是社区治理转型的发展方向⑧。随着基层社会空间的成长，曹海军认为从宏观（街道）—微观（社区）两个层面共同发力，推进社区、社工、社团的"三社联动"，与政府宏观架构的有效衔接，是基层治理实践中的一条特色道路；构建街道—社区双层面的协调机制、协作机制和合作机制，有助于社区治理水平的提升和社区服务功能的强化⑨。

具体到各个城市各个社区，学者们也总结拓展了特色社区治理模式经验。比如，陈伟东总结了武汉市江汉区社区建设的经验，该区通过制度变迁，在

---

① 李志清. 党建引领下广州社区治理的现状、困境与路径 [J]. 广州社会主义学院学报,2021,(04): 63-67.
② 曹阳, 白虹. 空间生产视角下党建引领社区治理共同体建设的实践路径——基于武汉市 C 街道的考察 [J]. 社会科学动态,2024,(08):38-44.
③ 赵国政. 协同治理视阈下城市社区治理效能优化路径研究 [J]. 住宅与房地产,2024,(19):74-76.
④ 王毕然, 尹学朋."五社联动"模式影响社区居民的社会治理效能感研究——基于河南、四川两省调查数据的实证分析 [J]. 河南财政金融学院学报(哲学社会科学版),2024,43(04):68-72.
⑤ 蔡琴. 运用大数据提升乌鲁木齐市智慧社区治理效能的探索研究 [J]. 科学咨询(科技·管理),2024,(02):5-8.
⑥ 曹军辉. 结构调适与机制优化: 党建引领提升社区治理效能的实践路径——基于地方"红色网格"的多案例研究 [J]. 重庆社会科学,2023,(10):94-107.
⑦ 葛天任, 李强. 我国城市社区治理创新的四种模式 [J]. 西北师大学报(社会科学版),2016, 53(06):5-13.
⑧ 周庆智. 论中国社区治理——从威权式治理到参与式治理的转型 [J]. 学习与探索,2016,(06): 38-47.
⑨ 曹海军."三社联动"的社区治理与服务创新——基于治理结构与运行机制的探索 [J]. 行政论坛,2017,24(02):74-79.

社区范围内，建立了行政调控机制与社区自治机制结合、行政功能与自治功能互补、行政资源与社会资源整合、政府力量与社会力量互动的社区治理模式，以替代失效的单位管理模式[①]。卫志民以北京市东城区交道口街道社区治理实践为切入点，在归纳其治理模式的经验与不足的基础上，探讨了我国城市社区协同治理模式的方向[②]。此外，其他很多地区也不断探索出了不同模式来弥补政府、市场机制的局限性。例如，董秀对深圳非政府组织的研究[③]，赵楠楠等基于广州社区更新与治理模式的实证分析[④]，何威对上海市普陀区社区协商治理的探究[⑤]等等，也为社区治理的中国模式提供了具体参照。

与此同时，也有学者通过比较评估国外城市社区治理模式，为中国社区发展提供反思和借鉴。比如，美国针对城市社区贫困和环境恶化等问题，通过发展社区发展公司等第三方力量提高社区治理能力；英国则采取了较强的政策驱动型治理模式，促进政府、社区以及非政府组织间的多方互动合作关系；日本则针对历史文化街区保护和环境问题，发展社区营造。研究认为，各国的治理模式与其特殊背景、社区发展需求，以及当地社会经济水平息息相关，我国在引入国外成熟社区治理模式时，需将当地政府与社区互动特点等实际情况纳入考虑[⑥]。

总的来说，当前国内关于社区治理的研究，已经从传统的单一理论视角转向多学科交叉、综合分析的方向，涵盖了社会资本、治理理论、认同理论等多个领域，并逐步形成了对社区治理内在逻辑、优化路径与效能感提升的多维探讨。然而，尽管学术界对社区治理的理论与实践已经有了深入的讨论，但仍存在以下几点不足：一是从研究对象来看，较多从城市社区治理的角度

① 陈伟东.城市基层社会管理体制变迁：单位管理模式转向社区治理模式——武汉市江汉区社区建设目标模式、制度创新及可行性研究 [J].理论月刊,2000,(12):3-9.
② 卫志民.中国城市社区协同治理模式的构建与创新——以北京市东城区交道口街道社区为例 [J].中国行政管理,2014,(03):58-61.
③ 董秀.深圳非政府组织（NGO）参与社区治理模式研究 [D].武汉大学,2010.
④ 赵楠楠,刘玉亭,刘铮.新时期"共智共策共享"社区更新与治理模式——基于广州社区微更新实证 [J].城市发展研究,2019,26(04):117-124.
⑤ 何威.治理共同体建构：城市社区协商治理研究 [D].华东师范大学,2018.
⑥ 边防,吕斌.基于比较视角的美国、英国及日本城市社区治理模式研究 [J].国际城市规划,2018,33(04):93-102.

出发，而对乡村社区治理等领域关涉较少；二是从分析范式来看，更多采用西化的研究视角，与本土化内容的结合还有待加强；三是从研究方法来看，目前更多采用质性的研究方法，缺少具有深度和广度的量化研究，文章信度不足。

三、社区组织参与社区治理研究

2021年7月，中共中央、国务院印发的《关于加强基层治理体系和治理能力现代化建设的意见》明确指出，要"完善社会力量参与基层治理激励政策，创新社区与社会组织、社会工作者、社区志愿者、社会慈善资源的联动机制"，这意味着基层治理的社会力量参与机制必须实现社区与社会组织、社会工作者、社区志愿者、社会慈善资源的"五社联动"。社区组织作为社区治理主体需在其中承担相关角色与功能，并为治理模式演进做出结构性贡献。笔者将围绕社区组织在社区治理中的角色定位、面临挑战以及解决路径等现实状况展开文献梳理。

（一）社区组织在社区治理中的角色与功能定位

梳理社区组织在社区治理中的角色与功能定位之前，应厘清社区组织与社区治理的概念关系。现有研究大多从嵌入性视角探讨社区组织与社区治理的关系，即认为社区组织应逐步嵌入到社区治理体系中[1][2]；但也有研究从供给—需求角度构建外部环境—供求匹配—治理水平的分析框架、搭建社区组织与社区治理的关系桥梁，并指出嵌入性和专业性的社区环境过高要求会导致社区组织参与治理的供需不匹配、发挥能力有限的缺憾[3]。

在此基础上，关于社区组织在社区治理中的角色与功能的研究，大多从发挥主观能动性的角度出发，强调了社区组织在社会治理中调动居民、服务

---

① 童倩倩. 嵌入视角下社会组织参与社区治理行动策略研究 [D]. 西南财经大学 ,2022.
② 韩树明. 嵌入视角下街道社工站参与社区治理的实践探索及路径优化研究 [D]. 青岛大学 ,2023.
③ 向静林. 结构分化：当代中国社区治理中的社会组织 [J]. 浙江社会科学 ,2018,(07):99-106.

居民与成为居民和政府之间中介的功能[①]。具体而言，"五社联动"中作为行动主体之一的社区组织优化了社会治理结构[②]、促进了社会治理模式从"重复叠加"到"协同嵌入"的体制创新[③]，为构建社会治理生态创新提供了环境[④]。

从社区组织参与社区治理的现状来看，社区组织不仅承担表达民意、监督政府、倡导公共精神等细致角色[⑤]，还通过举办活动和提供服务，增强社区居民的熟识度和凝聚力，缓解居民与物业和社区之间的矛盾，丰富老年人生活[⑥]，塑造社区文化、提供便民服务、倡导公益慈善和维护居民权益[⑦⑧]。也有研究从社区组织韧性这一意涵出发，认为社区组织的韧性在风险社会治理方面发挥了重要作用，强化了现有社会治理模式中的抗风险能力[⑨]。此外，社区组织作为连接政府与居民的桥梁，还承担着承接政府职能、提供公共服务、促进基层民主、整合社会资源以及促进社会资本培育等多重角色[⑩]。

（二）社区组织参与社区治理的挑战和解决路径

近年来，社区组织在参与社区治理方面扮演着越来越重要的角色。党历次全会所发布的政策文件、政府部门下发的政策文件以及国家层面的组织管理架构改革都在支持社区组织的建设，旨在通过社会组织的力量，提升社区治理的效率和质量。然而，国内社区组织尤其是社区社会组织发展仍处于起

① 卞国凤．社区组织角色、职能定位与和谐社区建设 [J]．高等职业教育（天津职业大学学报），2006,(01):61-64.
② 侯紫珍，杨思佳，王可涵，等．"五社联动"社区治理模式实践与优化路径探析——以浙江省杭州市 C 社区为例 [J]．改革与开放,2024,(01):39-46.
③ 丁赛姐．从"重复叠加"到"协同嵌入"：社会治理创新中"五社联动"的内在逻辑及优化路径研究 [J]．广州社会主义学院学报,2024,(02):70-77.
④ 徐选国．从体制创新到生态建构："五社联动"对"三社联动"的传承与超越 [J]．社会科学战线,2024,(08):241-250.
⑤ 邓涛．角色期待与实践：社区建设中的社区社会组织 [D]．华中师范大学,2017.
⑥ 吴修丽．社区组织参与城市社区治理实践探究——以深圳市 L 社区为例 [J]．公关世界,2022,(15):87-88.
⑦ 王秋花．社区组织参与城市社区治理的实践与思考——基于惠州市 H 区的调查 [J]．惠州学院学报,2017,37(01):19-24.
⑧ 张玉婷．社区社会组织参与社区治理的功能与困境 [D]．南京大学,2019.
⑨ 张育广，姚欢芸．风险治理中社区组织韧性：意涵、局限与优化 [J]．社会工作与管理,2023,23(01):91-100.
⑩ 郭珅．社区社会组织参与社区治理研究 [D]．南京大学,2012.

步阶段，存在质量不高、成熟度不够、组织程序不规范等问题，限制了其潜力的挖掘和发挥[①]。

学术界认为社区组织参与社区治理过程中存在的短板包含主观和客观两方面。主观层面，研究普遍认为社区组织在参与社区治理的过程中存在自身主体性问题，即服务人员总体素质偏低，缺乏专业能力技巧与创新思维[②]，导致服务人员在对社区治理的工作过程中，缺乏大局观与调控观，影响了社区组织参与社会治理的服务效率与服务质量[③]。赵芳芳则从社群主义的视角分析了社区组织参与治理的困境，指出社区组织种类数量相对较少，居民"原子化存在"问题依然突出。社区组织服务功能不健全，与居民需求之间存在结构性矛盾[④]。

客观层面，现有社区组织在参与社区治理的过程中积累的物质基础较为薄弱，具体表现为开展活动缺乏充足的资金支持[⑤]，导致治理活动的开展大幅受资金有限制约，无法开展更为深入的活动。针对性的法律法规的缺失以及社区居民较低的参与意识，也制约了社区自治和民主化进程[⑥]。在社区组织物质基础薄弱的背景下，社区组织开展活动的覆盖范围与服务能力还受到"政府管理与居民自治"特征的双重影响[⑦]，即双重管理体制制约了社区组织参与社会治理的进一步发展[⑧]。具体而言，社区组织既受到政府行政管理条例的制约，也接受居民与街道的双重管理。在政府的大力推动下，社区组织参与社区治理的覆盖范围较广，但服务能力同时受到了双重管理的限制，提供的服

① 孟晓玲，冯燕梅.我国社会组织参与社区治理的模式、困境与路径 [J].西安财经大学学报,2021,34(03):109-118.

② 鲁露，金艾裙.社区治理主体视角下的社区能力建设对策研究 [J].河北北方学院学报 (社会科学版),2015,31(04):87-91.

③ 热娜·阿布拉哈提.三社联动机制下社区社会组织参与社区治理的困境与对策研究 [D].北京化工大学,2021.

④ 赵芳芳.社群主义视角下社区组织参与治理的困境分析 [J].经济研究导刊,2017,(02):190-191.

⑤ 吴修丽.社区组织参与城市社区治理实践探究——以深圳市 L 社区为例 [J].公关世界,2022,(15):87-88.

⑥ 郭坤.社区社会组织参与社区治理研究 [D].南京大学,2012.

⑦ 石凤蓉.社区自治组织缺位下的治理困境与对策研究——以 H 小区防汛为例 [J].甘肃科技,2021,37(12):89-92.

⑧ 热娜·阿布拉哈提.三社联动机制下社区社会组织参与社区治理的困境与对策研究 [D].北京化工大学,2021.

务广而不深，发挥能力有限，相应的社区组织参与社区治理认可度会降低，在社会中地位随之下降，最终会陷入基层社区组织缺位的治理困境中。此外，社区组织也面临着多元主体对其重要性认识不足、自身获取社会资源能力较低、发展不均衡等问题。这些问题限制了社区组织潜力的挖掘和发挥，使其难以在社区治理中发挥更大的作用[①]。

针对上述挑战，学者围绕提升社区组织参与有效性，实现社区治理多元共治的关注焦点，进一步探讨如何优化社区组织参与社区治理路径。吴修丽建议促进社区居民自治组织的建立、协助维护社区治安、改善社区邻里关系、进行政策倡导等[②]。褚萋强调了将公众利益与社区利益进行有效对接、以制度化的形式规范社区参与、孵化社区社会组织，引导公众自主参与的重要性[③]。王秋花则提出了明确权力和职责、协助居民成立业主委员会、多途径筹集社区组织发展资金、建立健全组织内部管理机制等具体措施[④]。郭珅从法律、政策、资金等多视角，提出应建立健全法律法规，明确社区社会组织的法律地位和权利义务；加强组织培育管理，提供政策支持和资金扶持；建立制度激励机制，引导社区社会组织参与社会服务；转变社区管理理念，培育居民的社区参与意识；整合社区多方资源，构建"三社联动"的社区治理机制[⑤]。

综上所述，社区组织在社区治理中的参与情况在国内不同地区、不同社区之间存在较大差异，但其在优化治理结构、提升治理效能、增强抗风险能力等方面的重要作用正逐渐被认识和重视。国内学界从不同层面和角度进行较为系统的研究过程中也有一些不足之处：首先，现有研究大多聚焦于传统的社区居民委员会等类型的组织，而对于新型社区组织（如非营利机构、志愿者协会、网络社区等）在社区治理中的角色和效果研究较为薄弱。其次，

① 王秋花.社区组织参与城市社区治理的实践与思考——基于惠州市 H 区的调查 [J].惠州学院学报 ,2017,37(01):19-24.
② 吴修丽.社区组织参与城市社区治理实践探究——以深圳市 L 社区为例 [J].公关世界 ,2022,(15):87-88.
③ 褚萋.社工组织参与社区治理的机制与路径——以社区参与行动服务中心为例 [J].中国机构改革与管理 ,2014,(05):23-24.
④ 王秋花.社区组织参与城市社区治理的实践与思考——基于惠州市 H 区的调查 [J].惠州学院学报 ,2017,37(01):19-24.
⑤ 郭珅.社区社会组织参与社区治理研究 [D].南京大学 ,2012.

现有研究对于社区组织参与社区治理的实际功能效果评估缺乏统一的标准和系统化的研究框架。

第三节　研究意义

提升社区自组织能力，更好地发挥社区组织在完善社区治理中的作用，是当前社区治理研究的前沿课题之一。本研究以社区自组织能力为研究对象，以社区组织参与社区治理为主要内容，分别选取金山社区志愿者协会、海峡城乡发展基金会为个案，采用访谈和实地观察等研究方法，描述金山社区协会自组织能力建设现状、能力建设主要举措，揭示、总结自组织能力建设过程中蕴藏的主要机制；呈现海峡城乡发展基金会参与社区治理维度，存在问题，以及提升乡村振兴成效的路径。在选题、研究方法、研究资料等都富有一定的创新，对推动社区自组织能力建设和完善社区组织参与社区治理路径等具有重要的理论和政策实践意义。

一、理论意义

总体上看，社区自组织研究目前还处于起步阶段，关于社区自组织能力的研究更为稀少。本研究拟在继承前人研究的基础上，针对已有研究的主要不足：一是有的忽视了社区自组织能力研究，有的将社区自组织能力研究停留在抽象层次或社区自组织网络层面，忽视实践层面单个社区自组织研究；二是对社区自组织个案研究，有的只停留在自组织特征描述，有的侧重条件分析，忽视促成社区自组织发展的机制分析和可操作化的社区自组织能力及其提升路径。本研究不再局限于其中的一个问题进行单一的研究，而是在选题上创新，将两者结合，特别是针对已有研究中对社区自组织能力和机制缺乏深入研究之不足，将社区自组织能力操作化为三大基本能力即资源整合能力、自主运作能力、网络建构能力，并将社区自组织能力建设研究和机制分析紧密结合，认为自组织能力建设与机制是一体两面的关系，这将为今后社区自组织研究提供新的视角和研究切入点，同时也为社区自组织能力研究进行新的内容补充。本研究属于实证研究，是基于具体个案的深入研究，这将为社区自组织能力建设理论的发展提供新的素材，有助于丰富社区自组织理论。

本书还关注了社区组织参与社区治理和乡村振兴，选择了社区组织作为社区治理和乡村振兴研究中的切入点，分析社区组织在其中所发挥的功能和作用，有助于从更全面的视角丰富完善社区治理主体的内涵，使得多元治理结构能够发挥更大的效能，进而有助于完善基层社区治理理论。

二、现实意义

本研究基于社区自组织发展困境的现实问题，通过对具体个案的研究，描述厦门市金山社区志愿者协会自组织能力建设现状，揭示协会自组织能力建设过程中的机制。这不仅有利于增进我们对社区自组织发展过程以及能力不足原因的认识，还有利于认清自组织能力建设的机制以及可操作化的提升途径。本研究指出社区自组织能力建设主体是社区自组织自身，社区自组织可根据三大操作化能力及其二级指标进行能力建设；另一方面，作为外界系统的政府组织应做好政策调整和制度安排，理顺政府组织与社区自组织的关系，为社区自组织能力发展提供体制空间。因此，本研究可为今后制定推动社区自组织发展相关政策提供真实、有价值的参考依据。

此外，厦门市金山社区志愿者协会（本研究个案）在发展社区志愿者方面处于国内先进水平，该协会曾参加全国社区志愿服务交流会，受到国际国内专家的高度赞誉[①]。本研究对个案的详细介绍和分析，可为其他社区开展社区志愿服务提供翔实个案和经验借鉴。本书还深入分析海峡城乡发展基金会参与社区治理，特别是参与乡村振兴的具体做法，以及存在问题和提升对策，可以为社区组织参与乡村振兴提供更好的经验借鉴。

---

① 和谐社区建设　全国推广"湖里经验"[OL].http://www.xmnn.cn/dzbk/xmrb/20080507/200805/t200 80507_552805.htm,2008-5-7.

第一章 研究框架与研究方法

第一节 研究内容与研究框架

一、研究内容

（一）社区组织能力研究

如前文所述，目前有关社区自组织研究尤其是社区自组织能力研究还相当薄弱，远未形成一个专门的研究领域。本书拟在继承前人研究的基础上，针对已有研究的主要不足，以自组织理论为基础，从微观层面的单个社区自组织出发，描述分析社区自组织产生、发展的过程、探讨社区自组织能力的构成要素及其建设机制，以期弥补社区自组织能力微观研究和过程研究缺失之不足。

进一步说，本书将以金山社区志愿者协会为个案，研究的核心内容为社区自组织能力及其机制。已有研究从各自不同的角度对社区自组织能力进行界定，在这些操作化界定中，笔者认为对社区自组织能力的构成要素仍然有较为一致的看法，即社区自组织能力主要由资源整合能力、自主运作能力、网络建构能力等三大能力构成（见表1-1）。

表1-1　社区自组织能力的三大基本构成要素

学者	资源整合能力	自主运作能力	网络建构能力
王思斌	要素能力	协调能力	获致能力
高成运	开展活动能力	自我管理能力	社会参与能力
王瑞华	整合资源与 凝聚共识的能力	化解冲突与促进和谐的能力	—
杨贵华	资源整合利用能力	自我管理能力、自我服务能力	网络的结构 和发育程度

资料来源：笔者根据相关学者观点整理而成。

其中，资源整合能力是社区自组织将各种潜在的和现实的资源聚集起来的能力，表现为以资源为核心的资源吸纳、整合能力，即人力、财力、物力资源的支配能力，它是支持自主运作能力和网络建构能力的"资源平台"。自主运作能力是社区自组织根据自组织机制，进行自我管理、自我建设、自我服务的能力，它是将资源转化为服务的"运作平台"。网络建构能力是社区自组织通过与外界环境进行合作、交换，建立社会关系网络，进而获取网络所承载的各种有形和无形资源的能力。也即通过建构社会网络，将本不属于自己的资源吸引、争取过来为实现自己目标所用，形成组织社会资本的能力。据此，本研究的具体内容为：

1.运用面向实践的过程论视角[①]，描述分析协会创立、发展的全过程，展示协会发展全貌，分析协会的自组织特征。

2.描述分析协会在自组织过程中的三大基本能力即资源整合能力、自主运作能力、网络建构能力的建设现状、举措，揭示自组织能力建设过程中蕴含的主要机制。

---

① 孙立平指出只有在实践形态的社会生活中才能找到答案，为此，他提倡"过程—事件分析"的研究策略，将实践状态社会现象的研究概括为四个环节，即过程、机制、技术和逻辑。参见孙立平.实践社会学与市场转型过程分析 [J].中国社会科学，2002(5)83-96.

（二）社区组织参与社区治理的路径和困境研究

进入基层治理新时代，发展壮大社区组织的根本目的在于发挥好社区组织在社区治理过程中应有的功能，这是完善基层社会治理的应有之义。与此同时，分析社区组织参与社区治理可能存在的内外困境，并提出完善社区组织参与社区治理的对策建议显得十分紧迫必要。为此，本书将选择海峡城乡发展基金会，分析海峡城乡发展基金会如何参与乡村振兴及其效果，同时也分析其存在的困境，并提出发挥社区组织作用、促进乡村振兴的对策建议。

二、研究框架

研究框架是开展研究所遵循的逻辑体系。本书在梳理社区组织与社区治理相关内容的基础上，聚焦社区自组织能力建设及其机制研究，进而构建了社会组织参与社区治理的机制、路径分析框架，并以海峡城乡发展基金会"社区营造＋乡村振兴"的模式作为社区组织参与社区治理的主要个案，系统总结了提升社会组织社区治理效能的对策建议（见图1-1）。

具体来说，社区自组织能力建设及其机制并非两个相互割裂的概念，而是考察社区自组织的两种视角。为了生存与发展，社区自组织根据实际情况，主动采取各种措施来提升自身能力，发挥其功能以实现目标。机制则是对自组织能力建设具体措施的概括总结，内置于社区自组织能力建设过程中，是社区自组织能力建设、发展的方法、手段或途径。为此，本书将社区自组织能力操作化为人力资源整合能力、财力资源整合能力、制度化能力、自我协调管理能力、社会网络建构能力、与社区居委会的互动能力等六大能力。在社区组织采取各种举措进行自组织能力建设过程中，包含着特定机制。通过对机制的分析、总结，能够更好认清社区自组织能力建设的提升途径。

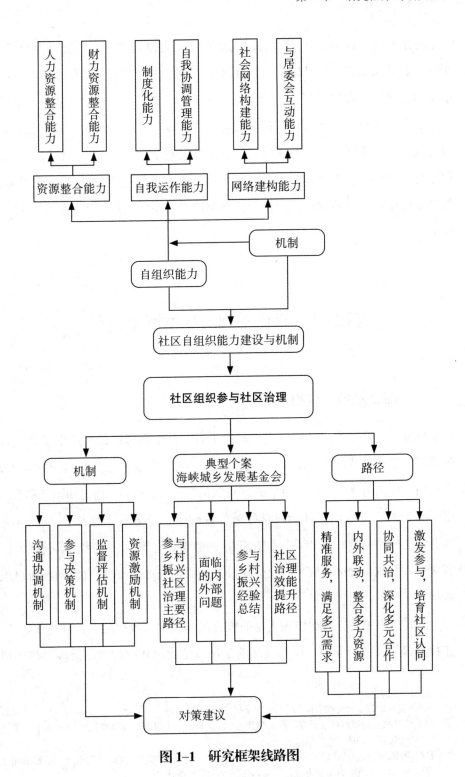

图1-1　研究框架线路图

在深入探究社会组织能力的构成要素、能力建设机制及其提升路径后，研究重点转向如何发挥社区组织在社区治理中的作用，从理论层面分析社区组织参与社区治理的机制，包括沟通协调机制、参与决策机制、监督评估机制和资源激励机制，还探讨了精准服务、内外联动、协同共治、激发参与等四大路径。与此同时，本书选取海峡城乡发展基金会为个案，分析基金会如何参与乡村振兴及其效果，评估其面临的困境，并提出发挥社区组织力量，促进乡村振兴的对策建议，为推动社会组织发展与创新社区治理提供实践经验借鉴。

第二节　理论基础与基本概念界定

一、理论基础：自组织理论

自组织理论是本研究所应用的理论工具。自组织理论最初产生于自然科学领域，它以复杂系统为研究对象，研究系统及系统要素如何自组织起来，实现由无序向有序进化的条件、机制和演化路径[①]。而后，通过知识迁移，自组织理论被广泛应用于社会科学领域如管理学、经济学、教育学、社会学、体育学、网络研究、城市系统演化研究、企业研究等。其中社会学领域的研究主要涉及城市社区研究[②]、社会政策（主要是扶贫）、农村自治和农村组织状况等。

需要指出的是，自组织理论是研究自组织现象、规律的一种理论集合[③]。在社会科学领域研究中，应用最多的是耗散结构论和协调学。借鉴以往的研

---

① 吴彤.自组织方法论论纲[J].系统辩证学学报,2001,(02):4-10.
② 与本研究相关的城市社区研究，参见陈伟东.社区自治——自组织网络与制度设置[M].中国社会科学出版社,2004.
③ 自组织理论由普利高津的耗散结构理论、哈肯的协同学、托姆的突变论、艾根等人的超循环论等构成。参见吴彤.自组织方法论研究[M].清华大学出版社,2001.

究，本书不再罗列理论的具体内容[①]，而是将理论的核心观点转化成社区研究的术语。自组织理论在本研究的具体应用体现为：

第一，自组织与被组织的区别。自组织理论认为有无外界"特定"的干预是区分自组织和被组织的重要标准，"特定"的干预指外界对系统输入的非平权化。[②] 在本研究中，"特定的"干预是指行政化、命令式的直接干预。这种直接干预妨碍了社区组织的自主性，使其陷于附属地位。笔者认为，社区自组织与社区被组织区别的主要依据在于社区组织的运行机制是否受到行政化干预或者说是否具有自主性。围绕着对自主性的界定，本书展开了社区自组织特征的研究。

第二，自组织理论是关于"机制"研究的理论，它着重研究自组织条件机制和动力机制。自组织理论认为自组织条件机制和动力机制主要有：开放性机制、非平衡性机制、非线性机制、序参量机制、协同机制、竞争机制等。本研究将根据这一内容，在描述分析协会自组织能力建设现状与举措的基础上，揭示能力建设机制。

第三，自组织理论是研究自组织与外界环境关系的理论，它认为外界环境是自组织重要的能量来源，但外界的能量输入应当平权化，同时外界的输入必须具有选择性，不能超过一定的阈值。本研究将根据自组织和环境关系的基本观点研究社区自组织与社区居委会的互动关系。

本研究选取自组织理论为理论工具的原因在于：第一，自组织理论是关于系统如何走向自组织的理论，其关于自组织形成条件和发展动力的研究可为培育和推动社区自组织发展提供理论指导。第二，自组织理论强调"自主性"和"有序性"，这与当前我国基层社区组织建设的基本要求相一致。第三，我国城市社区建设发展趋势将由政府主导的行政化模式转向社区自治模式，该趋势内含了自组织理论的基本观点即"自组织"优于"被组织"。学界普遍认为在社区建设实践中，发挥和调动社区居民的积极性、创造性，提

---

① 耗散结构论和协同学理论的详细内容，可参见吴彤.自组织方法论研究 [M].清华大学出版社,2001.

② 平权化是指系统外部的输入不能针对系统的特定部分，而应使系统的各个部分能够平均得到输入的能量和物质。参见吴彤.自组织方法论论纲 [J].系统辩证学学报,2001.(02):4-10.

高社区居民自组织能力是社区建设的关键环节。杨团认为早在 1986 年民政部使用"社区"这个名词的时候，就有将自组织理念引入中国社区服务工作的愿望，并且这是"小政府、大社会"的政府体制改革基本思路的要求[①]。王思斌认为社区建设是政府支持下的社区自组织过程[②]。可见，自组织理论与本研究的内容和目标、意义具有较高的契合性。

二、基本概念界定

（一）自组织与社区自组织

自组织指无需外界特定指令而能自行组织、自行创生、自行演化、能够自主地从无序走向有序，形成有结构的系统。在实际研究中，它具有两种不同的理解，一是名词意义的解释，二是动词意义的解释。名词意义的"自组织"是指事物自发、自主地走向自组织的一种结果；动词意义的"自组织"是指事物自发、自主地走向自组织的一种过程。[③] 社区自组织是社区组织[④] 的一种，也有名词和动词上的两个意义：名词意义上的社区自组织是指在没有外在特定干预情况下，社区居民为了满足自身需求，通过沟通、协商，互助合作而自发形成，自主运作以实现多赢的一种组织；动词意义上的社区自组织是指社区内的各个组织和个体在没有外界特定强制干预，尤其是没有行政干预的情况下，通过平等、民主协商，互助合作共同治理社区公共事务，使社区达到自我维系、自我发展的一种有序、和谐过程。社区自组织的动词含义和名词含义是过程与结果的关系。因此，本研究将采用名词和动词两种：在界定社区自组织类型和分析自组织特征时是从名词意义上进行解释；在分析社区自组织能力建设时，则是从动词意义上进行解释。

① 杨团. 社区非营利组织与社区 [EB/OL].http://www·chinasocialpolicy·org/Paper-Show·asp? Paper-ID=184,2005-11-25.
② 王思斌. 体制改革中的城市社区建设的理论分析 [J]. 北京大学学报（哲学社会科学版）,2000,(05):5-14.
③ 吴彤. 自组织方法论论纲 [J]. 系统辩证学学报 ,2001,(02):4-10.
④ 笔者根据是否受到外界特定的命令将社区组织分为社区自组织和社区被组织。社区被组织主要有社区党组织、团组织、妇联以及街道办事处、政府职能部门的派驻机构等。

（二）社区志愿者协会

社区志愿者协会是指具有志愿精神的社区居民，自愿贡献自己的时间、精力以及技能等资源和能力，在不为物质报酬的前提下，通过开展互助合作提供各种服务，旨在增进社区居民福利、推动精神文明进步而成立的一种组织。就生成路径上看，目前社区志愿协会产生方式主要有三种：一是由政府或者社区党组织、居委会组建；二是政府或者社区党组织、居委会倡导，由社区居民创建；三是由社区居民自己创建。从发展趋势看，行政主导的社区志愿者协会与志愿精神相背离，不具有可持续性。杨团指出用行政命令的方法来推动、管理志愿服务，只能导致形式主义蔓延。用行政指标的方法推进志愿服务会使基层组织者混淆志愿服务本来的目的和价值[①]。因此，自上而下所产生的社区志愿协会与自组织特征相背离，没有生命力。只有自下而上或者上下互动相结合所形成的社区志愿协会才具有发展的潜力。本书选取的金山社区志愿者协会是属于第二种类型。

（三）机制

"机制"来源于希腊文，意指机器的构造和动作原理。社会科学研究大量运用"机制"一词，归结起来有三种含义：一是指事物各组成要素的相互联系；二是指事物在有规律性运动中所发挥的功能；三是指发挥功能的作用过程和作用原理[②]。本研究侧重于从方法、途径、作用过程等角度界定"机制"。确切说，研究将根据自组织理论的条件机制和动力机制，在描述分析协会自组织能力建设具体措施的基础上，概括出具有普遍性或借鉴意义的自组织能力建设方法和途径。

（四）社区自组织能力

本研究从单个社区组织层面[③]来界定社区自组织能力，认为社区自组织

---

① 杨团.志愿精神能够用行政方式推动吗 [J].志愿服务论坛,2004(1):1-6.
② 冯伟林.地方政府政策创新的动力机制分析 [J].中共福建省委党校学报,2008,(04):25-28.
③ 已有社区自组织能力研究主要是从较为宏观的社区层面展开，然而社区层面的自组织能力提升离不开众多单个社区自组织的能力提升，因此本研究从微观层面的单个自组织。

能力是处于特定环境中的某一社区组织通过提升组织要素，完善自组织机制，不断提高自组织度，使本组织进入自我维系、自我治理，实现社区自组织功能的组织能力。社区自组织能力的提高，离不开社区自组织自身努力和外界环境的支持。如前文所述，社区自组织能力主要包括人力资源整合能力、财力资源整合能力、制度化能力、自我协调管理能力、社会网络建构能力以及与社区居委会互动能力等六大能力。

（五）社区专业服务组织

随着社会领域自主性不断提升，在社区也诞生了许多提供专业服务的团体、协会、基金会等社会组织。例如，社会工作协会，社区发展协会等。他们以一定的专业和技能为社区居民、社区发展提供服务。社区专业服务组织成为完善社区治理的重要主体之一，它能优化社会资源配置并借由专业力量，盘活社区资源、将各类资源导入和整合到社区，扩大和优化社区资源配置，同时也是社区服务的主要供给力量，凭借其专业性，能够提供较高质量服务，且能更好地聚焦居民需求，以增强居民的幸福感和获得感。本书选取了海峡城乡发展基金会作为案例，它是一个能提供社区整体规划服务，同时又能围绕在地居民实际需求，精准提供专业服务的社区组织。

（六）社区居委会

社区居委会是基层群众性自治组织，社区居委会的主要工作是组织居民进行自我管理、自我教育和自我服务。经过多年发展，居委会发展过程中，尽管行政化程度有所降低，但面临的突出问题仍然是社区行政化倾向较重，社区居委会所拥有的资源较为不足，甚至匮乏，导致较难发挥好居委会该有的功能。进入新时代，面对基层治理新要求，社区居委会仍然面临着困境，为此必须整合好各类资源，提升自我管理能力和水平，加强与相关职能部门，社区社会组织，与辖区企业共建等，提升协同治理能力，精准为居民提供服务，更好地满足新时代基层治理要求。

第三节　研究方法与资料收集

一、研究方法

（一）质性研究

本研究拟采用质的研究方法，质的研究与"定性研究"具有一定的区别[①]，它遵循现象学、解释学的传统，强调研究者在自然情境中与被研究者进行互动，因而注重研究的过程性、情境性和具体性[②]。质性研究方法所主张的过程视角，以及理论建构的归纳路线为笔者开展研究提供良好的工具支撑，故采用此方法。

在研究方法上，本书采用个案研究。个案研究实质是通过对某个或几个案例的研究来达到对某一类现象的认识，而不是达到对一个总体的认识[③]。本书之所以采用个案研究，主要基于研究目的和内容的考虑。研究目的不在于对中国社区自组织的规模、发展状况、社区自组织能力情况进行整体性描述，而在于应用过程的视角，揭示某个典型社区自组织生长、发展的动态过程，以及通过对过程的分析，探讨社区自组织能力建设现状和机制，探究社区组织如何参与社区治理，这就要求资料收集具有相当的深度和广度。

（二）个案选择

在社区场域中，存在着许多不同的社区组织。不同的学者根据不同的标

[①] 虽然定性研究和质的研究方法具有许多相同之处，但其也存在着不同如定性研究遵循实证主义传统，目的是寻找是事物中普遍存在的本质，而质的研究遵循的是批评主义和建构主义的原则，已经超越对自然科学的崇拜，对真理的唯一性和客观性进行质疑，并且定性研究大都没有原始资料的作为基础，是一种形而上学的思辨方式，同时定性研究比较偏向结论性、抽象性和概括性。参见陈向明.质的研究方法与社会科学研究 [M].教育科学出版社,2000.

[②] 陈向明.质的研究方法与社会科学研究 [M].北京：教育科学出版,2000:7-9.

[③] 王宁.代表性还是典型性？——个案的属性与个案研究方法的逻辑基础 [J].社会学研究,2002,(05):123-125.

准对社区组织①进行划分。笔者根据是否受到外界特定的命令以及运行机制是否为自组织②将社区组织分为"社区自组织"与"社区被组织"。更进一步说，在理论上，若从组织起源和组织运行存在的自组织和被组织两种情况，可将社区组织大体分为四种类型（见表1-2）。本书的个案选择类型方面，在社区组织能力建设研究选取了Ⅳ类的社区志愿者协会，社区组织参与社区治理研究则选取Ⅳ类型的社区专业服务组织作为研究个案。

表1-2 社区组织的类型

组织运行		组织起源	
		组织形成	
		被组织	自组织
组织运行机制	被组织	Ⅰ 如社区党、团组织	Ⅱ 如居民调解委员会
	自组织	Ⅲ 如社区居委会	Ⅳ 如业主委员会 社区专业服务组织 社区发展协会、基金会等 社区志愿者协会 各种兴趣队伍

资料来源：笔者分析整理所得。

在社区组织能力建设方面，每一种社区组织类型的自组织能力建设方式和途径既存在相同之处，但也各有特点。本研究选择社区志愿者协会为研究个案的原因主要有以下三点：

1. 符合研究目的。本书研究对象是组织起源为自组织且运行机制也具有

---

① 如杨团根据组织目标与受益者的关系，将组织划分为服务组织、公益组织和互助组织三类（参见杨团《社区非营利组织与社区》一文，2005年11月25日刊载于 http://www.chinasocialpolicy.org/Paper-Show.asp?Paper-ID = 184. 陈伟东根据社区事务的内在属性以及供给主体的差异性，将组织分为社区的行政组织、社会专业性服务组织、社区的中介组织、邻里网络，参见陈伟东. 社区自治——自组织网络与制度设置 [M]. 中国社会科学出版社 2004:13. 余坤明根据组织合法性程度分为社区法定组织和社区草根组织，参见余坤明. 转型时期城市社区自治——行政权边界外的自组织 [D]. 华中师范大学,2006.

② 笔者认为将自组织运行机制作为判据，主要是考虑到：一方面自组织理论提出起点可能是被组织、但可以转化为自组织；另一方面由于政府掌握强大的各种资源，对一些组织而言，它在起步阶段离不开政府从资金、政策等方面的支持，但是资源提供者不一定决定组织的运行机制，因而运行机制是否为自组织十分重要。

自组织特征，但自组织能力不高，自组织能力仍然需要一个建设和发展过程的社区组织，因而选择Ⅳ类社区组织。

2. 个案的典型性。在个案的选择上，除了符合研究目的外，之所以选取服务社区志愿者协会，而不选各种兴趣队伍和业主委员会。主要是因为个案选择必须具有"类型代表性"，即强调个案的典型性[①]。就这层意义而言，业主委员会、社区志愿者协会比社区居委会更具有社区自组织的典型特征。因为大多社区居委会只是表面上的自组织，实际上行政化特征明显，仍是一个"被组织"。从社区地位以及和政府互动关系上看，社区志愿者协会比业主委员会更具实际意义。一方面，服务型自组织占自组织类型绝大多数，社区志愿者协会的发展非常迅速。而业主委员会是 2000 年后才逐步兴起，其占社区自组织总量比率小。另一方面，政府容忍居民自组织的限度包括两个方面：一是居民自组织不会给政府的"利益"带来现实的或潜在的威胁；二是居民自组织有利于政府目标的实现。业主委员会尽管在维护居民的权益方面具有积极作用，但由于其对政府或社区居委会的权威存在现实的和潜在的威胁，在许多情况下它与社区居委会是一种此消彼长的关系，因而政府对于这类组织的态度一般采取不鼓励、不提倡但也不强力限制的谨慎原则[②]。相反，社区志愿者协会与社区居委会是一种建设性的关系，具有功能替代作用，在现行体制下，社区志愿者协会更具有发展空间。

3. 研究的便利性。选取社区志愿者协会为研究个案的原因还在于笔者能较为容易进入调查现场，访谈对象联系顺畅，有助于调查的开展。

在社区组织参与社区治理方面，本研究选取社区专业服务组织作为个案研究的原因在于，社区专业服务组织能够更好地发挥其资源整合、精准服务供给，调动居民参与等方面的积极作用。探讨其角色和功能，对提升基层治理效果具有重要意义。因此，本研究因不同的研究主题分别选取了金山社区

---

① 个案典型是指个案只要能集中体现某一类别，则不论这个类别的覆盖范围的大小怎样，就具有了典型性。典型性不是个案"再现"总体的性质（代表性），而是个案集中体现了某一类别的现象的重要特征。参见王宁 . 代表性还是典型性？——个案的属性与个案研究方法的逻辑基础 [J]. 社会学研究 .2002,(2):123-125.

② 余坤明 . 转型时期城市社区自治——行政权边界外的自组织 [D], 华中师范大学 ,2006.

志愿者协会、海峡城乡发展基金会，同时个案类型存在内在关系。

二、资料搜集和分析方法

本书将理论研究与实证研究相结合，在具体资料收集和分析方法上，采用以下三种：

（一）文献研究法。一是通过中国期刊网、图书馆、社区网站等途径收集有关城市社区自组织研究、社区志愿者研究、组织能力建设研究等相关文献，并对研究文献进行整理和深入分析，形成本研究的理论基础和依据，同时为制定调研提纲奠定基础。二是收集金山社区以及社区志愿者协会创建、发展的内部资料、文件、工作报告、协会章程等以了解社区志愿者协会的基本情况。

（二）半结构式访谈和深度访谈法。在制定访谈提纲后，社区组织能力建设方面，选取社区居委会成员、志愿者协会管理人员如会长、小分队队长，以及若干社区志愿者为访谈对象，在此基础上，对具有典型性的个案进行进一步的访谈，访谈对象主要有社区领袖的盛书记、社区志愿者、分队队长，并对个案记录中的"信息码"进行分类编码①；社区组织的治理功能调研方面，选取了秘书长、理事长、社区主任、社区营造员、居民等作为访谈对象。

（三）参与式观察法。本研究历时多年，分跨三个时段。尽管在调查过程中遇到过困难，笔者最终还是成功地深入到金山社区志愿者协会，海峡城乡发展基金会进行实地观察，参与他们开展的活动和日常管理。因而，对社区志愿者协会、社区发展基金会等成立背景、成长过程以及日常管理和运行机制、社区治理成效、存在问题等有较为深入的了解。

---

① 编码方法：第一组为类别编码，第二组为个案编码，第三组为案主编码，各组编码之间用"–"号隔开。首先是类别编码：将调查对象分为三类，分别是名誉会长、会长等领导成员、志愿者协会中层管理人员主要指队长、副队长、社区居民志愿者，分别对应 LD、TL、JM；其次，个案的编码：用"个案"一词的英文单词"Case"的第一个字母"C"和个案排列顺序的序数组成，如个案 1 为"C1"；最后，案主的编码：用案主姓的汉语拼音的声母作为案主的编码。例如 LD–C1–SYC 表示对作为领导成员个案 1 的 SYC 的访谈材料。

第二章　不同理论视角下的社区组织研究①

　　自组织理论最初产生于自然科学领域，是研究自组织现象、规律学说的一种集合。它由普利高津的耗散结构理论、哈肯的协同学、托姆的突变论、艾根等人的超循环论等构成②。该理论以复杂系统为研究对象，研究系统及系统要素如何自组织起来，实现由无序向有序进化的条件、机制和演化路径等。而后通过自然知识迁移，自组织理论被广泛地应用于包括社区研究在内的社会科学领域。作为当前社区研究前沿课题的社区组织研究也深受启发。应用自组织理论视角研究社会组织，非常关注社会自组织的系统环境，实现自组织的条件、机制路径等。国家与社会关系视角下的市民社会理论和法团主义理论主要探索了社区自组织生长、发展的背景培育、发展路径等；新制度主义理论则强调自组织机制对秩序和制度的基础性作用；治理理论则揭示了社区治理内在地要求社区自组织的生长进而成为新的治理工具。总而言之，不同理论研究都表明，社区自组织正成为社区建设的一种新方向。

第一节　社区自组织研究兴起的原因

　　社区自组织研究被视为社区研究的前沿课题而为学者们所重视。其主要原因在于：宏观上，我国社会领域的改革正朝"小政府、大社会"社会管理

---

①　本章内容曾发表在《天府新论》，详见肖日葵，肖士平. 不同理论视角下的社区自组织研究综述 [J] 天府新论 ,2009(1):82-85.

②　吴彤 . 自组织方法论论纲 [J]. 系统辩证学学报 ,2001,(02):4-10.

模式方向迈进，这种改革要求在确保稳定的基础上改变"行政全能型"管理体制，有序和渐进是其主要特征；改革主要目的在于通过培育、发展社会力量，改变"强政府、弱社会"的局面，提高社会的自我管理和自我服务能力，强化社会自治功能。社会自组织以有序为特征，强调通过提升社会自组织能力，提高社会自组织程度，实现社会自我的良性运行与和谐发展，因而，顺应了社会领域改革发展的要求。中观上，作为社会经济体制改革和社会结构调整在城市社区发展中的一种反映，我国城市社区发展主要经历了由行政主导型社区向合作型社区再向自治型社区转变的过程[①]，而实现每一个转变的关键在于社区自组织力量的发展壮大。

社区自组织强调平等主体之间的协商、合作，建立水平合作的团结关系，有助于改变以行政命令、服从关系为特征的行政关系，因而社区自组织有利于实现政府职能的真正转变。同时，社区自组织为居民参与社区建设和发展提供了更为便捷的平台，并且基于利益相关度的增强，居民参与社区的积极性大大提高，这为社区自治奠定基础。微观上，随着市场化改革的深入，计划经济时代铁板一块的均质社会，逐步为利益多元的异质社会所替代。在此背景下，社区的复杂性不断增加，突出地表现为社区利益群体分化和利益群体需求的多元化、复杂化所引发的社区管理与服务难度加剧。政府在应对社区居民需求时，由于面临知识不足、能力不足等问题，只能提供普遍性的刚性服务，而无法满足居民个性的多样化需求。通过发展社区自组织，有助于充分调动和运用社区资源，降低了各种组织、动员和管理成本，提高公共物品的供给效率，同时发动居民自主参与、自主选择、协商互助，有效地兼顾社区公共需求和个性化需求，因而，它成为推动社区服务发展的新动力。

纵观现有的社区自组织研究，主要从宏微观两个层面展开。微观层面的社区自组织研究主要是探讨社区自组织的概念内涵、社区自组织特征和类型、社区自组织的现实状况、社区自组织个案分析，以及培育社区自组织的自组织机制和社区自组织能力研究等。宏观层面的社区自组织研究，侧重于探讨社区自组织兴起的宏观背景，社区自组织发展、壮大对社区和社会发展的意

---

① 魏娜. 我国城市社区治理模式：发展演变与制度创新 [J]. 中国人民大学学报 ,2003,(01):135-140.

义以及社区自组织发展的路径等。本节拟从宏观层面出发，运用市民社会理论、法团主义理论、新制度主义理论、治理理论等，对国内有关社区自组织研究进行全面的文献梳理以期对社区自组织研究有更为深入的认识。

第二节　四大理论视角下的社区自组织研究

一、市民社会视角下的社区自组织

国家与社会相分离的基本假设是社会自组织形成的重要理论基础之一，换言之，社会自组织建立在公民社会理论的基础上。市民社会是一个区别于国家建制的自主的活动领域，它通过社会自我管制达成相互联系并依存的整合秩序[①]。现代市民社会建立在国家、市场、社会三元分立的基础上，强调社会的自我维系、自我发展。运用该视角对社区自组织的研究，认为市场化改革所引发的经济社会转型，尤其是政府在社会领域的改革，直接促成了社区自组织生长和发展；同时，社区自组织发育壮大对重构国家与社会关系，构建"强政府、强社会"的社会管理模式具有积极意义。

1. 社区自组织的生长、发展与政府主导的以政社分开为核心的社会领域改革密切相关。随着政府由"全能型"向"有限型"转变，国家行政权行使的边界日益收缩，逐步从经济和社会领域中退出。国家对资源和社会空间的主动让渡，为社区自组织的生长和发展奠定基础。此外，一些行政权无法覆盖的"真空地带"也为社区自组织的生长、发展提供空间。

徐永祥首先提出了社区自组织，他认为经济体制改革和社会主义市场经济的发展是导致"亚社区"模式终结的重要前提。市场化改革，削弱行政力量的影响力，催生现代社区所需要的自组织空间。在他看来，"亚社区"由于社区自组织系统内在发展动力不足，只能依靠行政力量来强制推动社区发

---

① 张静.国家与社会[M].浙江人民出版社,1998:14-28.

展。因而，"亚社区"是一个以单一化、行政化为主要特征的外制式社区模式，该模式社区自组织严重萎缩、发育不良、功能异化，是一个被组织；而现代社区则更是依靠社区自组织系统发展的社区，是一个自组织[①]。陈伟东认为，中国城市社区建设的根本问题，就是要适应体制改革和社会结构变迁的需要，重组城市基层社会治理体系，而构建城市基层社会治理体系就是要从培育和适应人的"自主性"出发，建立社区自组织机制[②]。罗峰指出，社会自组织是公民社会的重要表征，他从规范层面和现实层面论证社会自组织产生的可能性和必然性：从规范层面上看，任何国家在对社会进行管理的过程中，由于刚性管理成本的约束与委托—代理关系的存在，国家及其代理人都不可能对社会领域的所有层面实现全控式的管理，管理真空或空隙的存在与微观的自组织状态紧密相连；从现实层面上看，政府由于受行政能力或政社功能边界划分的影响，一定程度的社会自主或公民社会的形成有其现实基础[③]。

2. 社区自组织的发展、壮大是政府社会管理模式改革的必然要求。社会（社区）自组织能够弥补国家和企业在满足公民需求方面存在的不足，成为社会整合新的途径；同时，社区自组织对建构公民社会、推动国家与社会的良性互动与合作具有重大作用。

杨团认为，早在1986年民政部使用"社区"这个名词的时候就有将自组织理念引入中国社区服务工作的愿望，并且这是"小政府、大社会"的政府体制改革基本思路的要求。她进一步指出，当前中国的社会变革到了一个新的阶段，即社会（社区）自组织力量随着第三部门的发展而不断得到加强的阶段[④]。李友梅指出，持社区建设"基层社会发育"理论取向的学者们倾向于将社区建设的过程看作是构建"社区共同体"的过程，他们主张加强社区自组织的建设和营造社区认同，即利用市场社会所提供的"自由流动资源"和"自由活动空间"，构建相对独立于国家的、具有一定自主性的"自组织空

---

① 徐永祥. 社区发展论 [M]. 华东理工大学出版社,2000:67-69.
② 陈伟东. 社区自治——自组织网络与制度设置 [M]. 中国社会科学出版社,2004:154.
③ 罗峰. 和谐社会与社会自组织力的提升 [J]. 探索与争鸣,2007(2):30.
④ 杨团. 社区非营利组织与社区 [EB/OL]. ·http://www·chinasocialpolicy·org/Paper-Show·asp? Paper-ID=184,2005-11-25.

间"，从而在一定程度上形成能"自主"与"自为"的社会自我支持系统。他们普遍认为，通过大力培育社区自组织，社会将以自下而上的方式形塑社区组织关系和权力秩序，进而在宏观上对国家与社会关系产生影响[①]。王思斌认为，随着计划经济向市场经济的转轨，中国改革前的政治性团结和自然性团结逐步衰落，并将被新的社会团结即社会性团结所补充。社会性团结是由公民或城市居民因共同利益而结成的组织所显示出来的社会团结。其特点是参与者因共同的社会生活及利益而走到一起，他们形成某种群体或组织表达自己意愿、维护自己利益。但这种横向的社会性团结在目前是极其缺乏的，为此，必须通过发展社区自组织来增强社区凝聚力、加强社区团结，提高社区居民的自组织和自治能力[②]。

二、法团主义视角下的社区自组织

法团主义理论认为，在市场与国家之间存在着大量的自组织、半公共的团体，他们在社会结构中已经逐渐发展出自我的利益。[③]并且，随着社会利益组织机制的发展，多元主义转向法团主义，这种转变意味着一种分散和目标游离的组织状态进入到了一种高度组织化和稳定的社会协调机制状态。法团主义的一个潜在观点是，利益合作机制的发展和国家角色的发展是同步的，并且十分强调社会联合的重要性。根据主导权力在国家和社会组织间的分布不同，法团主义分为"国家法团主义"和"社会法团主义"，前者说明一种自上而下的组织关系，国家的作用是主要的；后者代表自下而上的组织关系，社会力量主导着关系的秩序[④]。

（一）国家法团主义视角下的自组织

在国家法团主义看来，由于中国长期集权政治的影响，公共领域和社会自治因素发育尚不成熟，社会自组织能力弱。因而自组织的构建离不开国家

---

① 李友梅 . 社区治理：公民社会的微观基础 [J]. 社会 ,2007,(02):159-169.

② 王思斌 . 社区建设中的中介组织培育 [J]. 中国民政 ,2001,(01):15-18.

③ 王思斌 . 社团的管理与能力建设 [M]. 中国社会出版社 ,2003:73.

④ 张静 . 国家与社会 [M]. 浙江人民出版社 ,1998:14-28.

的作用，持此论者大多赞成官方对社会领域自组织的谨慎心态和相应的控制做法。

刘伟认为，"对给予中国社会'自组织'空间和自由度的担忧也不是完全没有必要的，因为中国社会，特别是底层民众的文化水平有限，识别能力不强，他们在维护自身利益时多显无力，进入一定的组织网络中，我们也难保他们可以很好地保证自身的权益不受侵犯，更无法保证他们不受某些人的利用"。① 李习彬认为，"在初始阶段，要在政府主导下特别是中央政府设计、推行并控制实施背景下，通过体制改革的途径实现，走一条'受控自组织'道路"。② 社区建设中持"基层政权建设"的理论取向的学者认为，社区建设的目标是重建城市基层社区中的带有指令性的行政协调系统，即国家通过完善和强化基层"条""块"行政组织，在行政社区中重建政治权威的合法性，以强化国家的"基础性权力"。因而，社区建设过程被看作是国家不断渗透基层社会的过程，所关注的问题是国家权力向基层社会延伸的过程以及在此过程中碰到的约束。③

（二）社会法团主义视角下的自组织

在社会法团主义看来，社会自组织的培育与发展离不开政府从宏观层次的制度、法律、体制、财政等外部能量输入，同时，随着社会组织和个人提升自组织能力和主动参与能力，尤其是民主参与、自我约束、自我协调、自我发展能力，最终实现社会自组织能力与国家行政能力的和谐互动共同合作。因而，他们认为中国的公民社会是自上而下的国家培育和自下而上的自然生成两种路径在某种程度的复合，是政府拉动下的国家培育与民间社会力量促动的结合，因而，非常注重国家能促型角色以及国家与社会的相互增权。

罗峰认为，从现代中国的政治生态来看，社会自组织力的提升要求政治系统从外部提供相关的制度安排，去培育和规范各种民间组织及其运作，这

---

① 刘伟 . 前中国社会的自组织问题之思考 [J]. 绿叶 ,2007(8).
② 李习彬 . 系统管理与政府管理创新 [EB/OL].www.long-sighted.com/lixibin/ 2002-3-4.
③ 李友梅 . 社区治理 : 公民社会的微观基础 [J]. 社会 ,2007,(02):159-169.

是后发现代化国家社会自组织力提升的重要途径[①]。李友梅认为，社区建设是一种"社区共治"模式，中国社区建设不仅是国家基层政权建设的过程，同时也是基层社会发育的进程。通过社区建设营造一种属于社区层面的公共领域，发育一批社会性的自组织，并以某种制度化方式使其参与到城市公共管理的过程，从而增强社区生活的自我实现能力[②]。陈伟东强调，政府部门要从社区逐步退出，将公益性服务功能让渡给相应的社会中介组织，但政府组织不可能完全退出，需要直接参与治理外部性极强的公共事务。他认为政府"既不是一只沉重的手，也不是一只看不见的手，而是一只轻轻推动的手"。"轻轻推动的手"表明社区自组织是一种存在外部控制参量推动下的自组织过程。政府的功能包括输入能量和参与治理[③]。

三、新制度主义视角下的社区自组织

新制度主义视角从制度的起源以及制度发生作用的机制出发，认为许多制度和规则在很大程度上是自组织的产物。制度是一种自生自发的秩序，而不是人为秩序；在作用方式上，制度作为秩序形成的外部因素，具有一定的促进作用，但对秩序的形成和维持更为重要的因素还是其系统内部的自组织机制，因为自组织与有序紧密联系。

（一）就制度的起源及演化而言，自组织是制度产生的基础及其演化方向

新制度主义认为，制度是人们为防止机会主义而缔结的契约。青木昌彦根据契约产生的不同途径，将制度分为博弈规则论和进化博弈论，前者强调制度是立法者、政治企业家或从事机制设计的经济学家设计的结果，后者则突出制度是自发的秩序或自组织系统。他进一步指出，博弈规则不是外生给定的，也不是由政治、文化和元博弈决定，而是由参与人的策略互动内生，

---

① 罗峰 . 和谐社会与社会自组织力的提升 [J]. 探索与争鸣 ,2007,(02):30-31.

② 李友梅 . 社区治理 : 公民社会的微观基础 [J]. 社会 ,2007,(02):159-169.

③ 陈伟东 . 社区自治——自组织网络与制度设置 [M]. 中国社会科学出版社 ,2004:154.

存在于参与人的意识中，并且是可自我实施的①。他还提出了两种"元制度"，即习俗性产权和社区规范，习俗性产权不依赖界定和实施所有权的法律规则而自组织。社区规范是联结博弈的一种内生性结果，而不是把他们看作是从社会系统之外给定的外生性约束，它创造一种自组织秩序。哈耶克在提出"构造理性主义"和"进化论理性主义"之后，认为"我们能够让未知事物有序化，唯一的办法就是诱导它自己产生秩序"。②

（二）就制度功能发挥而言，它依赖于系统内部的自组织机制

刁伟涛认为，在促成良好社会秩序的问题上，人们往往强调秩序是由制度规范出来的，主张用制度去规范人们的行为从而促成所欲求的秩序，但是仅有制度，或者说仅从制度的制定和执行方面去考虑，并不足以有效地促成秩序，秩序的形成与维持还需要另外一种机制：自组织，并且这种机制的作用可能更为根本③。为此，他认为必须培育和保护社会的自组织性，促成社会由他组织秩序向自组织秩序转变、形成良性社会组织秩序，最终促成和谐社会④。

四、治理理论视角下的社区自组织

治理是各种公共的或私人的个人和机构管理其共同事务的诸多方式的总和。它是使相互冲突的或不同的利益得以调和并且采取联合行动的持续的过程。⑤自组织与治理理论紧密联系，治理理论蕴含自组织治理的理念和机制。治理的管理机制是合作网络的权威，它主要通过合作、协商、伙伴关系、确立认同和共同的目标等方式实施对公共事务的管理。许多学者将自组织治理作为治理理论的核心之一。罗伯特·罗茨认为，自组织意味着一种自主且自我管理的网络，自组织网络的治理建立在信任与互利基础上的社会协调网络。

---

① 青木昌彦.比较制度分析 [M].上海远东出版社,2002:10-11,33-35.
② 哈耶克.法律、立法与自由 [M].中国大百科全书出版社,2000:94.
③ 刁伟涛.制度、自组织与秩序——兼论中国社会的制度变迁 [J].江苏社会科学,2006,(03):37-43.
④ 刁伟涛.和谐社会的组织与自组织分析 [D].山东大学,2006.
⑤ 俞可平.全球治理引论 [J].马克思主义与现实,2002,(01):20-32.

俞可平指出，大多数学者认为作为人类关系协调方式的"自组织"适用于社区领域，"总有一些问题使人们认为自组织治理是一种最'自然'的协调方式。有些相互依存形式不适于以市场机制或自上而下发号施令的方式进行协调"①。可见，治理是对政府失灵、市场失灵的补充，公民社会的兴起，使得对社会资源的配置不能再沿用以往非此即彼的二分法，而要实现政府、市场、社会在处理共同事务时运用不同于政府机制、市场机制的以分权、参与、协商、合作为特征的治理机制，最大限度地增进共同利益。

在社区领域，社区治理是指社区中的行为主体在民主、协商基础上，相互沟通合作、共同管理公共事务，最终走向善治的过程。在该视角看来：一方面社区自组织成长推动社区治理结构的转型，即治理过程由行政主导转变为民主协商，治理关系由命令服从关系转变为合作、互惠关系，治理组织体系由垂直科层结构转变为横向多元合作网络结构；另一方面，社区自组织因其内在的合作、参与、有序等特征被当作提高社区治理绩效的有效工具。

刘志昌认为，草根组织的充分发育是社区治理结构转型的前提条件。众多社区草根组织的发育，有利于在社区形成不同的"治理共同体"，更充分地了解不同公民群体的不同偏好，可以更贴近公民和更快速地回应公民的要求。社区治理结构的转型取决于草根组织的发育和壮大，当社区草根组织发育壮大之时，也就是社区多元网络治理结构形成之时②。张洪武指出，作为自组织，非营利民间组织与社区善治之间有着很大的关联性，它不仅直接参与社区治理维护社区居民的利益，而且作为独立的"眼"监督政府部门在社区的公共管理和服务，保护有组织的公民免受政府权力的随意侵扰，形成对公权的"社会制衡"。李霞、陈伟东从理论和实践表明社区自组织程度越高，越有利于降低社区治理成本。居民以信任和合作来治理社区比政府主导社区绩效更大。因此，要减少社区治理成本还必须以现代公民社会即居民自组织网络发育为前提③。

---

① 俞可平.治理与善治[M].社会科学文献出版社,2000:53-58.

② 刘志昌.草根组织的生长与社区治理结构的转型[J].社会主义研究,2007,(04):94-96.

③ 李霞,陈伟东.社区自组织与社区治理成本——以院落自治和门栋管理为个案[J].理论与改革,2006,(06):88-90.

五、小结

综上可看出，国家与社会关系视角下的市民社会理论和法团主义理论，主要探讨了社区自组织生长、发展的社会转型背景、培育、发展社区自组织的路径以及社区自组织对政府管理体制改革和社区建设的重要意义。新制度主义理论表明自组织机制对制度和秩序的基础性作用，认为构建和谐社区关键在于通过发育社区自组织来促成社区自组织规范和秩序。治理理论则揭示了社区治理内在地要求社区自组织的生长，而社区自组织的发育推动着社区治理的自组织转化，并成为新的治理工具。简而言之，这些理论深刻地说明社区自组织发展对社会、社区的价值，它表明社区自组织成为社区改革满足居民多样需求，构建和谐社区的必然要求，暗含着社区自组织越来越成为城市社区建设一种新的选择、新方向。

第三章 社区组织与社区治理概述

社区组织与社区治理是本书的主要研究对象，为此本章将围绕社区社会组织的一般性知识，特别是社区社会组织的特征和功能展开论述，并聚焦到社会组织的社区治理功能以及社会组织参与社区治理的模式分析。

第一节 社区社会组织的特征及其功能

一、社区社会组织①的六大特征

（一）非营利性

社区组织具有非营利性的特点。与营利性组织不同，社区组织不是以获得私人利益为目的，而是以服务广大人民群众，增强团体中的情感为根本宗旨。非营利的原则使社区组织能够涉足营利性企业不愿参与的领域，例如社区环境保护、慈善公益等。需要指出的是，非营利不等同于完全不收费。实际上，部分社区组织收取少量服务费，但这些收费并非以营利为目的，而是全部用于组织自身的运营与发展，以确保能够持续、高效地为社区提供高质量的服务。

---

① 社区社会组织特指社区场域的社会组织或参与社区治理的社会组织。为了表述方便，社区社会组织简称社区组织。

（二）自治性

社区组织不同于政府部门，虽然接受政府部门的监管，但是独立运营、自我管理、自我服务，社区组织具有较强的自治性。社区组织通常由社区居民自发成立，以满足社区内部需求为目标，具有独立的组织架构和运行机制。通过成员大会、理事会等内部管理制度，社区组织实现自主管理，其成员既是服务提供者，也是受益者。这种自治性使社区组织能够更好地适应社区需求，为居民提供精准服务，同时增强了社区凝聚力和自我发展能力，与政府部门形成互补，共同推动社区发展。

（三）民间性

社区组织属于民间团体，是由人们自发组织起来的组织。政府是其监管部门，但社区组织运作不同于政府部门或企业，社区组织内部的人事任免也由社区组织自行决定。社区组织通过兴趣和公益目标等聚集成员，无需政府审批即可开展活动。社区资金来源多依靠民间社会捐赠、会员会费等。民间性使得社会组织能够深入基层了解居民多元需求，并精准回应，填补公共服务空白。

（四）志愿性

社区组织成立和运营的动力是利他主义，这既不同于政府部门强调公平，也不同于企业强调效率，社区组织是效率与公平的结合。志愿性是社区组织存在的基础，这种志愿性体现为社区组织的成员，不是以个人利益为主要目的，而是以追求个人自我价值的实现。志愿服务通过各种正式与非正式关系网络，激活社区资源，整合碎片化社会资源，能弥补基层服务资源不足。

（五）专业化

为满足社区居民日益多元化的需求，社区组织专业化水平需要不断提升，特别是在专业人员构成、专业服务技能与内容，以及专业运作模式三个层面。人员构成上，社区组织积极吸纳心理咨询师、医生、律师、教师等具有特定技能专长的专业人员，通过培训、建立激励机制，将他们吸引到社区服务中。同时，依托社区组织成员多样化的专业技能，开展更加精细化的服务内容，如医疗卫生类组织普及健康知识、管理慢性病；环保公益类组织推动垃圾分类和低碳生活；法律援助类组织为弱势群体提供维权服务等。社区组织的专业性还体现在运作模式上，专业服务型社区组织一般会引入项目化管理、绩效评估和数字化等工具，来推动资源配置优化，并建立起与其他社区治理主体的合作关系。

（六）社区化

社区化表现为社区组织深深扎根社区，与社区进行深度互动。具体地，社区组织扎根社区，其活动场所大多设在社区内部，成员大多来自社区居民，社区组织开展活动的主要目的之一也是为了满足社区居民的需求。因此，社区组织诞生于社区，依靠社区居民，调动社区资源，服务社区居民。社区化还表现为社区组织通过成立社区发展协会、理事会、议事会等方式激发居民主体意识，推动"自下而上"的社区治理。

二、社区社会组织的功能

（一）社会治理功能

社区社会组织在社会治理中扮演着不可或缺的角色，其灵活性和多元性是其核心优势。在社会治理的多元主体框架下，社会组织以其独立性、自主性和灵活性，成为推动社会进步的重要力量。这些组织在社会公共领域的活动日益增多，它们不仅在传统社会救济方面发挥作用，还在社会福利、医疗保健、体育运动和国际交流等多个领域提供服务。这些服务的提供，不仅满足了社区居民多样化的需求，也促进了社区资源的有效整合和利用，提高了社区服务的质量和效率。更为重要的是，社会组织在提供社会服务的同时，也在推动社会创新和公权力部门的改革上发挥了一定的助力作用。社区社会组织通过与政府部门、企业合作，以创新治理模式、组建高素质志愿队伍、推动数字化治理、创新工作规程等方式，不仅提升了社区服务的质量，也促进了社区治理体系和治理能力的现代化。

（二）推进社区建设

经过三十多年的发展，我国形成了多元化的社区建设模式，社会组织在这一过程中发挥了独特而重要的作用。一方面，社会组织通过整合政府、市场、社会资本等多种资源，为社区居民提供了教育、健康、文化、娱乐等多样化服务，满足居民的多元化需求，通过政府购买服务的方式，引入多种社会力量参与社区建设、社区营造，增强了社区服务的多样性和覆盖面。另一方面，社会组织在增强社区凝聚力上发力，通过引导社区居民共同设计和参与社区发展计划，比如通过社区服务项目洽谈会、公益创投大赛等活动，提升了居民的参与度和社区的凝聚力。这种参与不仅促进社区环境的改善，还包括社区经济的发展、社区文化的建设等多个方面，从而增强了居民的认同感和主人翁意识。

（三）应对突发危机事件

社区社会组织在突发事件中反应迅速，能够在第一时间做出应对策略，减少了人民群众的生命威胁和财产损失。例如，1999 年 9 月 21 日，台湾南投县、台中县发生里氏 7.3 级地震，在这次大地震的救灾及灾后重建中，台湾非营利组织表现突出，灾后四小时之内，有关的公共部门还未有任何的行动，就有慈济功德会组织了义工和医疗团队，抵达灾区，迅速地开展救援、赈灾、安抚工作，在救灾期间，媒体热情地呼吁爱心捐款，各团体、组织、学校、公司及媒体纷纷打出捐款账号，民间捐款达到了 375 亿多元的新台币，台湾各地的许多社团组织、社会力量和个人都行动起来，自行集结组织前往灾区，纷纷运送民生与救援物资，参与各种救灾与重建工作，一些社会福利团体，除了去做救援与重建工作外，自主建立了民间赈灾资源监督机制[①]。

---

① 王茹.台湾的非营利组织与公民社会构建 [J]. 台湾研究集刊,2004(4).

（四）促进社会和谐

社区社会组织的专业化有利于进一步推进社会发展。从与政府的互动角度而言，不同类型的社会组织在社会运行过程中发挥着弥补政府资源不足的作用，政府和市场提供不了的公共物品可以通过社会组织提供，有助于弥补政府失灵和市场失灵。例如，环保类社会组织能够有效促进社会环保意识，减少环境污染现象的发生，慈善类社会组织能够在社会成员发生风险后及时给予必要的救助，尤其慈善组织在筹集善款方面发挥着独特的作用。从社区社会组织与社区居民的互动角色而言，社区社会组织发挥着扩大社区参与、增强社区意识的功能。不同类型的社区组织通过采取多样化的策略来为社区居民创造参与社会活动的机会，不仅能够促进社区成员之间的交流与互动，还能营造一个和谐友好的社区环境。在活动参与中，他们可以逐步融入社会，追求民主、志愿奉献、自我提升和实现个人价值等理念，进而增强社区成员的自我认同感和积极参与意识，促进社区和谐。

第二节　社区治理背景下社会组织的作用

社区建设是一项持续的工作，并不能简单地一蹴而就，在这个过程中单单依凭政府和社区居民的单线结构，很难推动工作。因此，在社区治理过程中，必须依赖一些关键因素，例如社会组织，以形成稳定的合作关系。

一、社会组织对社区治理的作用

（一）促进社区关系协调

社会组织在参与社区治理过程中扮演着中介和协调者的角色，并发挥着关系协调的作用。在推动社区治理相关政策和措施落地时，常遇到居民对政策理解不足、缺乏社区建设经验等问题，导致政策实施的关系协调时间成本较高。居民在面对复杂的政策或缺乏对政策效果的信任时，容易产生疑虑或抵触情绪，增加了沟通和协调的难度和协调的时间成本。社会组织的介入能够有效缓解这些问题，通过居中协调，平衡各方需求，降低不必要的时间成本。社会组织凭借贴近居民的特点，能够以更易理解的方式将政策内容传达给居民，消除误解，增强居民对社区治理的信任和支持。同时，社会组织也可以将居民的真实反馈整理并传达给主管部门，确保政策更符合基层需求。通过连接居民与政府，社会组织优化了关系资源的整合，推动了各方的良性互动，确保社区建设的高效推进。

（二）深化在地特色挖掘

在社区建设过程中，社区居民常常会因为利益、技术等工具性和情感性的问题产生较大的分歧，或是不知如何挖掘社区在地的发展特色，形成项目计划和亮点设计，从而导致社区建设活动无法正常地进行。社会组织的介入则有利于帮助社区居民根据社的在地化特色，发掘出社区潜力，形成社区建设的计划和亮点，促进社区的可持续发展。同时，社会组织作为非营利性组织，具有非营利性特点，在其介入其中时，通常不涉及利益之争。作为"清醒"的第三方的社区社会组织，有助于获得社区居民的认可，调节社区居民的关系，收集他们的需要和意见，从而形成高度整合适切的社区目标，更有利于社区居民快速达成共识。

（三）推动资源整合

在社区治理过程中，社区非营利组织最初由公权力部门推动产生，后来随着支持结构的转变，社区非营利组织的作用也发生了较大的变化，他们必须积极地动员和整合社区内外的资源，才能推动自身发展和社区营造的进程。它作为社区中成立，能够有效地从社区本土化场域中动员和挖掘资源，这些资源包括财务资源、人力资源和道德情感支持等[①]，也可以从社区之外进行资源的动员，获得相应的支持，根据自己本社区的关系资源网络，进行资源动

---

① 王仕图.社区型非营利组织资源动员与整合：以社区发展协会为例[J].台湾社会福利学刊,2007(2).

员，从而盘活社区营造的内外网络，促进社区营造更为高效的发展，帮助社区形成自力更生的条件。

（四）提升社区弱势群体的关怀

社区在发展的过程中，总会存在弱势群体或相对弱势群体，他们由于经济、社会声望和教育程度的不同，在社会中处于弱势地位。社会组织的介入能够帮助他们在社区中争取发声的空间和地位，同时对于那些被信息社会排斥的人群，社会组织也会帮助其减少排斥，促进融合。

（五）强化专业指导，推动本地人才培养

在社区治理中，社会组织未来将以具有专业知识的团体为主，他们为社区的规划、建设和发展提供专业的意见和指导，促进社区可持续的发展。通过专业的意见和指导，社会组织帮助社区有效识别和解决问题，从而促进社区的整体发展。具体而言，社会组织能够结合自身领域的专业优势，更好地为社区提供针对性强的服务。同时，社会组织的专业指导作用还体现在推动本地人才培养上。通过本地人才的培养，社会组织将居民逐步转变为社区治理的参与者，从而缓解社区在人力资源上的短缺。例如各种社工机构能够根据社区的人员情况，制定专业的方案和培训计划，从而培养本地的人才，改善社区营造人力资源不足的困境[①]，赋能社区居民，提高社区治理的专业化水平。

二、社会组织参与社区治理的模式

（一）政社协作模式

公私关系是社会组织参与社区治理必须处理的关系，通常情况下，他们会形成协调合作的关系，社会组织和公共部门除了合作方案或议题的连接之外，也会接受政府机构的经费。另一方面，社会组织也通过募捐机制来获得

---

① 思琦.地方文化产业与社区营造之研究——以关西玉山地区为个案[D].台湾新竹教育大学硕士学位论文,2008.

额外的资金，充实社区建设资金，以推动社区建设的进行。

（二）社民整合模式

社会组织参与社区治理主要有两个路径。其一，自上而下的政策指示，一方面确定了社会组织的角色和定位，另一方面也推动了社会组织力量的凝聚，鼓励其参与到社区建设中来。一般而言，在起步初期，社区发展强调的是社会组织在参与过程中遵守自上而下的政策指示。其二，在社会组织准入社区时，他们作为具体的政策实施者，也是社区的具体成员，他们自发形成组织或者收集社区建设主题，形成工作方案计划，自下而上嵌入到社区建设体系中来。在这个过程中，政府部门是积极的倡导者和推动者，而社会组织是具体实施者。而每个社区的治理主题是由当地的居民自发提出，社会组织帮助社区居民探索适合社区建设的主题，从下收集意见，推动计划的进行，社会组织的功能和效用就在这个过程中得到有力的体现。

（三）社区组织竞合模式

一个社区往往有多个社会组织，社会组织之间存在着竞争与合作。这也是他们参与社区建设或治理的常态。社区社会组织一方面要协调政府与居民的关系，另一方面也要处理社区内不同社区组织之间的关系。不同社区组织或协会合作无间，才凝聚了社区共识，共同推动社区建设。在社区建设过程中，社区组织以及村里组织之间有着高度重合的地域范围，功能及其定位的重合，甚至领导群体的重合等，加上两者资源内生性缺失，相互之间容易形成竞合式关系，社区组织参与社区建设也是一种竞合式治理过程。

（四）社区资源整合模式

在社会组织参与社区建设过程中，不仅仅只有一个主体，社会组织作为重要的推动者，推进社区建设，不可避免地需要形成资源整合模式。在资源的整合过程中，建立政府职能部门、企业与非营利组织三者之间的互动关系。有时候，还要调集不同边界人员的参与，如学界人员、企业界人员和政界人员，只有将资源调动起来，才能较好地开展社区建设。打破社会组织之间的有形和无形的边界。借由社区组织之间的合作，有效整合经费、设备、空间等有形的组织资源，专业知识、服务等无形的组织资源，以及自然资源和人文资源，才能共同推动社区建设，完善社区治理。

（五）社区主题营造模式

完善社区治理，推进社区建设进程中，越来越突出因地制宜，突出社区的独有特色。社区建设要求在地化，强调要结合在地文化、自然环境、社区居民需求等独特禀赋，形成具有能见度、高标识度的社区建设品牌，例如"一村一品"等。而从社区建设主题和目的来看，结合在地特色，发展合适的社区主题，是社会组织参与的基本模式。只有结合社区居民的需要、社区的发展特色以及社区可持续发展目标，进行个性化、社区化的定制，才能设计出符合社区建设的主题，并进行营造，这也是社会组织参与建设最为根本的模式和机制。例如，在老年人比例较高的社区，引进社区福利的概念，建立养老服务社区组织，以老人共餐、老人日托、社区医疗站等主题，做好社区老年人福利服务的派送。

第四章　社区组织能力建设及其机制研究

第一节　社区志愿者协会的自组织特征

自组织特征是指一个系统或组织作为自组织所应具有的无外界特定干预，以自主、协调、合作、有序等为特征。如前文所述，一个社区组织是否为社区自组织的判断依据是该组织的运行机制是否为自组织，社区由谁创立或者说组织创立初期的资源提供者是谁，只是参考的依据。这是因为被组织可以转为自组织，即存在起点是被组织的，但经过一定的调节改造改变为以自组织方式运行是可行的[①]。社区志愿者协会尽管是由社区领袖、干部倡导并发起的，但它不是政府职能部门的附属机构，而是一个社区自组织。从社区志愿者协会的创立到运行发展都是从居民需求出发，整合居民资源，开展"助人自助"志愿服务，满足居民多样化需求，它具有显著的自组织特征。协会的自组织特征[②]体现为以下几个方面。

---

① 吴彤. 自组织方法论论纲 [J]. 系统辩证学学报 ,2001,(02):4-10.

② 笔者在界定社区自组织特征时参考了社区居民组织内部自主性（参见余坤明. 转型时期城市社区自治——行政权边界外的自组织 [D]. 华中师范大学 ,2006.）和文昌慈善总会自组织特征（参见葛道顺. 社区自组织下的志愿者行动与老人服务 [EB/OL].(2005.http://www.china social policy.org/Paper_Show.asp?Paper_ID=151.）以及社团自治化的 9 条标准（参见康晓光. 关于官办社团自治化的研究 [M].// 中国青少年发展基金会. 处于十字路口的中国社团 . 天津人民出版社 ,2001:118.

一、社区志愿者协会人力要素的自组织特征

第一，社区志愿协会产生的自发性。协会的生长，是一个自下而上的过程。它不是基于政府的行政命令而成立，而是社区领袖基于居民需求而倡导成立，居民的自愿参与是其最为根本的动力。因此，协会是居民自愿结盟成立的，而非政府直接干预组建。

"在厦门，我们是第一个成立社区志愿者协会，那时文件没有规定要成立社区志愿者协会，也没有规定不能成立社区志愿者协会。我们只是从居民的需求出发，从更好地为居民服务出发，奉行居民需求什么，我们尽量满足什么的原则，通过学习国内外其他社区的做法成立志愿者协会。"LD-C1-SYC

第二，协会领导产生的自主性。协会领导不是外部指定的行政代理人，而是自愿认同的民间精英。从协会现有的领导来源构成看，街道等政府组织没有指派任何人员挂职，名誉会长由社区盛书记担任，会长由居委会主任担任，7个理事中居民代表占了4个，在17个志愿服务队伍中，有10个分队队长由居民担任。可见，协会领导的来源具有很强的民间性。另一方面，协会领导不是通过任命或者直接兼任，而是通过选举产生。产生的过程主要分为两个阶段：先由社区居委会、社区居民推选出理事会成员建议名单，再由社区志愿者会员代表大会投票选举产生协会的理事会成员、会长以及各队队长等，其产生的过程体现了公开、公平、自主。协会领导不是对上级负责，而是对会员代表大会负责。

"理事会成员由选举产生，由筹备委员会根据居委会和居民的推选、综合考虑个人能力、志愿服务时间、个人威信等因素，向会员代表大会提交理事会建议名单，然后由会员代表大会选举产生。"LD-C2-WLM

"理事会设会长1人，副会长若干人，理事若干人，领导本协会开展日常工作，对会员代表大会负责。"（《金山社区志愿者协会章程》）

第三，协会会员进出的自愿性。协会坚持进出自愿的原则，会员参加或者退出协会是个人意愿自主选择的结果。会员入会不是基于行政任务或外在的压力，而是基于对志愿精神的认同，对协会的认同。会员退会也是自愿，只需提出书面申请并交回会员证就可以退会。

"志愿者如果不自愿，就不叫志愿者，协会也无法长期发展，坚持自愿是协会一贯的原则。使居民由要我参与到我要参与的转变，关键在于工作方法，我们既要提倡无私奉献，又要让志愿者的服务获得回报。" LD-C1-SYC

"不管是加入志愿者组织，还是参与志愿服务活动，都要尊重本人意愿，不搞强迫命令。现在向协会主动提交志愿申请书的居民有 2000 多人，许多居民想参加，有的还进不来（指被吸纳为注册志愿者）。" LD-C3-YCL

二、社区志愿者协会运作过程的自组织特征

第一，协会规章制度制定和确立的自主性。协会的章程规定了组织的结构、组织目标、组织职能等重要内容。金山社区志愿者协会的章程不是由上级直接干预制定的，而是由筹备委员会通过借鉴国内其他社区的做法，并结合本社区的实际情况拟定初稿，然后提交会员代表大会审议、修改、表决通过的。其他制度则是由理事会根据实际需要，通过召开会议或公示等形式，在征求会员意见的基础上制定的。因而，各项规章制度建立具有充分的自主性。

"协会章程先由筹备委员会制定初稿，然后交大会表决。现在的章程跟初稿在原则上没有很大的差别，比初稿多了几条由会员代表提出来的建议，如增加志愿者奖励、成立志愿者活动日等。" LD-C1-SYC

第二，协会资金筹集、使用和管理的自主性。协会资金来源是通过协会自身筹集。从组织经费的使用和管理自由度上看，协会自己享有管理和使用权，每次使用的款项都尽可能公示，接受居民的监督。

"目前上级部门没有专门的款项资助，协会只能通过自己想办法解决，包括从社区其他办公经费中挤出点，以及向企事业单位、居民募集，但难度比较大。" LD-C1-SYC

"我们自己支配经费，资金是我们自己募集的。数额小的经过队长同意，数额大的则要会长或者理事会批。但都得有单据，因为要公示。" LD-C2-WLM

第三，协会开展服务内容的自主性。协会的目标是满足居民需求，提高居民生活质量，而不是为了完成各种行政指标、任务。协会是根据居民的需求开展活动，在已有的 17 支志愿服务队伍中，有 10 支队伍是协会根据居民要求或者在居民自发组织基础上建立的。在志愿服务任务的来源上，居民自己发现的服务需求占了很大一部分比例。

"在开展志愿服务时，很多情况下是志愿者提供的消息，他们会知道哪家困难需要帮助，然后告诉我们队长，我们再组织人员过去帮忙。" TL-C1-LYN

由此可见，金山社区志愿者协会具有明显的自组织特征，从协会领导的产生、活动经费的来源与使用、成员进退协会的自由度以及协会章程的制定方式上看，都反映出金山社区志愿者协会是一个"自我管理、自我教育、自我服务、自我约束"的社区自组织。

需要指出的是，具备了自组织特征并不意味着协会的自组织能力就已经很强。相反，由于协会目前仍处于成长阶段，自组织能力弱小，协会的自组织能力仍需要一个建设、发展的过程。

第二节　社区志愿者协会自组织机制分析

一、社区志愿者协会人力资源整合能力建设及其机制

资源整合能力是协会增强组织要素，维持生存发展的基础能力。在各种资源中，人力资源和财力资源是组织发展所需最为根本的资源。社区自组织的资源整合能力主要由人力资源整合能力和财力资源整合能力构成。笔者将对协会资源整合能力建设的机制进行分析。

（一）社区志愿者协会人力资源整合能力建设的主要举措

社区志愿者队伍能够迅速发展的原因在于协会在资源整合能力建设过程中，坚持在社区居委会的推动下，发挥协会自主性，创新制度实现资源共享，并以居民需求为导向，推动服务多元化，所有这些举措大大提高了社区居民参与志愿服务的热情，推动了协会人力资源整合能力建设。

第一，"社区两委"（即社区党组织和社区居委会）的积极推动。协会的发展得益于"社区两委"的高度重视，尤其是社区主要领导的重视、积极推动，一方面，为协会的发展提供了组织、领导、资源支持，推动协会活动的开展，而活动的开展则促进了志愿者队伍的建设和发展。

"社区工作者或组织者的积极性要高，工作能力要强，要有凝聚力。作为社区领导必须高度重视社区志愿服务对社区服务的重要作用，社区志愿是居民内在需求的产物。我们社区工作一切以居民的需要为出发点和落脚点，志愿服务使社区工作更加贴近居民，服务居民的要求，而且它能促进邻里关系融洽，倡导志愿精神，推动精神文明建设。"LD-C1-SYC

"其他社区之所以搞不好社区志愿服务。一个重要的原因就是没有认清社区志愿服务的重要性，相反却把其当作是累赘，认为搞志愿服务是为了应付上面检查，搞搞形式而已，未能认识到社区志愿服务对社区工作的促进作用。"LD-C2-

WLM

　　"居委会的许多干部成为社区志愿协会的骨干是协会成长、发展的一个重要原因。毕竟社区工作者是专职的，对社区情况熟悉，长期扮演着居民之间的纽带，相对而言，也更具有威信，时间和能力。活动的开展依赖于社区工作者与居民之间的合作，缺了谁，活动都开展不了。"LD-C2-WLM

　　另一方面，社区领袖的重视使协会的发展获得良好的外部环境和支持。协会因社区领袖的重视而获得合法性，保证了社区志愿服务的可持续性，避免社区志愿服务流于形式。同时，居民对居委会的认同扩散到对协会的认同，提升了协会的社会合法性，而居民的认同有助于提高参与意愿。

　　"社区志愿者协会是居委会搞的，相信他们，就参加了。"JM-C7-HLN

　　第二，发挥协会自主性。协会不是基于政府的行政命令而成立，而是社区领袖基于居民需求而倡导成立。因此，作为居民自愿结盟而形成的协会具有很强的自主性。协会的自主性使协会不是一个行政组织或行政组织的附庸，这使得它能够更贴近社区居民的生活，进而更有效地为居民服务。

　　第三，协会引入"时间积蓄"制度，实现资源共享。"时间积蓄"制度的建立，使参与志愿服务变成一件既光荣又实惠的事情。通过时间积蓄，志愿服务不再是简单的付出，而变得"有回报"，是一种"服务储蓄"。当然这种回报不同于市场交换中的等价交换，而是包含着志愿精神。

　　"时间积蓄制度大体的操作方式是志愿者在做完志愿服务后，志愿者和受助对象一同在服务登记卡上填上志愿服务的时间、内容，然后由受助对象签字确认，接着是志愿服务小分队队长核实，最后在每个月的月底由协会统一录入志愿服务档案，累计志愿服务时间。等志愿者需要服务时，可向协会提出申请，然后协会派其他社区志愿者为他服务。"TL-C2-ZS

　　时间积蓄制度主要功能是"助人自助"。志愿精神不是让人们为了公益牺牲个性和偏好，而是让人们通过为公益而更好地发挥自己的个性和偏好^①。社区居民通过协会这个资源共享平台，实现相互合作、资源共享。这有助于弥补个人在满足自我需求时所面临的时间、知识、技能、信息等方面的不足。加入协会，将个人的资源整合到协会中时，有整个组织资源即协会所有成员的资源可供使用，这就放大了个人所拥有的资源。

"通过'时间积蓄'，志愿者可以尝到甜头，我们社区有一位老人曾在社区志愿服务 3 个小时。有一次他生病住院，由于家里经济条件不是很宽裕，请不起护工。经协会志愿者反映，协会知道情况后，分批次派人为老人服务，累计服务 13 个小时，从经济上为老人减少了 400 多元，同时也给老人情感上的支持，因为有些社区志愿者是他的好朋友，他们能在情感上支持、鼓励老人。"TL-C3-QLZ

"我是个水电工，协会创立时就加入了志愿者协会，曾为其他居民服务。有一次，电脑坏了，束手无策，想找电脑公司吧，询问了价格，光出工费一次就要 30 元，后来急忙给社区志愿者协会打电话，正好志愿服务队伍的毛华会修电脑，后来在他的帮忙下，很快就修好，自己一分钱也不用付。"JM-C2-ZQL

时间积蓄制度增强了利益纽带和居民参与的动机，直接推动了居民由他组织的被动参与变为自组织的主动参与，同时它更是社区资源的整合器和聚集器，是社区资源实现倍增的重要制度安排。

确保时间积蓄制度有效实施有两个因素：第一，协会具有规模效应，即协会的志愿者人数多，其所蕴藏的志愿服务技能、志愿服务时间较丰富，能开展的服务较多，服务能力也比较强。第二，协会逐步建立相关工作制度，确保了志愿服务时间统计、志愿服务人员协调、派送、服务监督反馈等工作能有序进行。

"我们协会志愿者人数较多，共有 800 多人，能提供的服务内容也较为广泛，这就确保了我们能派得出人，而且派出的人能胜任相关的工作，保证服务的质量。"LD-C2-WLM

---

① 杨团 . 志愿精神能够用行政方式推动吗 [J]. 志愿服务论坛 .2004(1)。

"尽管以志愿服务时间为准，但尽量根据志愿服务内容的性质（有些是技术要求高的、有些是不用技术的）返回给志愿者。但话说回来，我们毕竟是做志愿服务的，也没有必要计较那么多。还有一个就是我们志愿服务时间管理制度较为完善。我们设立由受助者、志愿者同伴、队长、协会以及其他居民共同参与的监督体系，这能避免志愿者谎报志愿服务时间。"TL-C1-LYN

第四，协会以居民需求为导向，开展多元化服务。协会注重和满足居民的需求，根据居民的需求开展活动。为了进一步了解居民需求[①]，协会积极主动听取居民意见和要求，通过家庭访问，开展社区调查等方法展开摸底调查，并根据"感觉的需要"和"表达的需要"[②]来设定服务项目。

"无论是居委会还是志愿者协会，为了与居民沟通互动，我们建立了很多渠道，包括社区网站论坛、电子邮件、打热线电话、投意见箱。有些人若当面不好意思讲也可以委托他人，或者直接到办公室找协会领导谈。通过这些方式，我们能及时了解居民需求。"LD-C2-WLM

"通过上次调查，我们社区居民比较突出的需求有：文化方面的精神需求、子女的教育需求、下岗人员的职业需求、优美的生活环境需求、和谐邻里关系需求。"LD-C1-SYC

在认清和把握居民需求基础上，协会开展了多元化服务。为了尽可能满足不同利益群体的需求，协会既有固定的服务项目，也有临时的服务项目。

（二）协会人力资源整合能力建设的机制分析

协会人力资源整合能力建设蕴含着一些重要机制。正是这些机制增强了

---

① 沃希特曾归纳出五种了解社区需要的途径：依赖社区领袖；利用社区讨论；利用社区服务参与者的档案资料；现有报告引申出来的社会指标；社区调查（参见 George J.warheit,1984, "selecting the Needs Assessment Approach in Fred Mcox." tactis and techniques of community Practice,Itasca:pencock）。在金山社区，对社区需求了解更多是通过社区领袖和社区调查。

② 英国学者 Bradshaw 将社区社会需求分成四类：第一类是规范的需求，由专家、专业人员，行政人员或社会科学家对需求所给予的定义；第二类是感觉到的需要，这种需求与想要相同，是居民被访问当时的知觉，它常受居民个体有限知觉影响；第三类是表达的需要，这是有采取行动的需要，是社区居民因感觉而采取等待接受服务的需要，第四类是比较性的需要。（Bradshaw J.1972, "The Concept of Social Need." New society,30(3).）

社区居民参与志愿服务的动力，提高了社区居民参与志愿服务的热情。归纳总结起来，主要有以下几个重要机制：

第一，开放性机制。协会的开放性机制主要表现为志愿者会员来源的开放性和服务项目设定的开放性。在会员方面，社区志愿者协会章程规定"凡辖区内的机关、学校、企业、事业单位、社会团体都可以参加协会。自愿入会的团体提出入会申请，经理事会审核，通过即可成为协会团体会员；个人会员凡本人自愿，16周岁随时均可报名注册参加"。同时，建立会员的考核机制，对不合格的会员进行劝退。在志愿服务项目的设定上以居民需求为导向，以服务社区建设、提高居民生活质量为目标。志愿服务内容不是固定不变的，而是随着居民需求的变化而变化，服务内容逐步由单一性向多层次性转变。

"志愿服务项目的变化主要原因是，一方面，当比较多的居民有这方面的需求，我们要么组建，要么将一些临时项目变成有固定的服务队伍，另一方面，当然也源于我们志愿队伍的不断扩大，专业人才的增加，使得我们能够将服务更加细化、更具有针对性和吸引力。"LD-C2-WLM

第二，资源共享机制。协会是社区资源的整合器，它整合了行政性资源[①]与社会性资源。协会的发展吸收了居委会所提供的各种资源如经济资源、合法性资源、荣誉性资源等。与此同时，协会作为一个社区居民的自组织，它能有效地吸收志愿者贡献的志愿服务时间、捐款、服务技能等社会资源。因此，通过社区志愿者协会这一组织，实现了社会资源与行政资源的双向互动，即较好地将体制外的社会参与冲动"吸纳"到体制内来有序释放，而且把体制内的组织资源"穿透"到体制外整合社会利益[②]。

---

① 这里的行政资源主要是指居委会以及街道以上组织的资源。其中协会的领导、办公场所、组织建立都获得了居委会主要领导干部的支持和推动。街道以上的政府组织主要是为协会提供合法性支持、荣誉支持。

② 黄卫平.南山和谐社区建设：党、政府与社会的良性互动 [J].中国行政管理,2007,(09):8.

"通过协会，有了居民的直接支持，我们居委会的力量、资源也就放大。同样，零散的各种社会资源，如果没有我们去倡导、组织，那也起不了作用。"LD-C1-SYC

"志愿者协会创立之初就坚持'上为政府分忧，下为百姓解愁'的原则，但说到底还是以服务居民为目标，政府的工作也是为了更好地提高居民的生活质量。"LD-C3-YCL

协会是居民之间资源共享网络的载体。只有将资源整合起来，才能发挥资源的倍增效应，并为参与各方带来大于不合作的收益，即"资源共享"的收益大于"资源分散"的收益[1]。社区居民之间通过协会相互交换与合作，体现了互惠互利原则，实现了资源倍增效应。另一方面，协会不但使资源实现量上的增加，而且使资源配置更加优化，资源使用效率更高，因为协会是一个自组织，民主协商、合作是其主要特征。

第三，需求导向与服务多元化机制。作为一个在城乡接合部发展起来的金山社区，社区成员日益分化，社区内弱势群体、贫困者阶层，中间阶层、富裕者阶层等界限比较明显，他们形成不同的利益群体，对社区公共物品的需求也日益多元化和复杂化。社区居民异质性强，极易导致需求的不平衡。在社区资源总量既定的情况下，不同阶层的需求存在着此消彼长的可能。因此，为了更好地将有限的资源服务于居民需求，协会建立了需求导向与服务多元化机制。需求导向与服务多元化机制的基本内涵是以满足尽可能多居民的需求为目标，以深入调查和把握居民需求为前提，以服务多元化为手段的机制。

协会的服务多元化即协会坚持服务主体、服务内容、服务对象的多元化。在服务的主体方面，协会的志愿者来源由最初的社区党团员、居委会干部扩展到广大社区居民；志愿服务对象也由最初的民政对象扩展到普通的社区居民；协会的服务项目涉及居民生活的方方面面，服务多元化迎合了居民需求综合化、个性化的趋势。

---

[1]　陈伟东 . 社区自治—自组织网络与制度设置 [M]. 中国社会科学出版社 ,2004:154.

二、社区志愿者协会财力资源整合能力建设及其机制

（一）财力资源整合能力建设的主要举措

协会在没有政府经费支持的情况下，为了自身的发展，主要通过采取以下措施来募集经费：

第一，社区居委会从专项经费中"挤"出经费给社区志愿者协会。社区居委会从社区其他经费，主要从社区的教育经费、党建经费、文明建设经费中分割出一部分来开展社区志愿服务。特别需要指出的是，挤出来的经费约占协会每年开展活动所需要经费总额的70%—80%。

第二，向居民募捐，但效果不理想。原因不在于居民没有爱心，而是居民捐款数额一般较少，无法持续开展，并且协会的募集成本也较高。

"我们曾向居民募捐过，但效果较差。募集的钱很少，只能偶尔募捐一两次，不可能多次，毕竟不能整天向老百姓要钱。"TL-C3-QLZ

"为汶川灾区捐款时，我们的居民觉悟很高，捐款人非常多，而且很慷慨，捐了很多钱。"LD-C1-SYC

第三，与企业单位开展互惠合作。协会通过向企业单位募捐来获取经费，协会的经费筹集方式已经历了由单纯的上门募捐，向协会与企业开展互惠合作的转变。互惠合作是指协会主动与企业沟通，了解企业的需求，并根据协会自身实际能力为企业提供服务，以换取企业的捐赠和服务。一方面，企业基于成本的考虑和提升企业声誉的需求，具有与协会开展交换合作的动机；另一方面，协会有能力为企业提供相关服务。

目前，互惠合作主要有两种形式：一是协会以服务换取企业单位的经费支持；二是协会以服务换取企业的服务和场所支持。协会与企业合作的主要领域是企业文化建设，协会根据文化队伍力量较为强大的特点，为企业提供文艺服务，以获取企业的捐款。

"通过跟一些老板交谈，了解到有的企业每年都需要搞企业文化活动。企业把这项工作交给我们做，我们负责策划、派人，安排节目。一方面，为企业省去很多事情，因为有的企业自己确实没有精力或能力自己搞；另一方面，由于协会有许多文体活动爱好者，有的还多才多艺，我们安排节目、搞策划等方面的能力也不低。对企业而言，给协会的捐款低于通过市场方式（指他们在外面请歌手、请广告公司或策划公司策划）所花费的钱。协会还会为他们的捐款行为进行宣传，若捐款数额较大，协会还会请区街领导过来，给其颁发荣誉证书，并登报宣传帮他们塑造企业形象。"LD-C1-SYC

通过互惠合作，促进企业和社区交流、增进相互了解，为进一步合作奠定基础。协会现在除了帮企业做文化活动以外，还做企业的培训教育，如宣传企业法，给企业员工上课等。

（二）协会财力资源整合能力建设机制分析

通过分析，笔者认为在协会财力资源整合能力建设过程中，主要蕴含着以下几个机制：

第一，多元化机制。协会经费筹集的多元化，体现为资金筹集对象的多样性。协会注重挖掘社区居民的志愿资源，而且积极走出社区，通过交换、募捐等方式向企业、个体经营者募集资金。此外，也尝试向区政府、街道等上级组织寻求资金支持，但由于现有的体制没有社区志愿服务的专项财政安排，协会得不到政府组织的财政支持。

第二，创新机制。协会经费筹集的创新机制，体现为筹集方式的创新性。协会经费筹集方式不是单纯地向企业募捐或者说"索取"，而是在分析企业需求和自身优势基础上，与企业开展合作式互惠交换。并且在交换内容上，不再局限于资金，而是扩展到服务和其他物品。在合作领域上，由企业文化领域渗透到企业管理和服务等方面。

第三，领袖机制。协会经费的筹集主要是通过盛书记个人能力和社会关系网络来实现的。盛书记作为社区领袖，拥有较高的社会声望和影响力，也具有比较广泛的社会关系网络，特别是同正式权威组织有一定的联系。

"协会的部分经费是盛书记亲自去企业劝募的，他面子比较大，认识的人多，也比较有办法，每次或多或少能劝募到一点钱。"TL-C4-XCK

第四，社区扶持机制。社区扶持机制是指社区居委会对协会的发展提供包括经费在内的各种支持。在政府财政专项经费支持缺失和协会经费筹集能力相对较弱的情况下，社区扶持成为协会经费的主要来源。若没有社区扶持，协会不可能获得飞速的发展。

三、社区志愿者协会自主运作能力建设及其机制

自主运作能力主要包括制度化能力和自我协调管理能力。其中，制度化能力是指组织在规范和整合资源以及提升内部治理能力过程中所形成或建立各种制度的能力，制度化能力保证组织的稳定性。自我协调管理能力是指组织协调所拥有的资源去实现组织目标的能力。

（一）制度化建设的主要举措及其机制

在协会的制度化建设过程中，主要途径是向其他社区学习并结合协会自身实践摸索建立相关制度，制度化的主要推动力来自社区领袖。

第一，协会仍处于成长期的起步阶段，协会只能通过学习其他社区的成功经验及其规章制度来加强协会的制度建设。协会的学习方式包括两个方面：一个是借鉴吸收引入国内外其他社区的成功经验，并将这些经验付诸实践，建立适合本协会实际情况的制度如时间积蓄制度。另一个是直接移植或复制其他社区志愿者相关规章制度。由于种种原因该类制度没有付诸实践，它的作用只在于保证制度架构的形式完整性，对组织运作暂时没有起到作用。

"创立协会，刚开始我们也没有经验，只能向国内外先进社区学习。我还自费到新加坡和香港等地考察，借鉴他们社区义工管理模式，时间积蓄制度就是从那边学过来的，也学习国内其他社区的做法。"LD-C1-SYC

"我们既向其他先进社区学习社区志愿者管理的经验，也借鉴青年志愿者协

会的管理制度。"LD-C2-WLM

第二，协会制度化建设的推动者是社区领袖。由于专业知识技能缺乏，制度化意识淡薄，协会的其他成员无法成为制度化建设的推动力量。在协会中，盛书记是协会各项制度的直接制定者和实践者，建立什么制度以及怎么建立制度很大程度取决于他的努力。由于盛书记身兼数职，其个人的精力和能力不可避免地会对制度化水平造成影响。

"协会的许多制度如注册制度、激励制度、培训制度等都是在盛书记的带领下，大家不断学习借鉴，在实践中摸索出来的"。TL-C2-ZS

由上可见，在协会的制度化建设过程中，协会形成了两种机制：学习机制和领袖机制。其中，学习机制是制度化建设的主要途径，领袖机制则是协会制度化建设的主要动力源泉。

（二）协会自我协调管理能力建设的主要举措

协会通过以下四种途径，即建立参与式的利益表达与选择制度、实行民主管理、加强志愿者之间的情感联系以及发挥领袖魅力与领导能力，来缓和志愿者间的冲突，促成有效合作，实现有序竞争。

第一，协会建立参与式的利益表达与选择制度。通过该制度，协会能较为有效地将居民个体需求整合为公共需求。只有让社区内的居民和协会的志愿者充分表达自己的利益需求和意见，并通过平等参与的集体选择机制，才能使每个成员利益都能得到尊重，才能确认真正的公共需求。也只有如此，集体认同的公共利益才能成为他们合作的利益纽带，进而为协会志愿者之间的合作奠定基础。参与式的利益表达与选择制度实施的载体是志愿者会员代表大会、协会的理事会以及居民反映需求的多种方式。

"协会最高的权力机构是会员代表大会，除了工作总结、计划、表彰等功能之外，更重要的功能就是吸纳会员意见、倾听居民的需求，并通过讨论认清问题，

经过民主投票决定哪个能纳入优先服务的范围。"LD-C1-SYC

第二，协会内部实行民主管理。协会在组织结构上是一个扁平的合作型结构，而不是垂直的科层结构。协会章程规定"协会最高权力机构是会员代表大会，理事会是会员代表大会的执行机构。在代表大会闭会期间，主持开展日常工作，对会员代表大会负责"。协会不是由某个领导独断专行领导，也不是封闭的集权管理，而是由理事会集体领导，这为民主和决策上的集思广益奠定基础。协会的民主管理体现为协会会员的平等性和协会领导的开放性，即在具体服务活动开展过程，协会注重居民的积极性、主动性、创造性，吸收居民的建议等各种信息，以避免服务与需求的脱节，提高服务的针对性和有效性。

"协会里的任何会员都是平等的，即使你是会长、队长也和其他人一样，我们首先是志愿者，没有等级之分，会员有什么意见可以直接表达，队长做得不好，队员也可以直接指出。"LD-C1-SYC

第三，加强志愿者的情感联系。在协会中，志愿者是靠共同的理想、深厚的友情这类情感因素团结在一起，而不是依靠行政命令实现整合。他们对协会的价值观念和目标具有强烈的认同感，无需别人布置也能自觉地为实现目标而努力。协会加强情感联系的主要方式有：1.通过开展活动来增加志愿者的互动和交流，如创建志愿者活动日，志愿者联谊晚会。2.通过互助互惠方式来加强志愿者的协作能力和情感交流，如志愿服务队伍之间联合开展活动。3.根据居民原有的关系如牌友、球友，协会通过提供场所、器具等，促进他们进一步交流。

"大家那么熟悉，而且都是为居民办事，当然会合作。"JM-C1-HCQ
"进一步加强志愿者间的交流互动十分有助于加强志愿服务的开展，我们现在正准备成立一个志愿者活动日，让志愿者间有更好的交流互动平台。"LD-C1-SYC

"志愿者之间，很多本来就很熟悉，他们私底下经常也会结伴搞活动，如去打牌、喝茶之类。"TL-C3-QLZ

第四，发挥社区领袖的权威与领导能力。作为社区领袖的盛书记通过在协会管理层中建立有效分工，提高理事会成员的协调合作能力，促进志愿者之间协同有序，使协会成为一个有机合作的团体。

（三）协会自我协调管理能力建设的主要机制

协会在缓和冲突，推动志愿者有效合作，促进有序竞争的过程中，形成了三大主要机制即民主参与的协商机制、情感机制、领袖机制。

1.民主参与的协商机制是指协会注重与协会成员的沟通联系，加强成员、队伍之间的交流、互动以加强信任和合作体验。在面临冲突时，通过坦诚沟通、协商方式来缓和冲突维系合作。通过民主参与协商，协会能较为有效地将个人需求整合成共同需求，进而为协会的合作奠定利益基础。居民自我协调管理，需要一种"同意权力"，这种"同意权力"从决策参与中产生[①]，民主参与的协商机制是培育"同意权力"的重要载体。民主参与协商机制的运作平台是社区志愿者会员代表大会及其理事会和每季度社区志愿服务分队队长的总结会议，其主要表现形式为沟通、对话和谈判等方式。

2.情感机制是指志愿者能够自觉遵照协会"弘扬志愿精神、开展志愿服务，满足居民需求"的目标，而做出各种协商和妥协。增加组织的情感含量有助于提高组织的绩效水平[②]，加强协会志愿者间的情感联系则有助于合作的开展。情感机制依赖于志愿者的人际关系网络以及生活于同一社区的熟人社会。

3.领袖机制是指社区领袖根据自身能力和权威去促进成员合作或缓和队伍的冲突。其领袖的权威来源于民主的领导方式、突出的工作能力和为民服务的精神。

需要指出的是，协会的自我协调管理机制是以领袖机制为主，民主参与

---

① 费孝通.对上海社区建设的一点思考——在"组织与体制：上海社区发展理论研讨会"上的讲话 [J]. 社会学研究 ,2002,(04):1-6.

② 孙志祥.北京民间组织个案研究 [J]. 社会学研究 ,2001(01).

的协商机制和情感机制为辅。原因在于协会的各项规章制度尚未建立健全，社区志愿服务分队之间、社区志愿者之间的功能联系和资源相互依存联系弱化，社区领袖的个人能力和声望高。

四、社区志愿者协会网络建构能力建设及其机制

关系是一种资源，它是获得投入、信任、信息和资源的基础，有助于推动合作与资源交换，实现组织价值[1]。任何组织为了生存和发展，都可能成为理性的行动者，去处理与周围其他组织的关系。[2] 建构社会关系网络是协会积累社会资本[3]、获取资源的重要途径。笔者将描述协会关系网络建构现状、建构途径、分析关系网络建构的机制。

（一）协会网络建构能力建设的主要举措

协会网络建构能力的建设过程，主要包括两个方面：一是提升自身"吸引力"；二是采取各种方式去建立和拓展关系网络。

1. 提升协会"吸引力"

组织间网络的建立，或基于互补性的资源依赖，或基于信任的协作网络，或基于环境与组织关系的生态网络。[4] 从协会与网络中其他组织关系来看，他们之间既有互补性的资源依赖，如志愿公益性资源与经济资源、场地资源的交换，也有信任。

形成资源依赖和信任的前提是组织间有能力进行社会交换。社会交换源于相互之间的社会吸引，社会吸引是刺激人们进行交换的前提[5]。因此，协

① Tsai and Ghoshal，1998，"Social capital and value creation: The role of intrafirm networks".The Academy of Management Journal, vol(4).
② 李友梅. 基层社区组织的实际生活方式——对上海康健社区实地调查的初步认识 [J]. 社会学研究,2002,(04):15-23.
③ 社会资本生成有三种解释范式：历史—结构解释、社会网络解释、制度分析（参见刘春荣. 国家介入与邻里社会资本的生成 [J]. 社会学研究,2007,(02):60-79. 本章主要是从社会网络分析角度，认为协会主要拥有的是关系型社会资本，因此，将网络建构能力等同于社会资本积累能力。
④ 林闽钢. 社会学视野中的组织间网络及其治理结构 [J]. 社会学研究,2002,(02):40-50.
⑤ Blau.Peter M，1964，"Exchange and Power in Social Life".Transaction Publishers.

会为了更好地拓展关系网络，首先进行了"吸引力"建设，主要包括以下两方面：

第一，提高协会的服务能力，增强社会公信力。协会不是政府机关，既没有向社会强制索取资源的权力，也没有与社会进行权钱交换的资本，因此，它只能与社会进行自愿的平等交换，通过为社会提供令人满意的公共物品来博得社会的支持。换句话说，志愿服务是协会的生命，协会只有提供良好的服务，才能获得服务对象以及社会的认同和尊重。因此，协会只有不断地进行服务创新，最大程度地满足居民需求，才能赢得良好的口碑，为社会关系网络建构奠定基础。

"为居民服务是协会的宗旨，如果我们服务搞不好，居民不认可，政府不认可，社会不认可，协会就失去了存在的意义。"LD-C1-SYC

"只有提高协会服务能力，让社会资源更为有效地满足居民需要，人家才会信任你，企业和居民才会支持。只有这样，他们才会觉得他们的付出是有意义的，确实为社会做了贡献。"LD-C2-WLM

这些年来，协会一直重视服务创新能力，体现为：在志愿服务领域方面，协会的志愿服务内容已渗透到居民生活的许多方面，志愿服务队伍发展到17支，涉及9大领域；在服务水平方面，协会通过对志愿者进行相关技能培训，提高了志愿服务技能和服务质量；服务方式也变得灵活多样，既有固定服务项目，又有便民临时性服务项目。总体来说，志愿服务基本上能满足特定居民的需求，初步获得居民、社会和政府的认同。

第二，加强宣传，提升协会的影响力和美誉度。通过加强宣传，保持与社会良好的互动关系，协会扩大了影响力。协会宣传的主要方式有：1.运用各种宣传媒介如小区宣传栏、电视、网络传媒、报纸等对协会活动进行报道；2.争当社区志愿工作先锋，通过积极参与工作交流、学术交流研讨会，扩大影响力；3.接待上级部门的考察、调研，获得权威部门的认可和赞许，提升自身的社会美誉度。

"我们与新闻媒体建立较好的关系，影响较大的活动，一般都会作为社区志愿服务的典型而被报道，盛书记也经常接受采访。"LD-C2-WLM

"我参加过社区志愿服务的经验交流会，既有全国，也有省市的，区和街道就更多了，现在我们负责湖里区社区志愿服务的推广工作，尤主任还给社区培训班上关于社区志愿服务的课程。通过参与会议，交流介绍，逐步树立了金山社区志愿者协会的品牌。"LD-C1-SYC

扩大影响力对协会发展具有重要作用：第一，营造和培育了志愿氛围；第二，提高网络成员对协会的认同和信任，为实现相互合作奠定基础；第三，影响力的扩大能为协会带来各种荣誉性资源，这又增强协会的信誉。

2. 协会社会关系网络的建立

沃德和科万认为社会关系网络建构有三个前提条件：能力、动机和机会。能力是指个人或组织在经营社会资本方面的技巧如关系建构和网络协作等方面的能力；机会则取决于网络开放或闭合、联系的强弱，或者内向还是外向的程度；动机则是投资于社会资本的兴趣或压力[1]。其中能力被视为网络建构的关键条件，因为网络建构是一个能动的过程，它是行动者为了特定的目标，去寻找关系、编织关系、发展关系、巩固关系的过程[2]。

（1）协会建构关系网络的动机

个人或组织间关系网络建构的动机主要在于通过建构社会关系网络，去获取、交换、整合所需的各种资源，即建构关系网络是为达到某种目的而采用的手段[3]。协会建构社会关系网络的动机也包含着资源动员的工具性目的：一方面，协会面临着资源不足尤其是经费不足的压力，这促使协会希望通过建构社会关系网络，去获取网络所承载的各种资源；另一方面，与政府的权

---

① Paul S. Adler and Seok-Woo Kwon, 2002, "Social Capital: Prospects for a New Concept". The Academy of Management Review,vol(1).

② 秦海霞.关系网络的建构：私营企业主的行动逻辑以辽宁省 D 市为个案 [J]. 社会 ,2006,(05): 110-133.

③ Baker, W. 1990, "Market networks and corporate behavior".American Journal of Sociology,96: 589-625.

威机制和市场的利益机制不同，协会是一个非营利组织，是以信任机制为基础。因此，协会建构社会关系网络的动机还在于扩大社会影响力，获得荣誉性资源，增强协会的公信力，进而保持协会成员尤其是协会领导层参与志愿服务的热情和动力。因而，协会建构社会关系网络，也包含着协会领袖的政治需求和荣誉需求。

"我们坚持一个原则就是尽量通过自己能力或通过关系去解决发展所需的资源，实在不行才通过市场渠道解决。"LD-C1-SYC

"通过建立社会关系，场地、人力等问题就比较好解决。如金山小学可以提供办班的场所，学校的老师可以为培训的考试出题，辖区的酒店可以提供礼仪上课地点，幼儿园阿姨可以讲授儿童基本知识，老年人队伍可以提供一些基本器材等。"LD-C1-SYC

（2）协会网络建构的主要策略

关系可以分为先赋性关系和获致性关系[1]。协会关系网络建构是一种获致性，它需要协会持续地建立和维护。协会根据不同的关系对象，采取了不同的策略。

与企业组织建立关系网络的策略：一是用公益性的荣誉资源去换取企业的捐赠，协会的章程规定"企业捐款数额达三万以上的企业负责人，可在协会中担任一些荣誉性职务如顾问、理事、副会长等"。同时，协会还会利用媒体对企业及其行为进行宣传、报道，提高捐赠者的知名度和社会地位；二是开展互惠合作，进行资源互补。如前文提到的协会用人力资源为企业提供服务来换取企业的资金支持。可见，协会较好地抓住了企业"公益捐赠"和"带有利益补偿性质的捐赠[2]"的双重动机。

"我们会为他们的捐款行为进行宣传，若捐款数额较大，我们请区街领导过

---

① 杨宜音.试析人际关系及其分类——兼与黄光国先生商榷 [J].社会学研究 ,1995,(05):18-23.

② 捐赠人以利益为驱动力，希望借助于捐赠活动在其他利益上或者自身名誉上取得相应回报的一种行为。在这种捐赠活动中，受赠人取得了相应的资源，捐赠人应得到了相应的利益补偿，参见李珍刚，王三秀.论非营利组织的筹资策略 [J].社会科学 ,2002,(06):67-71.

来，并登报宣传，帮他们塑造企业形象，颁发荣誉证书。"LD-C1-SYC

与社区内组织（主要指学校）建立网络关系策略有：第一，通过情感联系，如平时节假日互相问候，在社区联席会议上对辖区单位的帮忙表达感谢等；第二，经常走访驻区单位了解他们需要社区提供哪些服务，让驻区单位感到社区存在的价值，同时也向驻地单位发出，希望能够得到驻区单位进一步的支持，甚至是持久支持的信息；第三，组织间的领导建立良好的关系，工作上互相支持与合作，建立感情。通过个人间的联系建立组织间的关系，即以个人间的交往带动组织交往与单位交往。

（3）网络建构的主要路径

协会网络建构的路径有正式路径和非正式路径。正式路径即公事公办，根据既有的体制如上级视察、调研、指导来建立社会关系网络，这主要体现在协会与上级政府组织网络关系的建立。非正式路径是指由个人的人际关系网络上升到组织间的关系网络。在这两种路径中，非正式路径是协会主要的建构路径。进一步说，协会社会关系网络的关键路径是协会领袖个人的人际关系网络，协会关系网络的建构与盛书记的努力和关系资源分不开。

"我们社区的志愿者协会小有名气，除了我们工作走在前面外，更主要的是因为我们社区有盛书记，他在社区工作领域有很高的知名度。协会的很多共建单位都是他牵头建立的。"TL-C2-ZS

盛书记之所以能在协会网络建构中发挥作用，很大程度上在于他占据了关系网络的中心位置，正是他所处的中心位置使得他有机会结识别人或有办法结识那些需要他帮助的人。另一方面，也在于盛书记个人获得许多荣誉，拥有较多政治资本。

"我们社区是新建的社区，一些单位如公交公司、学校都是经盛书记的牵线下才落户的，他们之间关系可能比较好。"TL-C2-ZS

"盛书记是个退伍军人，转业到社区，在社区勤恳工作了20多年。他的领导能力、工作能力非常突出，并且多才多艺，同时勇于创新，如厦门市第一个民选社区干部、第一个学习型社区，还有第一个志愿者协会。在他的带领下，我们社区获得多项省部级荣誉，他个人也获得较多荣誉，深得区街道领导的认可和尊重。" LD-C3-YCL

（二）协会网络建构能力的主要机制

从上可以看出，协会网络建构能力建设的主要举措是发挥社区领袖作用，不断进行服务创新以提高服务能力、加强宣传以扩大影响，进而增强社会公信力。在这些举措的背后，蕴含着一些重要的机制：

1. 开放性机制。开放性是组织与周围环境进行各种资源、信息交换的基础。协会是一个开放的系统，其开放性表现在协会积极主动地与周围环境进行密切的互动，并在互动中获取生存、发展所需的重要资源，进而为提高服务能力，更好地满足居民需求，获得合法性地位奠定基础。因此，开放性是协会建构社会关系网络的重要前提条件。

2. 信任机制。信任是用来减少社会交往的复杂性的机制，可以用一种带有保障性的安全感弥补所需要的信息，并概括出一些行为的预期[1]。信任机制是指协会建构关系网络的媒介是信任，协会必须先获得企业、政府和社会的信任才能建构关系网络。

在建构社会关系网络过程中，协会的各种交换行为不是市场交换，也不是再分配交换，而是互惠交换。因此，协会建构关系网络的机制不是市场机制，也不是权力机制，而是信任机制。因为促成互惠交换成功的主要因素是交换者之间的信任和道德信念[2]。信任可分为累积式信任，即信任依赖于过去的行为；特征式信任，即信任依赖于个体或组织的品性或特征；规范式信任，即信任依赖于制度的规范，如防止或惩罚失信。像协会这样的非营利组织，它更具有特征式信任即协会的公信力。为了提高自己的可信任程度，协会必须不断加强公信力建设。有学者指出非营利组织公信能力建设目标是以完善

---

[1] Luhmann，Niklas，1979，"Trust and Power".Chichester:Wiley.

[2] 卢汉龙. 社区服务的组织建设 [J]. 上海社会科学院学术季刊 ,2002,(02):96-105.

组织结构和制度为重点，以实现组织绩效为目的，通过实现公共利益，获得公众信任[1]。协会正是围绕提高服务能力来加强公信力建设。

此外，信任机制有助于协会社会资本由关系型向认知型[2]转变。因为信任关系建立在价值一致与意义共享的基础之上。协会通过建立各种关系网络，宣传和弘扬了志愿精神，营造了志愿氛围。

3. 领袖机制。网络建构的领袖机制是指协会社会关系网络建构与协会领导者的能力尤其是领导者的个人关系网络紧密相关，也即协会建构社会关系网络的关键路径是社区领袖盛书记，其特点是具有盛书记个人关系网络的痕迹。这表明个人的人际关系网络可以转化为组织间的关系网络。因此，作为协会或者说非营利组织的领导，其领导能力应包括建构人际关系的技巧或者说经营社会资本的能力。

第三节　社区志愿者协会与社区居委会互动分析

互动是相互依赖的一种社会交往活动。[3]社区居委会是社区中与协会关系最为密切、互动频率最高的自组织外部环境要素，是协会构建网络的最主要节点。协会与社区居委会存在着相互依赖关系，二者的互动可概括为：社区居委会从权威资源、人力资源、资金资源等方面，扶持和促进协会的成长、发展；另一方面，协会则是社区居委会实现工作方式变革、职能转变的有效载体。为此，笔者将描述、分析协会与社区居委会的互动关系。

---

① 林闽钢. 社会资本视野下的非营利组织能力建设 [J]. 中国行政管理 ,2007,(01):42-44.

② Nahapiet 和 Ghoshal 区分了三种类型的社会资本：结构型、关系型、认知型。其中，关系型社会资本是一种人际关系的信任，认知型社会资本则反映了共同的意义和共同价值（参见 Nahapiet J. and S.Ghoshal，"Social Capital,Intellectual Capital and the Organizational Advantage".Academy of Management Review,1998,23(2). ）。

③ 郑杭生. 社会学概论新修 [M]. 中国人民大学出版社 ,1994:163.

一、社区居委会给予社区志愿者协会的资源支持

居委会力量贯穿于协会的产生、发展过程。在社区领域中，相对于其他社区组织，社区居委会具有更强的优势，它拥有法律所赋予的合法性权威、体制资源、人力资源和财力资源，具有较强的社会组织动员能力，它可以凭借其所拥有的各种资源对协会产生影响。

（一）社区居委会赋予协会合法性权威

居委会拥有法律赋予的行政权威，掌握某些稀缺资源和行政权力，也担负着发展社区组织的责任。协会的产生和发展具有居委会"官方认可"的色彩，因为协会是在盛书记基于居民倡导下产生的，并且随着居委会支持的不断深入，居委会的行政性权威资源传递到了协会。另一方面，协会为了维持自身的社会合法性，实现由"互益"到"公益"转变，也想获得居委会的支持。因为原有的自发性质的社团组织唯有被纳入国家的秩序建构过程，获得居委会的承认与支持，才具有承担公共生活的合法性[①]。

（二）社区居委会给予协会人力资源的支持

居委会对协会人力资源的支持，体现为居委会成员都是志愿者，并且很多居委会干部是志愿服务分队的队长。

居委会干部担任社区志愿服务分队队长的原因在于：1.为居民服务是社区居委会的工作职责，居委会干部是专职的社区工作者，他们对社区以及相关业务比较熟悉。2.社区居委会领导志愿队伍，有助于使协会规范化，提高志愿服务的层次和影响力，凝聚更多的力量，获得更多的资源。3.保证协会的合法性和组织权威，同时能掌控志愿活动的内容、保证不变质（变成营利性的）、不违法。

在协会的发展过程中，居委会干部发挥了重要的作用，归纳起来有：1.发挥组织、号召以及领头作用。社区居委会成员大多是活动的领导者，承

---

① 林尚立.社区民主与治理：案例研究 [M].社会科学文献出版社,2003:146.

担着包括活动内容主题的设定，人员召集、安排、服务管理等工作。2.发挥示范作用。社区居委会成员对志愿服务工作熟悉，在开展志愿服务更具有主动性，在宣传志愿精神、开展创新活动方面能起到标杆的作用。如社区居委会都能认真做好本职工作、勇于主动承担责任，做好诚信示范，登记志愿服务时间客观真实、不谎报。3.具有凝聚作用。居委会成员通过自己的工作、自己的魅力、自己的服务态度凝聚成员，在队内志愿者的配合下有效地开展各种志愿服务活动，从而赢得成员的认同和支持。同时，他们兼顾传达志愿者意见，发现、挖掘志愿服务人才，提高本队的服务能力和管理水平的职责。4.他们担负总结、服务统计、推荐表彰等具体管理作用。

（三）社区居委会为协会发展提供财力资源支持

在经费筹集方面，尽管协会章程规定"社区志愿服务经费的来源主要是企业赞助、社会捐赠、实业抵偿、经营收入等"，将社会化募集视为协会主要的筹资方式，但由于协会自身筹资能力较弱，社会化方式的筹资途径目前面临着很大的困难。在这种情况下，居委会成为协会最主要的经费来源，如前文所述"社区扶持机制"是协会经费募集的重要机制。

二、社区志愿者协会对社区居委会的积极作用

社区自组织是联结社区居委会和社区居民之间的桥梁，社区居委会自治功能发挥有赖于社区自组织的发育和完善。在社区多元治理格局的趋势下，居委会对协会给予各种资源支持的原因在于协会能够发挥重要的功能，这些功能包括：协会是居委会职能转变的重要载体，协会是社区资源的整合器，同时作为志愿性的服务组织，它所倡导和弘扬的志愿精神对社区新型关系产生深远的影响。

（一）协会是居委会职能转变的载体

随着市场经济的深入，社区变得更加复杂化和层次化，居民需求也日益多样化，这要求社区服务越来越细化。在这种情况下，居委会再也无法充当

"全能型"的服务主体，它在满足居民需求时面临着信息、人力等诸多不足。为此，居委会只有转变职能，才能获得进一步的发展。居委会转变职能的有效路径就是发展社区自组织，通过增强社区自组织的功能给自己减负。协会的成立和发展，成为居委会吸纳居民力量的重要载体，同时满足了居民志愿服务的需求。它使社区居委会从繁重的事务中解脱出来，提高了社区服务的效率。

（二）协会是社区的资源整合器

社区中蕴藏着许多资源，但这些资源不会自然而然成为社区建设的资源库，它需要人们去激活、动员、组织和整合。社区志愿者协会是激活、动员社区潜在资源的重要平台，扮演着资源整合器的角色。

第一，社区外的社会资源能通过协会这个中介进入社区。企事业单位的捐赠正是通过协会这一渠道进入社区，进而为社区居民服务。与此同时，社区内的资源也通过协会能够服务于企业。可见，协会促进了资源在社区内外的流通。

第二，协会整合了社区内行政性资源和社会资源。如前所述，一方面，协会获得了居委会的认可，获得了居委会所给予的各种行政性资源；另一方面，协会通过"时间积蓄制度"激活、整合了社区居民的资源。

（三）协会具有形塑新型社区关系的功能

协会是志愿服务组织，它是一种非血缘的新型互助组织。徐中振指出志愿服务活动不仅承担着政府行政组织难以有效提供、市场营利组织不愿提供的许多服务，而且通过这类活动形成的志愿组织和志愿活动网络已经成为推动社会全面发展的结构性因素。其结构性意义在于：第一，志愿者活动正在重塑一种非熟人、非亲情的新型人际互助关系，一种人群之间新的社会公益关系；第二，志愿者活动正在成为人数众多、范围广泛、以市民为主体的社会参与和社会活动方式，成为充分的社会动员与社会整合的有效载体；第三，志愿者活动标志着一种不同于政府和市场的社会新领域的发育，展示了在国家能力限度和市场局限之外社会发育和自治的必要性和不可替代性；第四，志愿者活动正在培育着一种新的社会公共精神（志愿精神），即在关注公共生活和担负起社会责任时，人们也获得了道德精神的升华，社会价值的自我实现以及自身的全面发展[①]。

三、社区居委会与协会互动关系分析

（一）社区居委会在互动中的主导性

居委会在与协会的互动中处于主导地位。通过对协会的扶持、引导，它将协会纳入居委会工作体系的范畴内，使协会协助参与居委会开展的社区服务活动，提供社区公共服务产品。

居委会处于主导地位的原因在于资源不平等导致了依赖，而失衡的依赖，则形成了一种权力。布劳指出权力源于单方面提供有价值的服务从而交换不平衡，即如果某人有规律地提供给他人在别处不能随时获得的必需的服务，而其他人单方面的依赖迫使他们服从这个人的要求以免他停止继续满足其需要[②]。进一步说，协会的自组织能力较弱，无法获得发展所需资源，而居委会掌握着较多协会发展所需的资源。因此，协会对居委会的依赖程度较高，居委会就具有了一种权力，在互动中就处于主导地位。

需要指出的是，居委会的主导地位，尽管对协会初期的发展具有很大作用，能够迅速满足协会发展所需的资源。但也对协会的发展埋下了隐患，若"依赖固化"，将限制协会自组织能力的提高。居委会的主导地位极易导致协会的"居委会化"，即协会中居委会的力量占据主导，而志愿者在协会中主体性作用弱小，协会与居委会的地位不平等，协会处于从属地位。在这种情况下，协会的创立、管理、发展都需要依赖居委会的资源和力量。

① 徐中振、孙慧民等.社区文化与精神文明——上海静安寺街道、南京东路街道等研究报告 [M].
上海大学出版社 ,2000:47.

② Blau.Peter M, 1964, "Exchange and Power in Social Life" .Transaction Publishers.

（二）自主性互动的关键在于协会提高了自组织能力

从长远看，协会的健康发展需要改变二者目前的互动模式，即由当前协会的被动性互动向自主性互动[①]转变。协会是一个自组织，它具有自组织特征、自组织架构和自组织运行机制，有可能成为自主性互动的主体。因此，实现自主性互动模式的关键在于协会完善自组织运行机制，提高自组织能力。就目前而言，协会必须增强居民自我管理能力，经历协会管理人员"去居委会化"的过程，使居委会力量对协会的影响降到一个合适程度。

赛拉蒙曾指出，促进志愿领域发展的动力至少有三个不同来源：来自基层的积极主动热衷者（beloved）；来自体制外（outside）从事志愿活动的公共和私人机构；自上而下（above）的政府政策。而最基本的力量是决心自己动手来解决问题、自组织起来改善境况或争取基本权益的普通民众，亦即"担负起对我们自己生活的责任"[②]。因此，居委会应主动培育社区志愿服务精英，让他们成为协会发展的中坚力量；同时居民应增强主人翁意识，提高志愿参与的质量与层次，能够自主地负责协会的运作和发展。

第四节　提升社区组织能力的路径分析

一、机制创新是社区自组织能力建设的推进器

本研究在对社区自组织能力进行操作化后，以金山社区志愿者协会为个案，剖析协会自组织能力建设现状、能力建设主要举措，总结协会自组织能力建设的主要机制，可以得出以下基本结论：

---

① 自主性互动是指互动主体（组织）在各自的需求、兴趣、志向、目标等等的相投性（而非强制性）基础上，经过自主选择（包括财政、人员、政策、运作等各个方面）而建立起来的双方比较频繁的交往和比较稳定的联系。参见范明林，程金.城市社区建设中政府与非政府组织互动关系的建立和演变——对华爱社和尚思社区中心的个案研究 [J].社会,2005,(5):118-142.

② 李亚平,于海.第三域的兴起——西方志愿工作及其志愿组织理论文选 [M].复旦大学出版社,1998:12.

社区自组织能力建设离不开机制，机制是社区自组织能力建设的重要方法和途径，机制创新对社区自组织能力建设具有巨大的促进作用。

在资源整合能力建设过程中，协会通过机制创新如引入资源共享机制，建立"时间积蓄制度""与企业开展互惠合作"等，使志愿者队伍得到迅速发展，协会资源整合能力也随之不断提高。相反，在自主运作能力建设和网络建构能力建设过程中，协会以领袖机制为主导，缺乏创新导致其他机制如民主参与的协商机制和信任机制作用无法得到有效发挥，这使得协会的自主运作能力和网络建构能力建设处于较低水平。由此可见，机制创新对于社区自组织能力发展具有重要的作用。

需要指出的是，在协会自组织能力建设所蕴含诸多机制中，有些机制因其具备创新的特质，对社区自组织能力建设具有巨大推动作用；有些则需要进一步完善，才能更好地服务于社区自组织能力建设。具体说来：

1. 资源共享机制、需求导向的服务多元机制是人力资源整合能力建设的关键机制。社区自组织的主要功能在于将分散的资源集中起来，进而更好地满足居民的需求。通过资源共享机制和需求导向的服务多元机制，社区自组织在整合资源的基础上，能较为有效地满足居民需求。这就增强了居民参与的内在动力，推动了人力资源整合能力建设。

2. 创新机制和多元化机制是财力资源整合能力建设的重要机制。创新机制和多元机制是有机统一的，只有实现筹资方式创新，拓宽经费筹集渠道，才能确保经费来源的多元化。如个案所示，在协会经费来源中，政府的资金扶持是缺失的，而社区扶持机制即从居委会办公经费中挤出经费给协会的做法，不具有可持续性。居委会之所以能挤经费给协会，原因在于：一是社区两委作为协会的领导者重视协会的发展，二是居委会的经费相对充足，有能力分割一部分给协会。当协会领导者不再是居委会主要领导，或者是居委会的办公经费紧张，那么协会的经费将大大减少。在这种情况下，协会的资金链条极为脆弱。因此，多元化机制对于社区自组织的持续发展更具有关键性的意义。

3. 民主参与的协商机制是社区自组织自主运作能力建设的基础。民主参与的协商机制符合社区自组织平等、协商、合作特征的内在要求，它能有效地提高社区自组织的自主运作能力。在个案中，协会自我协调管理机制是以领袖机制为主，民主参与的协商机制和情感机制为辅，这种机制结构不利于协会长期稳定发展。为此，应逐步转向民主参与协商机制为主，情感机制、领袖机制为辅的协调模式。这要求社区自组织必须积极探索适合本组织的民主协商平台和制度：一方面，作为社区自组织的领导人应重视开放性的领导，注重培育居民的参与和民主协商能力，另一方面，社区居民应进一步提高参与深度，发挥自身的主体性作用，积极参与社区自组织管理工作。随着互联网的普及，社区内对话、协商平台的建立将有利于提升居民的参与能力。

4. 信任机制是社区自组织建构关系网络的重要媒介。协会建构社会关系网络的信任机制是指协会依托自身的公信力即社会对其的认可及信任程度来进行网络建构。这是因为协会肩负服务居民需求的目标，并以居民的自有资源和社会捐赠为资金来源。它只有增强服务居民需求的能力，提高将志愿资源转化为志愿服务能力，才能获得社会的认可。

此外，在社区自组织能力建设过程中，开放性机制和领袖机制贯穿于三大能力建设的整个过程，它们也是社区自组织能力建设的重要机制。

1. 开放性机制

开放性是社区自组织能力发展的先决条件。一个系统要形成自组织结构，建立一个活的有序结构，必须与外界有不断的物质、能量和信息的交换。协会是一个开放性的系统，开放性机制贯穿于协会三大能力建设中，它影响着社区自组织内部和外部的开放程度。具体说来，在资源整合能力建设中，开放性机制体现为志愿者会员来源的开放性，资金筹集的多元化以及服务项目设定的开放性；在自主运作能力建设中，开放性机制体现为协会内部实行民主管理；在网络建构能力建设中，开放性使得协会有机会进行关系网络建构。

2. 领袖机制

在许多情况下，社区自组织是由社区精英创立的，它的生长、发展与社区精英个人能力和付出息息相关。因此，领袖机制对社区自组织的产生和发展产生重要影响。领袖机制对社区自组织能力建设，既有积极功能，也有消极作用。

领袖机制的积极作用体现为：在资源整合能力建设方面，社区精英参与志愿活动，不仅能增强志愿活动的有效性，而且还有一种带动和激发功能，即社区精英能带动更多的人、培养更多的人，从而使志愿活动在更大的范围内以更大的规模展开；在自主运作能力建设中，领袖机制是制度化的主要动力和自我协调的重要机制；在网络建构能力建设中，领袖机制体现为关系网络的建构依赖于领袖个人的人际关系网络。

因此，社区自组织能力建设，应重视社区精英的作用，应致力于发现志愿活动中自发产生的积极分子，极力邀请有领导潜质的志愿者参与协会的管理事务，培养一批社区精英或志愿服务精英。社区自组织在获得由社区精英组成的非正式积极分子网络的支持和合作后，通过他们作为中介和桥梁，能更为广泛地动员和引导普通居民的参与。在培养社区精英的过程中，可导入社会报酬机制。因为社区积极分子主要追求的是社会报酬，社会报酬的获得程度决定其参与社区活动的积极性[1]。

另一方面，领袖机制也可能存在着消极作用。如个案所示，协会发展的动力主要来自社区领袖，组织动力不足。无论是协会的创立还是协会的发展，如协会资源的获得、活动的开展、制度化建设都离不开作为社区领袖盛书记的积极作用。协会的运作本质上是个人魅力型管理方式，协会仍然是一个管理型组织而非制度型组织，协会在制度化建设方面则显得十分不足。在这种情况下，一方面，可能会造成志愿者主动性、创新能力受损甚至是独裁制形成等。另一方面，由于制度化能力弱，组织层面动力不足，核心人物的更替可能威胁着协会的持续存在和发展。在这种情况下，协会的可持续发展无从谈起。

---

① 李辉.社会报酬与中国城市社区积极分子——上海市 S 社区楼组长群体的个案研究 [J].社会，2008,(01):97-117.

二、把握重点是社区自组织能力建设的增效路径

自组织作为组织的一种类型，其发展过程具有组织发展的特点。借用组织理论中组织生命周期的观点，我们不难推出自组织也将经历一个孕育期、成长期、成熟期、衰退或突变期的过程。在这一过程中，组织需求因阶段不同，而有所不同。借鉴马斯洛的需求层次理论和奥尔德弗的 ERG[①]，社区自组织的组织需求也可划分为生存需求、发展需求、社会需求。生存需求是指社区自组织维持其生存所应具有的最基本要素资源；发展需求是自组织要求进一步扩大组织要素资源，并通过完善自组织结构和机制将资源有效地转化为服务；社会需求是自组织希望通过提升社会影响力和声誉，以获得社会的尊重，满足"自我实现"的需求，同时也包含着与外界环境进行各种交换获得资源的需求。因此，社区自组织的组织需求由生存、发展和社会需求构成，处于最底层的是生存需求，其次是发展需求，最后是社会需求。

在不同阶段，社区自组织因组织需求的不同，其能力发展内容和侧重点也不同（见图 4-1）。

---

① 马斯洛将人的需求自低到高分为生理的需求、安全的需求、爱与归属感的需求、尊重需求以及自我实现的需求；ERG 理论：奥得弗认为人有三种核心需要：1. 生存需要（existence）即维持生存的物质条件，相当于马斯洛的生存与安全需要。2. 关系需要 (relatedness) 即维持重要人际关系的需要，相当于马斯洛的爱和部分尊重需要。3. 成长需要（growth）即追求自我发展的愿望，与马斯洛尊重和自我实现需要相对应。

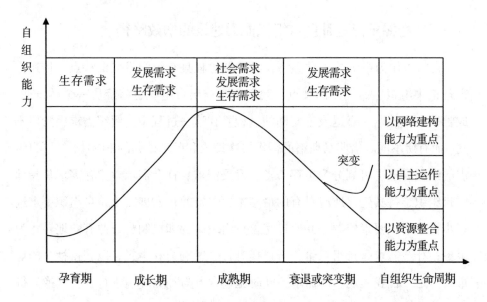

图4-1　自组织生命周期、自组织需求与自组织能力建设理想模型

　　具体说来，在孕育期，生存是社区自组织最大的目标，而社区自组织的生存离不开资源。此时，社区自组织侧重于加强资源整合能力建设，去获取人力、财力等资源以增强组织要素。在成长期，社区自组织拥有了基本的组织要素，转而希望获得更大的发展空间，而获得进一步的发展关键在于提升自主运作能力。此时，社区自组织侧重于建立和完善各种组织制度，提高自组织度，增强自我协调管理能力，以便获得更多的资源，更为高效地将资源转为服务。在发展期，社区自组织更希望获得社会的尊重和认可，具有强烈的社会需求。此时，社区自组织的关系网络建构能力就显得尤为重要，通过增强社区自组织服务能力和影响力，社区自组织在获得所需资源的同时实现了社会需求。

　　如个案所示，在雏形期和成立期，协会通过各种机制创新，使得志愿者队伍迅速扩大，协会资源整合能力显著增强，获得了生存所需的基本资源。在扩大和发展期，随着协会进一步发展，协会所拥有的人力、资金等资源扩大，服务对象也随之增加。如何更好地管理志愿者队伍，并将资源有效地转化为服务，成为协会发展的关键。此时，制度化建设和自我协调管理能力建设就成为协会发展的内在需求，协会不得不加强自主运作能力建设。同时，随着协会与社会互动的加深，建构社会关系网络所带来的资源支持和权威部门的认可，推动着协会逐步开始社会关系网络能力建设。

由此可见，资源整合能力、自主运作能力和网络建构能力同时存在于社区自组织整个生命过程中，但它们的地位或者说作用是不同的：资源整合能力是基础能力，自主运作能力是核心能力，而网络建构能力则是发展能力。因此，在社区自组织生长、发展的不同阶段，社区自组织能力建设的重点也是不同的：萌芽期以资源整合能力建设为重点，成长期以自主运作能力建设为重点，成熟期则以网络建构能力为重点。

这对社区自组织能力建设具有重要的启发意义：一是作为社区自组织的领导者，应根据本组织发展的实际情况，着重加强相应的能力建设。如个案中的协会面对自主运作能力和社会关系网络建构能力不高的现状，协会领导正逐步加强这两种能力建设；二是它为作为系统环境的政府组织和居委会更加有针对性地进行资源输入提供指导。每个社区自组织发展阶段和实际情况不同，我们可以根据它的特点，进行相应的资源投入：在孕育期，居委会主要提供资金支持和人才扶持；在成长期，居委会主要提供各种制度支持；在成熟期，居委会主要搭建网络发展平台。系统外界的针对性扶持，能更为有效地推动社区自组织发展。

三、"依靠但不依赖"是社区自组织能力建设的重要策略

社区自组织合法性的提高不仅依赖于自身组织能力和功能的增强，更依赖于整个社区治理结构中各主体间的良性互动关系的形成，这种良性互动关系能为社区自组织的形成、发展和有效运作提供体制保证、资源支撑和合法性[①]。进一步说，居委会是社区自组织发展的重要外界环境，如何争取居委会的支持，同时又避免"居委会化"，成为社区自组织增强自主性的关键。

---

① 马西恒，何海兵，罗峰等 . 中加社区治理模式比较研究——以上海和温哥华为例 [M]. 上海人民出版社 ,2006:116.

1. 正确认识居委会与社区自组织的关系

从本质上看，居委会与社区自组织的组织目标是一致的，它们都是为了将有限的资源转化为有效的服务以满足社区居民日益多样化、个性化需求。因此，二者不是相互对立、此消彼长的关系，而是互为补充的建设性关系。只不过二者在社区中的地位、拥有资源等方面存在差异，导致了居委会在互动中处于主导地位。

在社区中，由于居委会拥有法律赋予的行政权威，掌握着较多稀缺资源，相对于社区自组织，处于优势地位。居委会作为国家政权向基层渗透的末梢，必然会对社区自组织的产生、发展产生影响。在社区自组织处于孕育和成长阶段，也即在社区自组织能力水平不高的情况下，居委会的培育和推动是必要的，正如个案中所体现的：在居民自组织意识和能力还不强的情况下，协会建立和初期的发展所需的主要资源如合法性资源、人才资源、组织资源、活动场地、设施和经费等确实需要得到社区居委会积极支持和扶助。

但居委会这种扶持存在着直接干预社区自组织自主性发展的风险。因为居委会扶持、引导社区自组织发展的主要目的在于将社区自组织的活动内容纳入居委会工作体系的范畴内，让社区自组织参与提供社区公共服务，使之成为居委会职能转变的有效载体，这可能导致社区自组织自主性不足。因为在很多情况下，社区居委会仍然是一个"被组织"，被认为是政府的"代理人"。这种"被组织"特性，有可能转嫁到社区自组织。在这种情况下，社区自组织能力受限，不利于社区自组织的可持续发展。

面对着这种潜在的风险，需要居委会和社区自组织双方共同的努力，即要理顺居委会与社区自组织的关系。就居委会而言，它应积极调整与社区自组织的关系即由领导与被领导，管理和被管理的关系转为平等协作关系，才能促进社区自组织能力建设。前民政部部长李学举曾指出社区居委会和草根组织存在两方面的关系：一是引导。居委会要发现、培育、引导、控制草根组织骨干或带头人，从而达到"抓住几个人，影响、带动一群人的作用"。二是扶持。居委会要帮助草根组织开展活动，为他们创造条件，如提供活动场地、经费等①。进一步说，居委必须主动为社区自组织的发展腾出体制空间，同时居委会作为系统的外界环境，对社区自组织的各种输入不能是特定的干预。社区居委会的角色是搭好平台，为社区自组织的发展创造制度、资金、场所等条件。就社区自组织而言，它必须采取适当的发展策略来增强自组织能力。

2. "依靠但不依赖"是社区自组织发展的重要策略

康晓光指出，社团的主观倾向即社团自己是希望强化对政府（政府代理人）的依附，还是追求自治是衡量社团自治化的主要标准。应该说，社区自组织要想实现可持续发展，必须增强社区自组织能力，通过"去居委会化"，追求自治，避免使自己沦为居委会的附属机构。实现这一目标的有效路径就是采取"依靠但不依赖"的发展策略②。

"依靠但不依赖"发展策略的基本内涵是指社区自组织借助于居委会来获得发展所需的特定资源，进而增强社区自组织能力。采取该发展策略的原因在于：一方面，这与我国社区自组织能力较弱的现实情况密切相关，采用该策略能解决社区自组织起步阶段所面临的资源匮乏问题；另一方面，"不依赖"是社区自组织实现可持续发展的内在要求。

"依靠不依赖"的发展策略体现为：第一，社区自组织可利用居委会对自己的吸纳过程，创设自主运作的空间。社区自组织通过配合居委会开展的各种活动，在社区的公共场合频频出场，在社区居民中就会获得一定的知名度和影响力，这有利于队伍的壮大和活动的开展③；第二，随着社区自组织管理人员的"去居委会化"和自身自组织机制不断完善，社区自组织可表达自己的利益诉求，提出自己对社区公共事务管理的意见和建议，争取对公共事务的决策权，进而在社区发展中获得更大的自主空间，巩固自身合法性存在的

---

① 李学举. 社区建设工作谈 [M]. 中国社会出版社 ,2003:79.

② 康晓光. 关于官办社团自治化的研究. 载于中国青少年发展基金会 ,基金会发展研究委员会编. 处于十字路口的中国社团 [M]. 天津人民出版社 ,2001:123-125.

③ 姜振华. 社区参与：对社区居民与居委会互动关系的透视 [J]. 中国青年政治学院学报 ,2007,(03):114-120.

社会基础。

综上，居民参与是一切社区工作的基础，没有居民的参与，包括社区志愿服务在内的任何社区工作就不能得到有效开展。居民的有效参与也是社区自组织能力建设的基础。在个案中，协会自主运作能力和社会关系网络建构能力较弱的一个重要原因在于居民有效参与不足，表现为社区居民主人翁意识缺乏，主体性作用发挥不够。居民参与协会的时间和精力有限，参与深度不深，未能融入协会的管理和发展中。因此，如何扩大社区居民有效参与成为提升社区自组织能力的关键。

笔者认为，可从利益与认同两个维度来促进社区居民的有效参与。第一，共同利益是居民社区参与的动力，也是居民自治的物质基础，没有共同利益也就没有参与。为此，可进一步完善参与式的利益表达与选择制度，将居民个体需求整合为公共需求。第二，影响居民社区参与的另一个因素是社区居民的认同感即"情感纽带"。居民对社区自组织的认同，既源于居民为了满足自身需求而对社区自组织的依赖，更源于对社区自组织文化的情感认同，以及居民在互动中形成关系性凝聚力[①]而产生的相互依赖。为此，作为一个社区自组织在提高满足居民需求能力的同时，应加强本组织的文化建设，并且应加强社区自组织内部成员的沟通、互动，培养共同情感，以增强居民对社区自组织的认同感和归属感。除此之外，社区志愿精神宣传、公民意识培养等也都对社区自组织能力建设具有重要作用。

---

① 关系性凝聚力是指由互动而产生的积极情感导致的群体凝聚力。参见乔纳森·特纳.社会学理论的结构 [M].华夏出版社,2001:346.

第五章　社区组织参与社区治理的生成逻辑
与实践研究

在深入探究社会组织能力的构成要素、能力建设机制及其提升路径之后，本章将重点聚焦如何发挥社区组织在社区治理中的作用，从理论上分析社区组织参与社区治理的机制和路径。与此同时，越来越多的城市将社区组织视为社区治理格局中的重要社会力量，本章将初步呈现上海、深圳、厦门三地社区组织参与社区治理的典型个案，为推动社区组织发展与创新社区治理提供实践经验借鉴。

第一节　社区组织参与社区治理的机制与路径

随着社会治理的日益复杂化和多元化，社会组织作为非政府的第三方力量，在社区治理中扮演着重要角色。通过沟通协调、参与决策、监督评估和激励机制，社会组织能够在社区治理中发挥更积极、有效的作用。各项机制的建立不仅帮助社会组织更好地融入社区治理体系，同时也在一定程度上缓解了社区治理资源不足的问题，推动社区治理由单一主体向多元主体的协同治理转变。在参与社会治理上，社区社会组织通过提供服务、整合资源、开展合作与激发居民参与四种路径有效推动了基层共建共治共享的治理格局，为社区治理注入了可持续发展的动力。

一、社区组织参与社区治理的机制

（一）沟通协调机制

在社区治理中，信息的畅通和资源的有效共享是实现有效治理的前提条件。社会组织通过建立和政府、企业组织、居民的多方沟通协调机制，可以有效促进信息流通，帮助各方及时了解社区的现状和需求，迅速响应居民的反馈。例如，北京市大兴区"拉家常"议事会机制在党建引领下，广泛开展议事活动，解决群众关切的环境卫生、公共秩序、用水用电等问题。通过沟通协调机制，社会组织在其中发挥重要的作用，有利于实现居民、政府、社会组织面对面沟通常态化，社区治理共建和发展成果共享[①]。此外，从问题发现到议事解决，居民自发组织或被组织后转变为自组织的志愿组织层出不穷，成为沟通协商的重要一环。例如，北京市大兴区永华南里社区打造"一核三阵地"工作法，以党总支为核心，发挥居民骨干优势作用，成立"好心大姐志愿服务队"，培养了一批全能型议事志愿者，成为解决矛盾的"微专家"[②]。通过社会组织建立的沟通协商机制能够在很大程度上提高居民的参与感和归属感，减少沟通成本，提高问题解决的效率[③]。此外，沟通协调机制不仅是简单的信息反馈，更是一种治理结构的创新。当这一机制运作时，社会组织能够成为居民意见的"传递者"，同时也充当政府政策的"执行者"和"反馈者"。定期的沟通机制能够促进社区组织和政府间的协同合作，为社会组织参与社区治理提供制度保障。

（二）参与决策机制

参与社区事务决策，是社会组织真正发挥作用的重要环节。参与决策机

---

① 北京市大兴区创新"拉家常"议事会工作机制打造党建引领老旧社区治理新格局 [OL]. https://www.12371.cn/2020/12/30/ARTI1609321819920897.shtml,2020-12-30.

② 张辉 . "拉家常"议事会 打造社区协商新机制 [OL]. 社区杂志 ,https://mp.weixin.qq.com/s/Sgjmhd FXoXBIp0aa9bCNKA,2022-01-28.

③ 马立，曹锦清 . 社会组织参与社会治理：自治困境与优化路径——来自上海的城市社区治理经验 [J]. 哈尔滨工业大学学报 (社会科学版),2017,19(02):1-7.

制的核心是将社会组织纳入社区决策体系，通过合理的途径代表居民参与公共事务决策。一方面，社会组织可以通过设立居民议事会、参与社区委员会等方式，表达居民需求、提出建设性建议，以此推动社区公共事务的科学决策。例如，在深圳市南山区的"社区联合治理委员会"中，社会组织的代表在涉及社区基础设施建设、环境保护、公共服务供给等重大事项中拥有话语权，他们通过提供专业意见，使社区决策更加贴近民意并具有科学性。社区社会组织参与决策，不仅有助于提升社区公共事务的民主性，还可以有效发挥社会组织在特定领域的专业优势，提高决策的科学性和可操作性。另一方面，在由本社区居民构成的社区自组织中，社区居民具有"个体代理人"和"社区代理人"的双重身份，这一双重身份也为参与决策机制效用的发挥起着重要作用。在基层治理中，越来越多的社区居民参与到社区志愿组织、社区议事会中，既有助于居民自治，又能够以社会组织的身份代表居民发声，同时也为决策的顺利实施奠定了坚实基础。此外，社会组织参与决策可以让更多利益相关者表达诉求，使决策更具包容性和透明度，从而增进更多居民的支持和认同。

（三）监督评估机制

社会组织参与社区治理的监督评估机制是内部监督和外部评估相结合的机制。完善的监督评估机制，是保障社会组织服务质量的重要手段。通过内外结合的监督方式，社会组织参与社区治理的行为能够更加规范化、透明化，从而有效提升居民的满意度。外部监督评估通常由政府或第三方专业机构来实施，以确保评估的公正性和客观性。通过第三方评估机构对参与社区治理的社会组织进行年度评估，评估结果成为政府部门后续资金支持和合作选择的重要参考。这种外部评估机制能够提高社会组织在提供社区服务、参与社区治理中的透明度和责任感，确保资源被合理利用，并为社会组织的发展提供反馈和改进方向。与此同时，内部监督也成为社区社会组织自我完善的必要手段。社会组织内部通过设立完善的管理制度和反馈机制，可以确保服务质量的持续改进。例如，社会组织定期对服务对象进行问卷调查，收集居民的反馈意见，并根据反馈结果不断优化服务内容和流程。这种机制不仅提高了服务的精准度，还进一步增强了居民对社会组织的信任和支持。

（四）资源激励机制

为了激发社会组织的积极性和创新性，政府和社区通过提供激励机制，给予社会组织必要的资金支持、表彰奖励和资源扶持。激励机制可以采用多样化的形式，包括财政支持、荣誉奖励、资源配置等，来鼓励更多社会组织参与到社区治理中。例如在一些地区的基层治理中，地方政府建立"社区服务贡献奖"的表彰制度，对表现突出的社会组织进行奖励，并提供相应的资金支持，有效地激发了社会组织的参与动力。这些奖励不仅是对社会组织的认可和扶持，更能够提升其在居民和社区中的信誉，从而吸引更多资源和合作机会。除了表彰奖励这类资金支持，基层政府还为社区社会组织提供办公场地等基础支持。合理的激励机制能够在一定程度上缓解社会组织的资金和人力短缺问题，帮助小型社会组织更好地参与社区治理。对于许多资源有限的小型社会组织，社区提供的办公场地、基础设施支持等，不仅降低了其运营成本，还减轻了社会组织在资源获取上的压力，使其能够将更多的精力投入服务社区的工作中去。稳定的激励政策对社会组织的长期发展具有重要意义，也是社区社会组织日常运作和参与社区治理的重要保障，有助于形成社会组织参与社区治理的可持续治理格局。

二、社区组织参与社区治理的路径

（一）精准服务，满足多元需求

随着社会结构的急剧分化和生活水平的提高，社区居民的需求呈现出多样性和多层次性，在数量、类型和质量上都要求各异。而政府提供的公共物品虽保障了多数群众的需要，但仍有一些需求无法得到满足，这就必然要求发育其他组织来填补空白。"政府失灵"和"市场失灵"为社会组织的存在提供了空间，也为其进行公共服务提供了有效的理论支持。社区社会组织具有扎根基层、种类多、覆盖面广、民间代表性、组织弹性等优势，更加容易为服务对象提供较准确的需求信息，通过灵活的体制和全方位的服务，满足广大社区居民多样化、个性化的需求。社区社会组织通过提供服务这一路径积极参与社区治理，展现出精准化、协同性、创新性和灵活性等多重特征。通过提供精准化、协同性、可持续性、创新性与灵活性的服务，社区社会组织不仅有效增强了社区服务的可达性和质量，也为社区的共建共治奠定了基础，推动社区治理模式逐步向多元主体协同治理发展，实现了社区的良性循环与可持续发展。

在服务精准化方面，社会组织能够基于居民的多样化需求开展深入调研，识别不同群体的具体需求，并针对群体需要制定专门的服务内容。此外，社会组织在服务供给中具备很强的协同性，能够与政府、企业和志愿者团队等多方形成高效合作，打破传统的单一服务模式。通过这种多主体协作模式，社区组织有效构建起资源共享的服务网络，整合各类资源，实现了社区服务供给的规模化与体系化。此外，社区社会组织具备服务创新性与灵活性的优势。面对多变的居民需求和突发事件，社区社会组织能够迅速调整和更新服务模式。例如，在应对突发公共事件中，社区社会组织能够在党的指挥和基层政府的领导下，快速部署应急服务，如医疗支持、物资配送和心理援助等，有效填补政府力量的不足。同时，在日常服务中，社区社会组织通过智慧社区平台、移动医疗等新技术应用创新服务内容，提供线上线下结合的多样化服务，使得社区治理更加现代化和便利化。服务创新不仅提升了居民生活质量，也让社区治理模式更加适应信息化时代的发展需求。

（二）内外联动，整合多方资源

社区社会组织通过资源整合路径参与社区治理，既有效利用了社区内部资源，也积极引入外部资源，为社区发展、社区治理提供了重要支持。资源整合的路径主要包括"内部资源优化"和"外部资源拓展"两方面，两者协同作用，共同推动了社区治理的多元化和高效化。

首先，闲置场地、居民技能和志愿者时间等社区内部资源，是社区治理的重要潜在资源。通过整合这些资源，社区社会组织能够提高资源利用率，推动社区居民实现自我供给，降低服务成本。闲置场地的利用是社区资源优化的典型方式，如将社区的活动室、空地等改造为居民活动空间，用于举办文化活动和技能培训等。同时通过调动居民技能资源，利用居民的专业知识和志愿服务意愿来丰富社区活动，有助于居民的技能转化为社区价值，不仅满足了社区的多元需求，还增强了居民的归属感和参与意识。其次，社区社会组织通过引入外部资源，促进社区资源的多元化供给。在引入政府资源上，社区社会组织通过申报政府专项资金帮助提升社区基础设施、公共服务水平，并保障项目的规范运作。在引入企业资源上，社会组织通过与企业建立合作关系，获得企业的资金和物资支持，例如，一些企业通过赞助社区公共设施建设或支持社区文化活动，企业不仅履行了社会责任，获得了居民的认可，还提升了企业的知名度。而社区社会组织在这一过程中发挥了桥梁作用，有效协调了企业资源与居民需求。

最后，内部与外部资源的整合具有协同效应。一方面，内部资源的有效整合减少了对外部资源的依赖；另一方面，外部资源的引入则弥补了内部资源的不足，为社区发展提供更强支持。通过资源整合路径，社区社会组织在有限资源条件下拓展了服务的广度与深度，显著提升了治理成效。这种路径不仅促进了社区公共服务和环境建设的改善，还增强了社区内外资源的互动，为社区治理注入了可持续发展的动力。

（三）协同共治，深化多元合作

社区社会组织在推动社区治理的过程中，通过与社区居委会、政府部门等多方机构的合作，可以实现优势互补和资源共享。这种合作关系不仅在行政管理和政策支持上为社区社会组织提供便利，同时也使其可以充分利用政府和社区居委会的渠道和资源，更好地服务社区居民。

社区社会组织在贴近居民、识别社区需求方面具有独特的敏锐性和灵活性，其能够及时了解居民诉求、识别服务空白，提供个性化、需求导向的社区服务，而这些是基层政府在治理过程中可能会忽略的方面。通过双方合作，社会组织可以将居民的真实需求纳入治理议程，使社区决策更具针对性与科学性。另一方面，基层政府在政策执行、公共资源管理上具有制度性和规范性优势，也能够为社区社会组织提供政策支持和资源平台，确保社会组织在提供服务、开展项目时获得必要的管理保障和制度指导。具体地，活动协办是社会组织参与社区治理的重要方式，例如，社区社会组织与基层街道共同举办的社区文化节、邻里节等活动，不仅能丰富居民的文化生活，还能增进居民之间的互动，增强社区的凝聚力。此外，社区社会组织与政府部门的合作往往能够在社区治理的复杂问题上发挥积极作用。在应对突发事件、处理社区纠纷等方面，社区组织可以协助政府部门，提供专业化的调解、心理援助、物资分发等服务。这种合作机制的构建，既弥补了政府在基层服务中的人手不足问题，也让社区社会组织成为社区治理中不可或缺的力量。通过开展合作，社区组织在社区治理中获得了更多的政策支持和资源倾斜，也使得社会组织在社区治理中的角色进一步得到深化，形成了具有可持续性的共治格局。

（四）激发参与，培育社区认同

在社区治理中，社区社会组织主要通过"引导居民参与社区事务"和"营造社区文化氛围、组织培育"的方式参与社区治理。

一方面，社会组织通过议事会、社区恳谈会、志愿服务等方式，将居民逐步纳入社区治理体系，使其从被动的"服务对象"转变为积极的"治理主体"，逐步增强居民的主人翁意识与参与积极性。社会组织通过引导居民参与社区事务，使居民逐渐成为社区治理的"参与者"和"建设者"，而非单纯的"受益者"。例如，社会组织通过搭建互动平台和志愿服务队伍，定期组织清洁日、环保宣传、公共设施维护等活动，吸引居民自愿参与，让居民在实践中感受到参与的价值。这种参与不仅帮助居民在实践中积累社区治理经验，同时激发了居民对公共事务的责任感，形成了社区事务"共商共议共管"的良好局面，显著提升了社区治理的成效。

另一方面，社会组织通过文化活动和认同感的培养，引导居民形成共同的社区价值观。在社区营造中，社区社会组织是社区文化氛围的塑造者和组织的培育者。社区文化氛围能够强化居民对社区的情感认同，是激发居民积极参与社区事务的基础。社区社会组织通过举办邻里节、艺术节和传统节日庆祝活动营造共同体意识，塑造具有社区认同的文化氛围。通过这种文化氛围的建立，社会组织帮助居民之间构建出情感联系，提升了居民的归属感和社区凝聚力，使得居民更加关注社区事务并乐于参与其中。同时，社会组织在这一过程中积极推动多元社区组织的培育，通过兴趣小组、志愿团队、家长互助会等小型组织，提升居民的自我管理能力。随着这些社区组织的逐渐发展，居民从个人参与过渡到集体行动，逐步形成了社区自治的治理格局。这一过程不仅为社区治理引入了多元主体，还为长效治理提供了内生动力，使得社区社会组织通过社区营造与倡导的路径，推动社区向共建共治共享的方向持续迈进，为社区的和谐、稳健发展奠定了重要基础。

第二节　社区组织参与社区治理的典型实践

一、上海大鱼社区营造发展中心的社区治理参与实践

上海社区治理一直强调坚持党建引领、促进多元参与、推动自治共治德治法治等"四治"联动，致力于在街镇、居民区两个层面，以区域化党建为基础构建共建共治共享的社区治理格局。

（一）在地式陪伴和参与式设计，充分调动社区居民的积极性

在社区场域中，社会组织是协助者，社区里的居民是治理的主体。在以往，社区公共事务中社区居民往往是被通知，并没有激发出社区居民的积极性和主动性。而在社区营造中要发动居民积极参与，就必须让居民有物质及

精神上的获得感。大鱼社区营造发展中心[①]充分发挥了社会组织在地式陪伴与社区居民参与式设计的原则，充分调动社区居民的积极性。例如通过在"城事设计节"预设的改造点（安顺路绿地社区、番禺路222弄社区和新风村小区）入口举行开放日活动，采用了场所满意度地图、愿景板、设计方案投票、野餐、音乐会等多种形式组合的参与式设计方法，吸引不同年龄层的居民关注未来的公共空间改造，从而使得在地的居民可以平等自由地发声、理性地交流，也对公共事务形成建设性的意见。[②]从社区生活出发，社会组织集合各种社区力量与资源，通过动员社区居民，使社区完成自我组织、自我治理和自我发展。

（二）搭建"线上＋线下"交流平台，促进共享与互惠的社会交往

大鱼社区营造发展中心除了传统的走访、问询等线下交流形式，还搭建了线上交流平台。首先，通过建立新华路街坊微信群挖掘社区主体，旨在征求邻里意见，挖掘社区达人，共创社区生活，通过不断发展社区街坊群，目前已超过400人，街坊们在线上平台交流咨询、组建社区篮球队、交换闲置物品、共谋社区市集。在新冠疫情期间，在地商户通过微信群自发组织赠送口罩的公共活动，实现了线上线下公共性的双向流动。其次，搭建"新华NOW"社区行动平台，该平台具有三个基本功能："新鲜事"栏目鼓励有创意的公共活动链接社区闲置空间；"角落故事"栏目鼓励在地达人从多元视角阅读社区空间；"愿景板"栏目形成社区主体自由提案和讨论的空中议事厅，

---

① 大鱼是一个社区营造社会组织团队，扎根在上海新华路669弄12号，全称为大鱼社区营造发展中心，成立于2018年，发起人为五位80后设计师，其中有四位是建筑学专业背景的建筑师，都已分别创业，形成了各自特色的团队，第五位正在从事社区营造专业的博士研究与实践。大鱼营造社会组织主动联携多方力量，以自下而上的行动参与社区建设，从社区自发开展的工作，到探索参与式设计的方法，再到以街区创生理念开创自组织管理、激发行动的"第三空间"，自成立起开展多项社区营造实践活动。上海市新华路街区位于上海市内环以内的西端，历史上是法租界的近郊，其行政区域占地2.2平方公里，包含新华路、番禺路、法华镇路三条历史街道，是兼具生活便利性与人文价值的宜人街区。

② 郑露荞，伍江.社区公共空间的生产——以大鱼社区营造发展中心的上海新华路社区营造实践为例[J].新建筑,2020(04):81-85.

以此将多元主体链接起来，实现多样且专属化的集聚，提高社区的黏度与温度。最后，建立微信公众号社区营造传播媒介，"大鱼营造"微信公众号于2018年7月开通，包括"大鱼实践""社造食堂""新华制造"三个栏目。"大鱼实践"主要发布大鱼在上海的项目活动、过程记录及后期总结等；"社造食堂"主要链接国内外社区营造团队，分享社区营造经验、讲座记录等；"新华制造"主要发布大鱼在新华路的在地创生活动信息①。通过加强与社区居民的交流，不但调动了社区居民的积极性，还使在地社会组织更加了解社区居民的需求，有利于更好地开展社区营造实践活动。

（三）推动参与式社区营造，协助居民讲好社区故事

大鱼营造发展中心作为第三方社会组织承接了参与社区规划与社区营造的系统性工作。以社区参与式博物馆为例，从社区生发出的博物馆，社区性是第一属性，首先服务的是社区成员。社区里的博物馆，是社区活动空间，也是讲述社区故事的展厅，更是居民议事参与社区治理的重要场所。参与是社区博物馆深入人心的重要工作方法和核心理念，社区成员是策展的重要成员，有故事有热情的社区能人会最先加入进来，通过外来的艺术家和策展人的指导和协助，贡献专长，讲述和社区的故事，分享家中的珍藏，或者是拿出自己宝贵的休息时间来做志愿者。②通过参与式社区营造，打造一批社区的领导者与建设者，在讲好社区故事的同时，增强社区居民的归属感与主人翁意识，培养积极主动、敢做敢想的社区人。

大鱼营造发展中心参与社区营造实际上是社会组织与社区居民共同参与的社区自治形式，这种社区营造形式能够克服基层政府能力不足及当地资源利用不充分的问题，既打造了社区公共空间，又通过亲身参与增强了社区居民的认同感，使社区居民与社区之间的关系更加紧密，因此为其他社会组织参与社区营造提供了经验借鉴。第一，因地制宜结合社区固有资源采取不同的社区营造方式。在这个社区中有较多闲置空间，可以通过空间重塑加以利

① 郑露荞，伍江．社区公共空间的生产——以大鱼社区营造发展中心的上海新华路社区营造实践为例[J]．新建筑，2020(04):81-85.
② 社区参与式博物馆正式开馆！[OL].https://mp.weixin.qq.com/s/SrtMMnQFMkQit3JG57vVIQ,2021-03-10.

用，具有较大的改造潜力。第二，发挥专业人士的能力，在社区营造的同时注意利用现代媒介进行正面宣传，借助媒体曝光度，获得政府、街道的支持。第三，鼓励社区居民参与社区营造，打造共建共享的社区治理新格局。案例中，大鱼营造所在的社区年轻人居多，且多认同社区营造的理念，便于集结青年力量参与社区营造。第四，打造数字时代物理空间与网络空间的双重交流机制，并且通过一些仪式感较强的组织活动，不断增强社区居民的认同感与归属感。

二、深圳凤凰空间的社区治理参与实践

凤凰社区^①的经济社会结构和社区治理等在深圳尤其是原特区外地区具有相当的典型性和代表性，同时又有越南侨民聚居的特点，为打通和攻克凤凰社区这个"麻雀"的治理脉络和难点，把它打造为社区管理治理的先锋，深圳市民政局和光明新区管理委员会共同于 2016 年 4 月发起凤凰社区管理治理计划，运用社区营造的模式引入专业社会组织筑梦凤凰。基于社区公共空间缺乏的情况，在光明新区统战和社建局的支持下，在凤凰办事处的指导下，凤凰社区党委的统筹下，吸纳凤凰社区基金会、深圳经济特区社会工作学院等 22 家社会组织共建，先后将历史悠久的知青楼、凤凰果场和闲置的旧社康中心三个场地活化，打造成为集微创空间、足球空间、教育空间于一体，功能互补的公共空间集群，并赋予其新的名称——社区营造凤凰空间，使其具备承载服务、聚集人气的功能。^②

（一）按照"治、人、文、地、景、产"六个方向进行社区建设

通过"治-基层治理类"项目，即理顺社区各类主体的关系，建立健全以社区党委为领导核心，以居委会自治为基础，以社区党群服务中心为公共

---

① 凤凰社区，位于深圳市盐田区沙头角街道，社区总面积 9.35 平方公里，有茶林、凤凰、红坳 3 个居民居住点组成，常住人口约 1.3 万人，户籍人口 639 户 1912 人，其中侨民侨眷 453 户 1371 人，占户籍人口的 72%，而困难家庭户 96 户 194 人，下岗失（待）业人员约 500 人。社区居民一部分原属"光明集团"职工，另一部分是从种植荔枝、龙眼等农作物的果农上岸的居民，家庭收入单一，生活较为困难。

② 凤凰空间，居民的幸福空间 [OL].http://www.sswc.org.cn/news-74426.html,2018-12-27.

服务主要平台，社区各类主体积极参与和有序运转的治理架构。"人－居民互动类"项目，调查清楚凤凰社区居民的服务需求，并培养居民用协作共赢的方式，共同开展便民利民活动等方式，把社区营造为居民的"共同体"。"文－人文关怀类"项目，找寻凤凰社区凤凰文化元素和渊源，形成凤凰社区特有的内涵和固化的文化传统。"地－环境保护类"项目，改变社区垃圾乱堆放，卫生环境恶劣情况，让社区成为居民真正的美丽家园。"景－文化景观类"项目，充分利用凤凰社区三面环山、环境优美、凤凰文化的特点，进行科学的生态规划，发展生态产业、开展文化景观建设，打造成一个凤凰涅槃式的社区形象，实现"弯道超车"的发展态势。"产－社区产业类"项目，解决社区股份公司存在历史遗留问题，激活社区企业，并结合工业区的发展改造对居民就业与再就业问题进行统筹考虑，让社区经济焕发活力。①

（二）建立"共建共治共享"的社区治理新格局

凤凰社区自下而上实现社区参与。通过创新治理模式，打造社区党委为核心，居委会、工作站、社会组织、居民群众共同参与的"共建共治共享"社区营造新格局。利用社会组织培养社区营造人才，通过"培力计划"挖掘和培育社会组织骨干和社区居民代表，通过社区骨干带动社区居民参与社会营造，提高他们在社会治理、社会创新和社区发展方面的素质和能力，为凤凰社区营造储备人才，持续提供人力和智力支持。凤凰社区的社区营造执行主体为本社区居民，通过开展培力活动，发挥社区骨干的领袖作用，不仅动员居民共同讨论社区公共事务、制定社区营造项目、调动社会组织专业力量规划设计，更为重要的是发挥社区居民的治理作用，由社区居民做社区项目的负责人，并由他们向社会招募合伙人，通过慈善捐赠、众筹共筹、商业融资等多种形式募集资金，形成"专业力量＋义工＋社工"的治理模式。

凤凰社区作为经济较为落后、治理程度较弱的社区，积极探索城市治理的新路径。通过构建政府、企业、社会三级社区营造模式，使凤凰社区摆脱

---

① 深圳凤凰社区营造的"涅槃"实验 [OL].http://www.cncn.org.cn/content/2016-04/146163496327396.html,2016-04-26.

困境，获得新发展。在这个过程中有其他社会组织参与社区营造的经验值得借鉴。突出经验就在于凤凰社区的社区营造在"人、文、地、景、产"五个方向的基础上，融入"治"。治是核心，尤其是凤凰社区还存在着各类组织职能不明确且权责交叉，居民自我管理、自我服务能力较差等的情况，亟需理顺治理结构，构建起"一核多元"的基层治理体系，从全国范围看，已经有一些城市乡村尝试开展社区营造活动，但还没有形成规模，个别城市乡村社区营造的自发运动和政府有意为之的自觉行动存在较大差距。[①] 通过借鉴凤凰社区营造的经验，将社区营造纳入全面深化改革和乡村振兴的整体制度设计中，探索符合地方特色的社区营造新模式。

三、厦门社区居民大学与共驻理事会的社区治理参与实践

（一）厦门海虹社区居民大学参与社区治理

海沧区是海西首个"全国社区管理和服务创新实验区"，而海虹社区则是基层社区工作的标杆之一，自 2011 年底，海虹社区在全省率先开展网格化建设，2012 年 6 月，在全省拉练检查工作中，受到了省委领导的充分肯定，形成纵向到底，横向到边的网格化管理模式，打造"责任网格化、平台信息化，管理精细化，服务人性化"的"海虹模式"。

社区于 2008 年 9 月成立社区居委会，2010 年 11 月 1 日正式成立了海虹社区党支部，2012 年 6 月成立社区党委。目前有党员 70 人。现有"两委"成员 6 名，有网格管理员 13 名，治保、调委会各有 7 名成员，成立文明督导、消防、巡逻等各类群防群治志愿者队伍共 13 支 209 人。社区居委会内部设置一站式服务大厅，科普教育基地，道德讲堂、小精灵俱乐部、党群服务中心、心理咨询室、健身室、多功能厅、居家养老服务中心、文化活动中心、绿色网吧、图书室等群众活动场所和设施。有计生、劳动保障、流动人口登记办证等服务。社区办公活动用房面积达 4000 平方米，其中行政办公区域有 1000 平方米，另有 2200 多平方米活动面积。设有一站式服务大厅，未成

---

① 深圳凤凰社区营造模式：让人们不再陌生 [J]. 领导决策信息, 2016(22):20-21.

年教育基地，居家养老活动中心，社区文化、体育活动站，科普花卉园艺交流中心，学生实习基地，社区心理咨询和调解室及警务室，社区志愿者服务站，党员群众远程视频学习教育室。

2011 年底，厦门海虹社区开展网格化建设试点，通过网格化管理，将管理服务的"触角"延伸到每一位住户，覆盖到服务项目的每一个方面，形成了"责任网格化、平台信息化、管理精细化、服务人性化"的社区服务管理新模式。海虹社区按照"街巷定界、规模适度、动态调整"的原则，以街巷、小区、楼栋为基础，以 400 户左右为标准，将社区划分成 12 个网格单元。通过划分网格明确责任，实现辖区服务管理定网、定格全覆盖。海虹社区以网格为单位，一个网格员负责一个网格内约 400 到 600 户居民的大小事，采用"一站式""一条龙"的服务理念为居民代办相关事宜。

海虹社区居民职业、年龄、性别以及社会文化背景的不同，必然导致交流需求的多元化。于是，一些社区热心人士聚合有共同爱好的居民一起学习，组织成各种自治组织。2014 年初，台湾义工王育荷女士提出可以引进台湾居民办社区大学的经验办一个居民自己的大学。2014 年 3 月，海虹社区发展协会牵头，社区居民自发为组建海虹社区居民大学积极筹备。2014 年 4 月 19 日，海虹社区居民大学正式揭牌。

在海虹社区党委的支持下，海虹社区居民大学成立了理事会，实行理事会领导下的校长负责制，理事会成员 7 名，正、副校长各 1 名。推举海虹社区红色课堂的发起人、退休的老党员吴沧舜担任校长，海虹欢唱队组建人、社区文艺能人林文琦担任副校长，并聘请了海虹社区居民、全国台商企业联合会副会长曾钦照担任名誉校长，形成以社区居民为主体协同经营模式。

在校舍方面，海虹社区将其门前下沉广场的招商店铺腾出，由居民自己做简单装修布置，作为教室使用，包含手工坊展示厅、舞蹈厅、形体厅、乐器室、练歌房、书画室、亲子室等多间教室。在师资方面，海虹社区与厦门城市职业学院（厦门市广播电视大学）建立共建关系，社区成为其教学点。同时，通过自发报名的方式，将海虹社区居民中从事教育工作、法律工作、医学工作的专业人士挖掘出来，建立教师资源库。经社区居民、爱心人士及公益机构的支持，社区教师资源库由原来的 50 多名增加到 100 多名。

在社区居民大学中，台胞是重要的资源，发起人、名誉校长、副校长均为台胞，还有不少台胞担任教师，而且台胞还活跃在各种课堂之上。在台湾担任义工 10 余年的王育荷女士，不但开设儿童心理健康咨询课，还引进台湾少数民族舞蹈。在重视挖掘自身资源的同时，海虹社区还与台湾大学建筑与城乡研究发展基金会对接，设立两岸社区营造工作室。在课程方面，围绕社区居民多样化、个性化的学习需求特点，海虹社区居民大学提出公益性教育、职业培训、学历教育为办学主要内容，并定期通过网上征求、现场咨询等方式，收集居民课程培训需求，推出"菜单式课程"，每周推出 10 余种课程供居民选择，不断激发居民的认同感和参与意识。开办以来，已开设国学、育儿、舞蹈、武术等 16 门课程，吸引"老、中、青、少"各年龄段学生 600 多人，社区居民之间通过课堂中的互动，增加了交流的机会，为社区营造了一个包容、关爱、和谐的生活环境。海虹社区的居民若获得学历制学历，可以向社区合作院校报名，就近在海虹社区居民大学入学、上课，学习合格者，通过合作院校规定的学分要求，将由合作院校颁发国家承认的正规院校学历证书。

海虹社区居民大学成功之处，在于从居民的需求出发，居民自发参与。其经验是社区居委会搭台，让社区社会组织和社区居民唱主角，通过社区居民大学把辖区内各类社会组织、志愿队伍结合起来，使原本较为分散的公益力量得以凝聚，同时将文化资源引入公益活动中，让社区居民在参与、融入中，培养主人翁意识，增进对社区的认同感和归属感，共同建设新家园。

（二）兴旺社区社企同驻共建理事会参与社区治理

兴旺社区位于福建省厦门市海沧区新阳街道，其地址为海沧区新光路 302 号，主要管辖范围是长庚医院以南，霞飞路以西，海新路以东，蔡尖尾山以北。社区地处城乡接合部，是一个新社区，同时也是工业区的"城中村"，包括兴旺广场、金铭花园、名仕阁、正顺花园、阳光公寓 5 个小区、长庚医院及新阳工业区等。社区范围有 1400 多家企业，服务区域包括居民区、企业区、商业区，服务对象包括购房居民，周边企业员工、学校师生、新阳辖区安置户。共有常住人口 3740 人，流动人口 12360 人，同时兴旺社区承接了辖区企业十几万员工的社会事务办理。

厦门市海沧区新阳街道兴旺社区社企同驻共建理事会成立于 2013 年 8 月 1 日，是由厦门市海沧区新阳街道办事处辖区内的 200 多家成员单位组成的自治组织。旨在通过自助和互助的方式，加强社区与企业的联系，更好地服务企业、服务外来员工，解决企业发展与社区建设的难题，更好促进社区与企业和谐发展，共同为美丽厦门建设出力添彩。理事会设理事长、秘书长各 1 名，并遴选出明达实业、松霖卫浴等 20 家知名企业作为首批理事会成员单位，其中明达实业的员工约 1 万人，占新阳街道外来务工人员的 1/4。为了实现企业自助和社企互助，理事会还设立环安互助联盟、社企联合调解委员会、家校促进会等多个工作小组，从企业和社区中寻找在环保、安全、财税、法律等社企急需又有丰富专业实践的专业人才，成立专业工作小组，提供免费的专业咨询服务。

兴旺社区社企同驻共建理事会自成立以来，秉持团队精神，坚持把每一件好事做实，把每一件实事办好的工作理念，加强企业之间、企业与社区之间互助、共谋、共建、共享，着力打造信息、自助、互助三大平台，整合社区和企业资源，创新服务企业机制。信息平台有利于成员企业内、企业与社区、企业与专家之间进行线上交流，共享心得，互享经验，在服务企业上节省时间，节约人力物力，做到便民、便企。自助平台主要从企业和社区中聘请在环保、安全、财税、法律、规划建筑、企业管理，涉外认证、项目投资等社企急需、又有丰富专业实践的专业人才，成立专家库名录，公开信息公共平台，供企业自主选择，提供免费的专业咨询服务与指导。互助平台由理事会成员企业和社区组织义工队伍，发挥各自优势，在子女就学、户口、计划生育、社区服务等公共服务平台上资源互通有无、互助互帮取得良好效果。

社企同驻共建理事会作为重点培育的社会组织，顺利进驻新阳街道新厦门人社会组织孵化基地，还通过吸引 100 多家企业加入 QQ 群、微信，实现成员企业内、企业与社区、企业与专家之间进行线上交流，共享心得，互享经验，节约人力物力，最大限度便民、便企。理事会专门制定《社企同驻共建理事会章程》和《关于建立社区和社企同驻共建理事会的实施方案》，明确了理事会在坚持街道党工委和社区党组织的领导下培育发展，以及协助推进社企共建的主要职责。理事会成员每月至少走访收集意见一次，及时向社区两委反映居民群众的需求和意愿。理事会成员会议每季度召开一次，会议召开前广泛征求居民和有关方面意见。议事范围包括：通报街道、社区正在开展的有关工作情况；研究讨论社区建设的有关工作目标及计划方案；商讨社区建设中的薄弱环节、存在问题及解决办法；商讨社区公共管理、涉及居民公共利益的有关事项。

通过理事会这一平台，整合各方资源，调动企业、热心人士、专业人才等投身社区建设的积极性和主动性，更好地服务企业、服务社区居民，还进一步增加了社区与企业、企业与企业之间的联系，各方关系得到缓和、融洽，激发了企业、热心人士、专业人才参与社区服务的热情，理事会为辖区内企业和大量外来员工解决了许多实际问题，使兴旺社区成为这些新厦门人最温暖的家。兴旺社区社企同驻共建理事会项目是社区与辖区企业相互融合互动的有益实践，调和了企业与社区之间长期的矛盾，激发了企业参与社区治理的热情，为企业承担社会责任搭建了平台。企业与社区不能孤立，社区的事企业来参与，企业的困难社区来帮衬，这一切的变化得益于"美丽厦门共同缔造"的理念深入人心，得益于新成立的"社企同驻共建理事会"。

第六章　社区组织参与社区治理、乡村振兴个案研究

第一节　社会组织是乡村振兴战略与社区治理的重要抓手

一、乡村振兴战略内涵及其时代要求

党的二十大报告指出，要全面推进乡村振兴。乡村振兴作为国家发展与民族复兴的重要抓手，已提升至战略高度，并有一系列政策、制度支撑。2017年10月18日，围绕全党工作重中之重的"三农"问题，党的十九大报告作出了与乡村振兴有关的重要论述，明确提出实施乡村振兴战略，并且用二十字箴言概括总要求——"产业兴旺、生态宜居、乡风文明、治理有效、生活富裕"。2018年3月5日，时任国务院总理李克强在《政府工作报告》中讲到，大力实施乡村振兴战略。9月，中共中央、国务院印发了《乡村振兴战略规划（2018—2022年）》，明确提出了"坚持乡村振兴和新型城镇化双轮驱动，统筹城乡国土空间开发格局，优化乡村生产生活生态空间，分类推进乡村振兴，打造各具特色的现代版'富春山居图'"。从首次作为战略提出到逐步细化战略维度与方法，该过程呈现乡村振兴工作不断细化，推进思路不断清晰的鲜明特征。

2021年2月21日，《中共中央　国务院关于全面推进乡村振兴加快农业

农村现代化的意见》发布，文件指出"民族要复兴，乡村必振兴"，乡村振兴由此成为民族复兴的关键环节与重要抓手。同年3月，中共中央、国务院又发布了《关于实现巩固拓展脱贫攻坚成果同乡村振兴有效衔接的意见》。两份文件都明确指出"把乡村建设摆在社会主义现代化建设的重要位置，全面推进乡村产业、人才、文化、生态、组织振兴"。4月29日，《中华人民共和国乡村振兴促进法》颁布，党和国家在法制层面上强力保障乡村振兴战略落实落地，处理好"三农"问题，解决发展不平衡不充分问题、应对国内外各种风险挑战，为全面建设社会主义现代化国家开好局、起好步，实现"两个一百年"奋斗目标和中华民族伟大复兴中国梦。

党的十九届六中全会上通过的《中共中央关于党的百年奋斗重大成就和历史经验的决议》强调，"党始终把解决好'三农'问题作为全党工作的重中之重，实施乡村振兴战略，加快推进农业农村现代化，坚持藏粮于地、藏粮于技，实行最严格的耕地保护制度，推动种业科技自立自强、种源自主可控，确保把中国人的饭碗牢牢端在自己手中"。再次突出乡村振兴于全党、全人民而言的重要作用。

二、乡村振兴战略与社会治理的关键抓手：社会组织的重要性

党的十九届四中全会提出构建"人人有责、人人尽责、人人享有的社会治理共同体"，社会组织是其中不可缺少的重要力量。在新时代、新发展阶段，随着我国社会主要矛盾发生转变，社会利益主体呈现出复杂化多元化趋势，社会公众对个人权益的维护意识不断增强，对基层治理、公共服务的需求呈爆发式增长。

在此背景下，仅靠政府的作用难以完全适应社会治理各方面的需求，客观上要求在党的领导下，政府、社会、市场和公民个人之间建立起一种协商合作与良性互动关系，积极构建社会各方参与社会治理的平台和载体，扩大和完善群团组织和社会组织参与基层社会治理的制度化渠道，从而凝聚多元共治合力，完善社会治理格局体系。

社会组织具有政府和营利性组织所没有的非行政性、非营利性和志愿性、公益性等独特属性，在了解和反映民生需求、调解公共冲突等方面充当着重要角色。充分发挥社会组织在社会治理中的作用，既有利于弥补国家政权组织治理资源不足，激发社会活力，也有利于发扬基层民主，有效回应群众需求，促进社会源头治理，还有利于转变社会治理方式，丰富社会治理手段，实现社会治理专业化。

在社区领域，城乡基层社区治理是社会治理的根基，也是社会组织发挥积极作用的主要领域。2020年12月，民政部印发《培育发展社区社会组织专项行动方案（2021—2023年）》，提出了积极推动社区社会组织发展的具体行动方案。2021年7月，中共中央、国务院发布《关于加强基层治理体系和治理能力现代化建设的意见》，要求提高基层治理社会化、法治化、智能化、专业化水平，完善党建引领的社会参与制度，培育扶持公益性、服务性、互助性社会组织。从社区营造的角度来看，也要求以社区为主体，从社区生活出发，集合政府、市场、社会多方力量与资源，通过社区的内在动员促进社区自我组织、自我治理和建设发展，社会组织在促进社区自治与共治的过程中可以发挥重要作用。

在乡村振兴领域，《中共中央　国务院关于全面推进乡村振兴加快农业农村现代化的意见》中指出，乡村振兴逐渐展露抓手，从"产业兴旺、生态宜居、乡风文明、治理有效、生活富裕"具体落实至"产业、人才、文化、生态、组织"振兴，其中组织作为人才资源的重要载体，成为单一维度呈现在发展意见中，可见组织在乡村振兴中的重要性。组织振兴与战略内涵中的治理有效相对应，通过对乡村治理主体进行主要划分，明确不同组织在乡村振兴中的职责与分工，进而提高乡村治理效能。乡村振兴中的组织范畴主要包括农村基层党组织、农村专业合作经济组织、社会组织和村民自治组织。在基层党组织作为政策与思想引领、农村专业合作经济组织作为集体经济建设基础、村民自组织发挥村民自发性与主体性外，社会组织作为社会力量参与乡村振兴的重要力量在乡村振兴实践推动中具有重要作用。

三、海峡城乡发展基金会参与乡村振兴

2019 年 6 月，厦门市海沧区"海峡城乡发展基金会"进入实体运作，这一探索迎来升级。在基金会的带领下，两岸青年投身乡村振兴的平台更加广阔，资源、资金也更加充分而稳定。基金会主要参与乡村振兴、社区营造、空间规划与治理、公共参与及推广、人才培训等方面的公益事业及慈善活动。聚焦两岸人才智力资源，开展城乡发展、社区治理、文化交流等学术研究，为两岸城乡发展工作搭建交流平台，开展城乡发展专业课程培训，为两岸乡村振兴与社区营造输送乡村文化传承人才。在海沧区乡村振兴建设试验中，充分运用社区营造模式，驻点村庄社区，依托社区书院（新文明实践站），挖掘乡村文化资源，传递居民主体性与公益性服务精神，以动员社区居民参与社区治理服务。通过文化扎根，实现乡村振兴在人才服务理念内化与在地化，借助地方社区营造模式学习，经由社会组织为乡村振兴输送稳固的乡村振兴建设人力资源。

厦门海沧区在台胞主任助理（简称"台助"，下同）的带领下，海沧区社造取得巨大成就。海沧区青礁村的芦塘社在台助多年努力和辛苦耕耘下，从原本空心化、老龄化问题突出、荒芜萧瑟、文化流失的普通村庄摇身一变成为厦门市"乡村振兴示范村"，同时也是全国"乡村振兴模范村"，吸引全国各地社区营造和乡村治理的工作者前来参访。而台助的知名度也水涨船高，俨然成为海沧区的一张名片。

海沧区社造工作不是单纯地对台湾模式的生搬硬套，而是因地制宜地与当地的农村结合在一起。早在明朝时期，该地曾被开辟为出海港口，有船舶码头、有骑楼古厝，台助们在海沧区委、区政府统筹领导，以及区民政局直接指导下，将此建造成具有古风古韵的沧江古镇，以古镇造街，提升村庄的文化价值。台助们通过收集史料、走街探访发现乡村宗族历史，以此形成丰富的全面的乡村历史材料，用海报、文创产品、兴建芦塘书院和建造文化广场等方式传播开来，还通过与当地学校合作的方式使年轻一代参与其中，有效弘扬耕读文化，唤起村民对乡村文化的认同，实现乡村文化振兴。在公民

的社区认同营造方面，通过打造"爱心妈妈"的旗帜，村民们主动让地、接待来宾、参与乡村导游工作。坚持"我们参与了、村庄就变了"的理念，深度推进乡村文化的传播，调动在地村民的积极性，提高参与度，培养村民的主体意识，重新构建新型农村共同体，大大提高乡村治理的内生动力，实现乡村人才、组织振兴。

随着海峡城乡发展基金会在乡村振兴建设工作中的投入，2021年，海沧区重点打造了芦塘、海沧、一农、赤土、过坂5个两岸融合乡村振兴示范点。以"培根计划：乡村振兴 五福临门"为主题，逐个村（居）制订细致方案，驻点开展"陪伴式"服务。刮起了无偿让地、无偿让物、公共捐赠的好乡风，推动一批青年返乡创业。重点推进了41个项目，总投资6956万元。海沧"两岸融合"乡村治理被中国社会科学院评价为"海峡两岸全面深度融合的模范样本"，被国台办评价为"社会融合看海沧"。

第二节　海峡城乡发展基金会参与乡村振兴、社区治理的主要路径

海峡城乡发展基金会以"社区营造＋乡村振兴"的方式参与到了社区治理之中。海峡城乡发展基金会创立之初，积极导入台湾社区营造[①]的经验，并进行有效在地化。例如，海峡城乡发展基金会进行老旧房舍的创生，提供良好的物质硬件环境，是对"景"的优化。通过回溯村落发展历史，寻找当地共同文化记忆，穿梭古村落，听村庄故事，发挥"社区大学"作用，是对"文"的传承。宣讲环保知识、践行环保行为，是对"地"的保护。当前通过组织活动，唤醒群众共同体意识，是"文"的追求，帮助形成社区自组织，

---

① 台湾社区营造注重"人、文、地、产、景"的培育，"人"指的是社区居民需求的满足、人际关系的经营和生活福祉之创造；"文"指的是社区共同历史文化之延续，艺文活动之经营以及终身学习等；"地"指的是地理环境的保育与特色发扬，在地性的延续；"产"指的是在地经济与产业活动的集体经营等；"景"指的是社区公共空间的营造、生活环境的永续经营、独特景观的创造等。

如"赤土村庄志愿者队伍"等。尽管自组织并未完全成型，目前尚依赖于外部力量扶持，社区的"产"的建构过程还有很长的路要走。但整体上，海峡城乡发展基金会自成立以来，不仅积极参与海沧区的乡村振兴项目，也参与海沧与西部对口支援项目，取得了较大的成就。据统计，2019年至2020年，芦塘乡村振兴项目由村民自发接待访问团体262团，共11730人。海峡城乡发展基金会在两岸的知名度不断提升，"双向扎根"的理念深得两岸民众认可。

简而言之，海峡城乡发展基金会成立之后，进行富有成效的在地化社区营造，充分地将我国台湾地区社区营造经验与海沧区的社情民意相结合。目前基金会围绕自身建设、社区营造内容、服务本地居民等方面取得了长足的发展

一、重视文化传承，以文化丰富村民精神生活

基金会的社区营造项目或活动非常重视从文化入手。为更好地挖掘、传承在地文化，海峡城乡发展基金会搭建许多文化传承平台，并开展系列活动。例如，搭建赤土公益书院平台。在赤土公益书院的茶话会、众筹会上，村民让地、让物、捐善款、填问卷，以及成立志愿服务团队，一方面使乡村振兴项目工程得以顺利完成，另一方面也唤起了耕读文化精神复兴。

积极推进"芦塘书院"系列活动。充分活化本地优秀文化资源，开展文化传承和熏陶活动。例如，基金会促成青礁村驻村艺术家康明义老师带领18位书法家们文艺下乡，在公益现场挥毫书写送春联。康老师还在芦塘社区开设了上百期美术课、多次组织亲子彩绘活动。艺术家与村民的紧密联系丰富了村民的精神生活，也为艺术家们的创作增添了灵感。

"培根计划"是文化项目中的重要一环。在此项目下，相关工作站开展了纪念颜思齐开拓台湾400周年活动，以文化认同作为目的，建构起村庄孩童的文化自信，进而深耕家庭、宗族、家乡、家国情怀。同样依托于此项目，赤土社工作站团队集结本地村庄的人力资源，推广闽南童谣，潜移默化教育

孩童，把对下一代的关爱融入社区营造中。通过举办汉服体验系列活动、古镇造街系列活动，鼓励亲子制作传统发簪手作、孩子体验汉服秀、沉浸式探险以及绘制古镇旅游地图等，寓教于乐，引导儿童认识在地古街文化与空间建筑，并且开发儿童对于历史传统文化的兴趣。此外，基金会也通过开展读书会等活化赤土公益书院的方式，激发儿童的阅读兴趣、培养阅读习惯。

二、着力空间美化和环保意识培养，共建美好乡村

我国台湾地区社区营造的重点面向即是对社区空间的高效利用和环境生态的良好保护，如何在大陆乡村的空间与环境中做好文章，亦是海峡城乡发展基金会工作的重点面向。

在面向儿童的环保理念培育方面，基金会开展"碳中和倡导系列活动"通过引导儿童主动学习环保知识，带领儿童民主议事，促进儿童参与环保相关的公共事务；"嘿，别炭气"节能减排活动采用模式学习、知识学习、运用学习三个阶段的学习过程，让儿童通过儿童议事会学习发言的讨论方式、碳中和知识并运用到生活中。

基金会还设计"你今天节能减碳了吗"系列环保活动，让参与活动的队员，以身作则，将节能减碳落实于日常生活中，为广大村民做出榜样；在"下陈出新，华丽转身"项目的牵头下，德国花卉企业入驻下陈社，再加上一系列基础设施、环境整治改变了村容村貌。通过此类活动安排，让"造人与造物"相结合，激励村民走出小家共建大家。

三、赋能台湾青年，实现在地融入，提高社区治理水平

台湾青年作为我国台湾地区社区营造实践的亲历者与见证者，对于社区营造的意涵与功能均具有更深入的理解。目前在大陆的台湾青年只有对大陆地区乡村振兴实践政策与环境有深入了解，才能更好地将社区营造才能与大陆地区乡村振兴工作相结合，并加之运用。为此，需要进行适当引导、本土转化与发展，海峡城乡发展基金会在其中就起到了有条不紊的增能作用。

首先，有序引导台湾青年形成社区营造与乡村振兴双向链接。台湾青年结合我国台湾社区营造理念，"造人"与"造物"双管齐下，并在此过程中与大陆基层干部、伙伴互动学习，实现工作与生活交融；青礁村委会与台湾青年社区营造员们共同参与"开台公园"文化双向培根计划，群策群力，打造青礁村、过田社社区营造工作，让开台公园发挥多元用途；在"乡村振兴——五福临门，社区营造"项目中，相关部门选取了五个代表性的村庄社区，设立工作站，以我国台湾地区社区营造赋能经验为依托，以"培根""培力"为核心理念。该项目成为两岸青年共同推进大陆社区营造的一条"福"链。

其次，打造与搭建台湾青年培力增能工作平台。海峡城乡发展基金会组建运营中心的人力配置、集结第三方社会组织进行培训与督导服务、以项目为抓手，小队合作驻村，为台湾青年搭建更完善的工作平台；在"乡村培力，漂鸟计划"项目中，台湾青年作为海峡城乡发展基金会的社区营造员，秉承"先造人、后造物"的台湾社区营造机制，从"培根""培力"理念出发，开启了一条结合大陆乡村振兴，1+1大于2的"社造之路"。"漂鸟计划"还为台港澳青年提供实习、见学、人才培训的机会，让高校学子们在即将踏入社会之前，认识一种相当不一样的单位文化、价值体系。

最后，推动两岸青年文化双向扎根。无论是两岸青年培力共创，还是校社合作，台湾青年与村民、村庄的紧密联系对于社区营造、文化发展而言都大有裨益。厦门理工学院艺术设计学校的师生从调研、参与式设计工作坊到举行设计答辩都是在村庄里完成。通过引入高校专业参与式设计，教学相长，两岸青年设计师们为海沧乡村社区营造共出一份力。此外，厦门理工设计艺术学院－赤土摄影大赛的举办搭建了一个文化交流的有力平台，一方面引导莘莘学子参与乡村振兴，以不同视角看设计与人的关系，另一方面使村民透过大学生的镜头，感受不一样的赤土风情。

四、培育人力资源，强化团队建设

在加强专业团队建设方面，基金会芦塘工作站成立专门的社会组织，为社区赋能；下陈社推动"下陈霞亭花卉合作社"的成立，由村里的五位青壮年所组成。合作社的成立意味着"村企合作"会更加地顺畅，协作模式将更加清晰，由此也让村中真正地实现产业振兴。

在加强组织人员能力方面，项目组员阶段验收主要考察组员对于村居"人、文、地、产、景"导览解说的掌握程度。借此激励社区营造员精进自我能力及专业修养，并将社区营造的造人、造物理念潜移默化于受众者；在基金会新进社区营造员培训中，通过项目工作点调研学习、组长分享项目工作、组员导览解说村庄社区营造等过程，得以营造起学习型的工作环境；在项目的配合上，芦塘的乡村振兴工作组由"街道＋村委会＋代建单位＋工程队＋项目运营队＋草根组织"组成，群策群力，使造人造物里应外合。

在加强团队开展活动能力方面，各工作站响应"爱心厦门"推展系列活动。下陈社工作站以村居的书院、新文明实践站为平台，社区营造员穿针引线，串起地方对慈善、环保、尊老敬贤的理念；寓教于乐，激活村庄不同群体的大我意识。

五、广泛培育与吸纳多元主体

培养不同年龄层次群体力量是海峡城乡发展基金会一项重要工作内容。通过挖掘社区家庭女性、儿童加入社区治理、乡村振兴实践，不仅丰富了社区参与的主体构成，还激发了社区参与活力、动力。

"芦塘爱心妈妈"项目于2016年在芦塘书院萌芽，后发展为"芦塘妈妈站（赞）起来计划"。总体而言，这类项目机制多元开放，能够充分与妇女们多元的社会角色需求相适应，激励农村妇女走出小家，参与公众事务。女性参与社会事务的积极态度一方面能够建立起自身的新形象，另一方面也会感染尚未参与其中的群体一同加入社区事务。

基金会对女性的社区参与能力培育更多表现在自组织建设工作中。如在"海峡城乡小鼓队讨论大会"中，芦塘阿姨一同参与筹备。通过实际参与，她们了解了活动过程，培养了"自我运作、自我管理"的参与意识。与此同时，赤土工作站走村入户开展基础调研，得知赤土社曾经有一支由农村妇女组建的西鼓队，每逢婚丧节庆，都会上台献演。与昔日西鼓队的老人交流后，工作站决定帮助她们重振西鼓，再次展现她们的力量。从村庄公益服务到商演，女性挣脱了家庭妇女的单一角色，逐渐发挥多元能量。

在促进儿童加深对乡村振兴的理解方面，基金会通过设立"芦塘小主人课程""芦塘小主人项目"等活动引导儿童自主思考访谈问题、主动采访村民等环节，借由挖掘乡村振兴过程中村民真实故事，加深儿童对于乡村振兴意涵的理解。基金会为响应"儿童友好型城市建设"的政策倡导，筹办"儿童乡村议事会"，引导孩子以民主议事的方式参与讨论，鼓励儿童参与社区公共事务管理，推动、保障儿童参与、决策的能力，尊重儿童提出的事务诉求及社区建设意见，传授儿童村庄发展的知识，最后拟出儿童视角的家乡建设建议方案。

六、培育居民自主参与意识

基金会秉承居民参与社区活动是社区发展的内在动力源泉，离开了居民参与的社区发展是不完整的理念。始终认为居民作为社区公共服务的最重要的需求主体，也是对社区公共服务状况的最终评判者，公共服务提升不仅仅依靠政府和社区的力量，还应该包括居民自身。为此，基金会鼓励居民参与到社区公共服务工作中，不断"赋能"，提升自身的参与意识与参与能力。

海峡城乡发展基金会通过开展共识性的社区文化生活，在社区文化重塑过程中注重不同文化之间的融合，结合自身实际，展示出社区文化的个性发展，通过对社区共识性文化生活的建设，提高社区居民对社区的认同意识与归属感。积极培育社区社会资本，完善社区关系网络，开展多种形式、多种渠道的社区活动，加强社区居民之间的交流沟通，营造社区信任的氛围，从而使社区管理目标转变为居民的共识。通过"村民议事厅"构建社区居民的需求偏好表达机制。社区公共服务的最终目的是满足居民的需要，因此居民诉求沟通渠道的构建可以更好地实现社区公共服务的及时供给以及高效供给，同时为保证社区居民对公共服务过程的知情权，应提高社区公共服务的信息化水平，建立社区服务信息资源共享机制，使社区居民更好地监督服务过程，潜移默化中强化居民的主体意识。

七、西部培力，基金会功能外溢到宁夏地区

西部培力是海峡城乡发展基金会的一个发展面向。其具体表现为，依托闽宁合作平台，将海沧区城乡基金会的工作经验、模式外溢到宁夏地区。

从 2022 年 5 月，基金会开启闽宁协作项目，借鉴两岸青年在海沧区参与乡村振兴、社区治理的实践做法，以种子教师、台湾青年社区营造员、本土社工（含督导体系）形成"1+1+1"的团队模式（即 1 位台籍种子师资 +1 位台籍社区营造员 +1 位大陆社工），分两个工作组进驻村居，开展长期的"培根""培力"服务。目前，基金会驻点项目不仅有台湾青年社区营造员，还有来自深圳市升阳升社会工作服务社的两位社工一起执行任务。

两岸青年通过 3 个多月紧密调研和走访，从基础的"人、文、地、产、景"开始，整合在地资源并结合入户、问卷调查等数据分析、挖掘村民的实际需求。依据调研数据，两岸青年联手策划了包括特色产业空间营造、村庄文化活动等近 10 个子项目，分别梳理出了一条适合西部乡村发展的社区营造之路，并得到村民、干部充分认同，为持续精准服务打下坚实基础。进驻村庄后，基金会先设定了目标计划。先活化空间、盘活空间，然后产业振兴，再把人的部分带动起来，成立志愿者团队。

两岸青年进驻村庄的第一件事是通过古建筑的模型拼装会，成功举办一个见面性质的介绍性活动，与村庄的村民拉近距离。而后形成三个工作方向：爱心超市的提升、儿童的全面发展、菌菇产业的推广项目。爱心超市，是为了通过爱心超市的积分兑换提高村民参与志愿者服务的意愿。这三个子项目都是在人文地产的调研过程中调查出来的。通过对村民的需求进行分析以及规划村庄未来的发展计划，为村庄带来更好的改变，后面将持续通过台湾社区营造理念及社会工作专业方法，培养乡村内生动力、巩固拓展脱贫攻坚成

果、做好乡村振兴发展。可见，基金会的内容非常注重前期授之以鱼打好基础；后期授之以渔将善用当地资源，让村民们自立自强。

综上所述，海峡城乡发展基金会在推进社区营造的过程中，通过创造性的在地转化和升华，使得两岸社区治理经验得到有效融合，也极大地增进两岸同胞的社会融合。

第三节　海峡城乡发展基金会参与社区治理面临的问题

在总结海峡城乡发展基金会参与社区治理和乡村振兴经验的同时，也应看到其发展面临的问题。在组织内部，基金会面临着组织成员专业性不足及其引发的其他项目问题。在组织外部，也需要关注海峡城乡发展基金会模式推广需要特定的机遇和环境的问题。

一、海峡城乡发展基金会发展面临的内部问题

（一）专业人员不足，专业性不强

海峡城乡发展基金会的专业人员不足。这体现在组织的人员构成上，在该组织中除了理事长具有专业的社区营造经验和专业背景外，基金会其他成员大都无此专业和经验的。理事长目前更多的是从事基金会的管理工作和人员培训工作，充当的是技术管理专家的角色。虽然有理事长的把关，也邀请了第三方社会组织进行培训和督导，但是社区营造毕竟是较为专业的领域，还是会受到一定程度的影响。专业性方面参差不齐，在招聘的时候，只要是台湾青年就可以选择，对于专业要求不高，导致项目开展情况不同。不过需要指出的是，基金会的首要功能定位于台湾青年的加工厂、孵化器，为台湾青年登陆提供平台和机会。目前基金会大部分成员，经过长时期的需要，在理事长传帮带的言传身教下，几乎每个社区营造员都获得了较好的成长，很

多已经能在海沧下属社区，独当一面开展社区营造工作。

（二）广泛而不专业，一些项目领域无法涉及

海峡城乡发展基金会开展多元化的活动，虽然在做乡村振兴这一领域在海沧地区无竞争对象，能够胜任，但整体上专业性不足，在一些特定的领域中，如孤独症、家庭暴力等专业领域的问题，基金会无法提供服务。因此，这些需要专业服务的领域基金会无法涉及。但专业性过强，也会面临重要问题，如政府购买项目，除非该项目具有很强的专业性，有专业性的需要，否则这些专业性强的社会组织无法获得立项机会。同时，就组织的长期发展来看，专业性的缺乏可能会限制其进一步发展。

（三）组织成员招募渠道和对象单一，人员持续性弱

在海峡城乡发展基金会招聘过程中，基金会更多是通过台胞组织和亲人朋友介绍的方式传递招聘信息，且基金会只招募台湾青年，对专业要求不高。因为专业性不足，导致工作开展。而社区营造员受个体的特质差异影响，有一些成员会不适应选择离职，约占五分之一。

（四）组织成员的异地文化、制度和生活适应问题

海沧城乡基金会中多是单一的台胞群体，他们有的是第一次来大陆，对于大陆的制度文化和生活环境较其他群体陌生，之前从事的是非此专业的工作。在这样的情况下，他们在大陆的生活和工作会产生不适应，一些成员在海峡城乡发展基金会中不能适应后，便会选择离职。同时，他们也要一定的时间来了解熟悉大陆社会。这中间虽然有基金会进行情绪梳理、帮助，但实际上也缺乏相关的制度和措施来解决他们的问题。

（五）基金会未来发展定位需要进一步凸显

大陆乡村振兴方兴未艾，台胞参与大陆乡村振兴的方式也日趋多样，且形成不同的模式。例如福州模式：依托专业技术团队即城市规划公司，聚焦乡村振兴的经济功能；集美大社的改造，依托专业的台湾青年营运基地平台，

突出老街改造；平潭模式：以台湾青年创业的民宿模式为依托，突出经济利益导向，如第三境；龙岩的永福模式：依托茶产业观光园。

相比之下，海沧区以基金会这一社会组织的方式让台胞参与到大陆乡村振兴是全国的首创，也是实现双向融合的最佳途径。该模式特点在于深耕，关注的是可持续性，真正的文化扎根。因此，需要时间的沉淀，在坚持海沧模式特色的同时，适当地可以和其他模式做借鉴交流。

二、海峡城乡发展基金会发展面临的外部问题

（一）如何更有效地与职能部门做有效的沟通

在海峡城乡发展基金会与其他社会组织互动、链接或获取资源时，常常需要与多个行政部门进行沟通协调。从组织的成立到项目的运作，基金会需要与不同的政府组织和社会组织沟通，以获得进入项目场地的机会。项目资源的获取往往也需要经过一定的审批流程，这在一定程度上增加了沟通成本和时间。例如，在对口支援西部项目中，申请免费午餐项目需要经过偏乡小学，向中心小学上报，中心小学向教育局上报，再向资源援助方上报，走完整个流程需不少时间。而且在沟通协调中，难免对海峡城乡发展基金会所开展的活动和意义认识不够深入，还需要花费一定时间进行说明和宣传。

（二）基金会如何获得更高的社会认同

社会组织的成长和发展离不开全社会的认同和扶持。不同地方对社会组织的认同度存在差异，广州、深圳等发达地区政府和社会大众对于社会组织的认同度较高。这些地方的社会组织起步较早，当地政府发现问题时，多会选择由社会组织来分析问题、解决问题，政府对于社会组织的认同高。因此，当地社会环境发展得相对成熟，想要发展的社会组织多会向这些地方靠近，在广东一个成熟的社区就有三家社会组织在那里从事工作。而在一些社会组织环境不成熟的地方，其他类型社会组织就会沦为活动"工具人"。一些社会组织在参与社区营造的过程中，在过去常常是被当作"做活动的人员和组

织"，这极大地忽略了社会组织的专业性，打击了社会组织专业热情，消解了社会组织存在的价值和意义，从而使他们成为"办活动的专家"。目前，厦门市已经越来越重视社会组织在提供专业公共服务中的重要作用，这是海峡城乡发展基金的重要机遇。为此，一方面，务必要进一步发挥基金的专业功能，结合海沧实际，借鉴台湾经验，创新生成具有两岸元素的海沧经验；另一方面，基金会也要加强充分利用媒体的聚光度，提升知名度和认可度，拓展与本地居民联结的深度和广度。

（三）海峡城乡发展基金会模式如何更好地推广

海峡城乡发展基金会的成功依赖于台商、台企奠定的前期基础，依托于海沧区民政局财政和制度支持、依赖于闽南地区独特的宗族文化、依靠于海峡两岸闽台独特的情感链接，也依赖于基金会自身组织和制度的发展，在这些综合的外在因素和内在因素的影响下，海峡城乡发展基金会得以取得营造的项目，在项目的运作中也十分顺畅。一旦脱离了这些特定的情况，海峡城乡发展基金会是否能够走出去参与项目市场的竞争，仍旧值得考量。

第四节　海峡城乡发展基金会参与乡村振兴的经验总结

海峡城乡发展基金会的发展离不开内在的组织机制，也需要外在的环境。在组织的发展上，它形成了稳定的招募机制、薪金制度，内部的管理制度也在第三方组织的支持下逐渐完善，同时有较为明确的组织文化，这使得这个组织内部能够运行良好。海峡城乡发展基金会善于抓住国家大政方针，紧跟乡村振兴的大趋势，依托保障机制、扶持机制和监督机制、介入机制和互动机制以及持续机制等，进行社区营造，形成了内外发展的经验。

一、海峡城乡发展基金会参与社区治理的内在经验

（一）组织成员招募和维持的保障机制

在成员的招募上，因组织的特殊性，主要招募对象为台湾青年。招募有三条保障机制：首先，基金会通过台胞组织如台盟、台商协会，派发宣传和招募信息。这一举措可以让基金会招募信息在各个台胞群体内流转，同时保障了信息的权威性和可信度，起到了较好的信息传递作用。其次，亲朋好友"一对一"传递招募信息。利用组织成员的个体关系资源，向外宣传这一组织的招募信息，熟人的成功经验，为组织招募信息的传递提供了较大的可信性。最后，由原来的社区营造员向基金会转变，转岗不转职。这一经验在大陆的社区中也较为常见。这种招募方式可以获得较为长期的组织成员，同时减少培训成本。整个海沧区有41名台湾青年参与到社区营造，其中23名台助，23人中大部分有意向到基金会。

三条招募渠道和机制并行，让海峡城乡发展基金会的组织成员充盈。在组织成员的维持上，在该组织中有专门的培训机制，让成员缓解初入社会组织的焦虑情绪。针对一些不适应的成员，理事长等也会进行单独的指导。除此之外，目前该组织的成员工资也是组织成员维持的保障机制。

（二）组织发展内部管理制度的完善

在组织的发展过程中，内部的管理制度越完善，社会组织的发展越稳定。海峡城乡发展发展基金会自成立以来就寻找专业的社会组织来对其制度的构建提供有针对性的指导。他们扎根于孵化中心，受到了深圳市升阳升社会工作服务社的专业指导，制定了组织内部人员的考核制度、项目运作制度等。如一线的社区营造人员需要写日简报、周简报和季度简报等，汇报自己的工作、日常心得体会以及遇到的问题和困难。同时在工作计划和考核方面，写年度计划，月初向理事长报告目标，每周五提交周工作计划。每个月有一个分享，每一季有一个季考核，每一年有一个年终考核。通过定期的考核和分

享,让组织成员的负向情绪和问题能够得到及时的解决,保障了组织的项目能够良好运行。

(三)组织灵活的财务制度

项目立项之后,参与社区营造的组织成员对于项目经费有较大的支配权。一方面,海峡城乡发展基金会已立项的项目资金相对充足,一个社区营造的项目大概有 40 多万的资金,为灵活的财务制度提供了保障。另一方面,一线社区营造员对这些资金使用相对灵活。除了基金会的管理、行政人员的工作成本外,以及聘请的专家团队、摄影团队、场地费用外,其他经费均为活动经费,一线社区营造员能够对活动经费进行灵活的规划和使用。一线的社区营造员只需要按照社区的需要设计活动,撰写计划书,通过基金会的审批,那么资金就可以用于社区营造的活动和工作。

(四)组织内强有力的文化环境

海峡城乡发展基金会旨在成为台湾青年来大陆的第一个社会组织。在吸纳台胞的过程中,该组织有较大的包容性和整合性。首先,它以公益为出发点,将分散在 43 个站点的社区助理整合起来,发挥集群作用。原来分散的社区助理在实际的工作中执行能力弱,协调能力差,工作效果不理想,通过组织化,他们能够集中力量工作,发挥集群效应。其次,在该组织中,对待新成员和老成员有包容性。无论之前从事什么工作,只要新成员一旦进入海峡城乡发展基金会,就能获得"一带一"的工作指导和培训;在"造人""赋权"和"赋能"的组织文化中,其能够从不熟悉、不熟练的新人变成社区营造达人。同时,基金会可以提供培育人的环境。为新成员设计课程,第一个月做"人、文、地、产、景"调查,逐步参与到社区服务当中。请集美大学、厦门大学、金门大学教授进行培训。每周例会面对面深入了解问题并加以解决。最后,组织强调成员要对社区营造这一份工作有热忱,在招募、培训和考核的过程中都在寻找与组织理想相契合的"目标人员"。

二、海峡城乡发展基金会参与社区治理的外在经验

（一）保障机制：社会组织参与社区治理、乡村振兴需要合适的政策及制度环境

一方面，前期台商台企奠定了较好的环境，海沧作为最早最大的台商投资区，出台了台湾青年创新创业优惠政策，如自贸区给台湾青年创业空间，创业基金助力台湾青年创新创业。另一方面，海沧区出台了各种社会组织行动和发展的规范，采取了一系列行政措施，如 2015 年的《海沧区加快培育和发展社会组织的实施意见》、转发《厦门市民政局厦门市对口支援办公室关于广泛引导和动员社会组织参与脱贫攻坚的通知》、转发《厦门市民政局关于印发〈厦门市社会组织信用信息管理实施办法〉的通知》《厦海民〔2020〕9 号厦门市海沧区民政局关于拨付 2020 年度社会组织专项扶持资金的通知》《厦海民〔2020〕10 号厦门市海沧区民政局关于开展 2020 年社会组织评估工作的通知》。海沧区民政局从资金制度、成立制度到社会组织信用制度等多个方面推动了社会组织的成长和发展。

（二）扶持机制：财政支持

海峡城乡发展基金会的成立，是由理事长及其他台胞自发决定的，海沧区民政局也起到了较为重要的作用。理事长多次跟民政局沟通，最后决定以"国际性惯例"作为标准，来成立这一基金会。海峡基金会通过海沧区民政局的审批。在海峡城乡发展基金会的申请项目、运作项目等过程中，政府更多的是作为社会组织发展的推动者、主管者和平台搭建者的角色。在项目的立项上，政府举行了招投标，并确定了乡村振兴这一大方向和主题，其项目申报的具体内容则是由城乡基金会自己确定。项目的运作过程中，海沧民政局和街道"干预"相对较少，仅为其提供购买服务的资金和信息，这使得项目的开展具有了更多的灵活性。同时，一些政府机关和街道组织还会为基金会项目的运作提供免费或者低价的办公场地。

民政局发挥了"牵头作用"，与农业农村局进行了横向对接，联系海峡城乡发展基金会，三者共同确定了项目实施的地点。在社会组织发展期间，民政局会定期开展一些公益创投、对口支援的项目，邀请社会组织参与，为社会组织的发展提供了平台和交流的机会；民政局也成立了社会组织孵化基地，邀请专业第三方组织一起培育辖区内的社会组织。

（三）监督机制：第三方组织培训和监督社会组织的成长和发展

海沧区民政局采用了专业的人员管理专业事务的方法，对社会组织进行培训和监督。如 2021 年度海沧区社会组织评估工作由区民政局委托第三方评估机构组织实施，并从基础条件、内部治理、工作绩效和社会评价四个维度，形成了针对行业协会（商会）、社会团体和社会服务机构等三种不同类型的社会组织形成了不同的评估指标。除了年度社会组织评估由第三方组织进行外，在日常孵化中心，第三方组织也会对其他社会组织进行培训和监督。第三方组织针对基金会有专门的培训课程，也提供个体督导和团体督导，以及时了解社会组织运作的问题，以达到监督和培训的作用。

（四）社会组织的介入模式：社区治理加乡村振兴

在乡村振兴的背景下，海峡城乡发展基金会以社区营造＋乡村振兴的方式参与到了社区治理之中。他们采取的"先造人后造物"的参与模式，使项目运作良好，且能够产生较为持续的影响。

海峡城乡发展基金会做法为：首先，对社会组织内部人员进行培训，也是内部的"造人"，以人为核心。基金会邀请第三方组织对组织内部人员进行培训，且由理事长教授台湾社区营造经验，注重寻找社区中的关键人物，这让内部人员能够借助这些理念到社区中去，从做中学习。其次，社会组织的组织文化影响着成员的个体成长，成员普遍认为从事这一份工作需要热忱。基金会也给予了这些成员很大的包容性，推动其成长，对其进行陪伴式的推动。最后，组织内的考核、管理以及督导制度，对组织成员的参与行为进行了规范，也及时解决了成员遇到的问题和发展的困惑。这些都是海峡城乡发展基金会对于成员的发展所做的一些工作，对成员的成长，使其积极参与到乡村振兴有极大的作用和影响，可称之为组织内的造人。

在具体的参与过程中，他们会进行详细的田野调查，通过找寻乡村之中的关键人物、发放问卷，上门入户，在搭建社区关系网络资源的同时，了解到社区现实的问题以及需要。在做好充分的准备之后，从人文的角度出发，结合社区的空间资源、历史人文资源，策划活动计划书，联动社区内的关键人物如宗族老人、庙宇权威人物、书院管理员等，以及老人、小孩和妇女，使他们走出家门参与到活动中来。值得一提的是他们的活动更多的是陪伴式的，强调这些参与者的自治能力的挖掘，而不是灌输式的活动模式，这些都使得乡村里的人能够被关注、被赋权和赋能，从而达到了"造人"的目的。

在"造人"之后，海峡城乡发展基金会也发挥了其经验优势，对社区的空间环境进行了改造，修缮芦塘地区的一些宗祠，使其变成书院。一些当地热心人士也捐款捐物，捐出空间，让社区的空间改造有了物质的基础。这一措施在其他地区也进行了推广。在改变空间环境的同时，也让村落的古老文化再次出现在现代人的眼中，再一次达到了"造人"的目的。因此，这一模式在当地能够较好地推广和延续。

（五）互动机制：合作共建促社区发展

在组织开展活动时，也会面临人员紧张的问题。在这样的情况下，社区营造员之间形成了相互支援的机制，当场活动由该社区的社区营造员负责运作，而其他地方的社区营造员作为志愿者补充。在涉及特定的主题时，组织成员会邀请其他有意向的、目标一致和价值理念一致的组织和人员来参与，这些组织可以是官方的，也可以是非正式的组织。

例如，在古镇造街的项目和其他项目中，海峡城乡发展基金会邀请了书院一起谋划活动，书院为其提供免费场地，他们则是主要活动的实际运作者；邀请小学参与活动，共同打造小小解说员的社团；邀请哈雷奶奶，凸显妇女的价值和意义。在公益创投的项目中，更是发起了海峡城乡发展发展基金会作为车头，海沧区其他社会组织作为车厢的整合创新项目，这既团结了海沧区内的社会组织，也整合了社会组织资源，将专业和广泛结合起来，提升了参与的成效。海峡城乡发展基金会发挥能动性，采取由内到外的合作共建策略，也为其在社区中发展提供了很好的动力机制。

（六）持续机制：资源的对外开放以及当地村民自主性的培养

海峡城乡发展发展基金会在项目开展过程中使用的课件，都是对外开放，无偿提供给有需要的社区居民。即使海峡城乡发展发展基金会以后不在这个站点从事社区营造和乡村振兴项目等工作，社区居民也能够从其处获得日常生活行动的指南和依据。另外，海峡城乡发展基金会在进行社区营造的时候，也考虑到永续性，一方面是人的永续性，鼓励学生参与"小小解说员"的活动，培养他们的自主性和能动性，从而奠定效果持续的基础；同时，动员村里的能人和关键人物，发挥其权威性的作用。另一方面是空间环境的永续。海峡城乡发展基金会在进行空间环境的营造时，就地取材，因地制宜，利用废旧物品的同时，将闲置场地进行翻新再利用。这个过程让当地的人员也参与到其中，能够激发他们社区参与的热情。

第五节　海峡城乡发展基金会社区治理效能的提升路径

一、注重多元化人员招募，提升人力资本

采取多元化的招募模式，招收专业台胞参与社区营造。在海峡城乡发展基金会前期参与社区营造中，采用的人员招募方式主要为台盟发布信息以及熟人介绍。这样招募的台胞专业有限，人员也比较单一。可以在其组织的进一步发展阶段，与福建省乃至其他省份的高校进行合作，招募和培养专业的台胞，来参与社区营造。比如和高校共建台胞实习基地，在高校招聘网站中发布招聘信息，参加高校的现场招募等，以扩大招聘的信息口径，招收更加

优质的社会组织成员。在组织的中期和后期，专业的社区营造台胞十分重要，招募专业性台胞也可以作为组织发展的一种考量，招聘社区营造相关的高校台胞生，或是招募台湾地区有经验的社区营造师，这些都可以提高社会组织参与社区营造的专业性。这样，海峡城乡发展基金会才能实现可持续的发展。

与此同时，两岸目前持证的专业人员很少，社区规划师只是县市认定，在社会规划师职业考核审定方面存在差异，且从事工作的人员专业性参差不齐，导致项目开展情况不同。需要在职业规划方面通过基金会进一步对个人加以引导，扶持社造师提升个人专业技术能力，加强工作人员社会适应能力，壮大基金会成员组成，走出海沧模式。借助第三方培训机构突出优势，打造一对一训练模式，了解社区营造工作人员在现实生活中遇到的问题，通过个别督导、团体督导，切实践行"陪伴式"成长，量身定做工作形态。后期逐步建立组织良好、协调稳定的内循环，从"搀扶前进"到"自己走路"，建立指向最终目标的整合性督导模式。要肯定督导对象的潜能，采取更具建设性、发展性的督导方式。

二、完善组织自身的制度和文化、突出品牌建设

组织发展最为重要的三个因素是人、制度和文化。在拥有专业人员的同时，海峡城乡发展基金会也要依托于其他成熟的社会组织，借鉴他们的经验和指导，根据自身发展的需要，建立自己的财务管理制度、会议制度、日常工作管理制度等，从而规范自身成员。这也能让海峡城乡发展基金会有规矩可以依凭，使组织更好地发展。海峡城乡发展基金会也要进一步明确组织使命和组织文化，使组织内的成员形成凝聚力和工作的不竭动力，从而能够稳定地向外扩展。

海峡城乡发展基金会可以实现多个社会组织的整合发展。海峡城乡发展基金会自身是从宏观角度进行社区营造，而一些专业性强的领域无法涉及。其可以在坚持自身优势的同时，与其他优质的社会组织进行强强联合，共同设计项目和计划，实现资源整合。这样，海峡城乡发展基金会可以借助于其

他社会组织，将宏观与微观的社区营造和发展的事务紧密结合起来，增强自身的竞争力，扩大自身的影响力。

海峡城乡发展基金会在参与社区营造的过程中，要注重品牌的打造和模式的凝练。在海峡城乡发展基金会参与营造中，讲究"培根""培力"等，其借鉴台湾的模式在大陆运用，需要加大本地化改造，并将其总结成可以推广的模式，从而提升社区营造的效果和组织的影响力。同时，也要不断地开发新的项目，借助新闻媒体，打造品牌，提升知名度。

三、加强社会组织协同合作，打造社区治理共同体

海峡城乡发展基金会要注重与政府街道社区和社会企业的合作，整合社区营造的资源，提升社区营造的效果。海峡城乡发展基金会目前主要是依赖于民政局和街道购买项目，资金也主要来自这里。资金来源渠道相对单一，其可以通过各种平台活动，引进社会企业的支持，丰富资金来源渠道。扶持海峡城乡发展基金会参与社区营造健康发展已经形成一定规模体系，有良好的运行机制以及工作经验，为后期相关项目开展奠定了宝贵基础。先抓典型，开展试点示范，帮助海峡城乡发展基金会在巩固试点成果和总结经验的基础上，再逐步推广，稳步地、一批一批地办好两岸城乡合作组织。这样做，既让广大群众看到了社会组织参与社会治理的优良表现，从而调动群众配合社会组织的积极性，也使后期相关组织在实践中学习两岸合作的发展经验，方便下一步工作的开展。同时，还可增强有意兴办或参与两岸社会组织各种社会力量的吸引力。

第七章　社会组织参与社区治理、乡村振兴的对策建议

第一节　政府部门提升社会组织社区治理效能的对策建议

一、民政部门及相关主管部门提升社区组织参与治理效能的对策建议

加强政府部门的合作。社区营造和乡村振兴不仅仅是民政部门或是农业农村部门自身的工作，这一事项涉及多个部门。而社会组织主要是由民政部门进行主管。因此，需要政府部门之间加强合作，且以民政局作为牵头角色。

首先，由民政部门牵头统筹，成立专业的办公室或者外联团队与其他部门进行沟通、连结与协作，明确民政局和其他政府部门之间的角色和职责，打通部门之间的壁垒。其次，搭建社会组织信息购买和服务评估等综合性咨询网站、公众号，整合政府各个部门和社会组织的信息，让社会组织能够清楚知晓其他部门购买服务的信息，也让政府部门能知晓社会组织的能力和工作成绩，从而避免信息不对称带来的各种问题。最后，民政部门要定时邀请其他政府部门来参与社会组织的评估、社会组织项目的设定等，形成常态性的合作发展机制。

完善社会组织发展与参与的相关制度、规章和计划。首先，民政部门应

针对社会组织不同发展阶段提出长期和短期的发展规划和纲要，统筹好全区域内社会组织的发展。在规划和纲要制定中可借鉴台湾地区社区规划师制度的制定过程，由社会组织发起提案，进行需求表达，再邀请其他专业组织和部门一起审定通过。其次，民政局应联合其他部门出台社会组织自身和社会组织参与社区营造的相关管理、财务、考核制度。最后，民政局要作为主体，邀请专家，发挥专家组织和政府组织的联合作用，制定社会组织发展的细则，让社会组织有法可依，有规可循。

鼓励社会组织新形态和新治理模式的出现。海沧区乃至厦门地区都是台胞聚集的阵地，有着融合氛围和前期基础。在这些地方可以鼓励有经验和专业的社区规划师，自发形成社会组织，就地招聘和跨境招聘台胞，在辖区内进行社区营造活动。将台湾的社区营造方式，改造后用于大陆，这是专业台胞群体进行跨区域社区营造的新模式。无论是从两岸社会融合还是社会组织发展的角度，这一模式都值得推广。

在实务方面，应简化行政审批手续，加快社会组织项目运作周期。由于社会组织挂靠在民政部门下面，在申请资源、获批土地时需要与各个政府职能部门打交道，随着社会组织队伍的壮大，为了办事效率，打造"一站式服务"点。对于各类手续、表格填写做到"能免尽免"。推动审批服务从空间集中向实体集中，推进审批和监管的合理分离，形成职责分工明确、事权相对独立、协调联动的新型政府管理模式。进而充分利用集中审批的体制优势，建立起规范高效的行政审批运行和监督机制，全面提高行政效能、提升服务水平，并嫁接互联网技术，运用智慧科技化解不必要的人力资源消耗。此外，政府部门可定期与社会组织开展座谈，了解当下所需要的物资与面临的困难，划拨权力下放试点空间，为社会组织提供良好的运营环境。

与此同时，提升社会组织发展环境，自上而下提升政府和社会大众对社会组织参与社会治理的认同度，尽一切可能吸引、获取和留住社会组织人才，营造良好的社会组织作业氛围。政府发现社会问题，积极寻求社会组织的帮助，要尊重社会组织人员的专业性，在过程中锻炼社会组织解决问题的能力，在后期的成果巩固方面给予肯定与鼓励。加大相关资源投入，扩大社会组织的项目经费支持，提升社会组织工作人员的薪资待遇。可以开展社会组织表彰活动，针对表现优异的社会组织给予评选"五四红旗手""先进个人"等荣誉称号。当民众认识到社会组织的强大，对社会组织的信心增强，社会组织自然而然在当地树立了公信力与满意度，自觉配合社会组织相关活动，也有利于社会组织的后期工作开展。

二、街道、社区提升社会组织参与社区治理效果的对策建议

街道社区承担着国家公权力与居民群众连结的管道功能。政府支持和指导基层群众自治，依法保障权利，双方利益完全一致。在新的历史条件下，社区人口数量不断增加，社区样态丰富、结构多样，再加上大量的社会管理、社会服务、社会保障功能从政府和单位中不断剥离，也就大幅提升了社区的功能，拓宽了工作面。由于社区自治观念的强化，群众自我管理、自我服务、自我教育的意识深入人心，但缺少有力引导，街道社区建设虽然正在蓬勃发展，但还处于初级阶段，相关技术性、服务性、社会性事务复杂多样，对社会组织有效参与社区营造提出了较高的要求。

明确街道和社区（乡镇和村）在社会组织参与社区治理、乡村振兴的角色和作用。街道和社区（乡镇和村）在推行社区营造的过程中应当是协助者或者是项目购买者的角色，对参与社区营造的社会组织应当给予一定的帮助，以科学合理的眼光看待社会组织的参与。街道社区不应该将社会组织看作是竞争者，或是下属组织，应当给予其适当的发展空间，让社会组织和街道社区能够在一个宽松和谐的氛围中实现共同发展。

街道和社区（乡镇和村）应该与社会组织一起参与到社区营造中，从社会组织处获得专业性的技巧和手法，以提升街道和社区的专业化能力，同时借助专业的社会组织，培育社区社会组织，建立社会工作室，从而提升社区参与社区营造的能力。同时也将社会组织参与社区营造的事件和计划放在日常工作计划之中，形成整体性的营造体系，从而使社会组织能够在较好的制度环境和氛围中工作，而街道和社区也能对所辖社区的营造有长期的规划和

计划。这样既有助于提升双方能力，也有助于街道和社区能够借助于社会组织实现长期社区营造，促进社区的可持续性的发展。

街道社区（乡镇和村）组织应当邀请专家学者、社会组织和社区精英一同参与街道社区发展计划制定，根据街道和社区的基本情况，接受专家学者设计的路线，听取社会组织和社区精英的建议和意见，寻找社区营造所要解决的问题所在。不同的群体对社区发展的问题、难点和复杂点抽丝剥茧，根据专业知识、实践经验以及社区需要，科学地制定发展计划，以解决社区发展面临的问题。

整合街道、社区（乡镇和村）内的资源，实现跨街道和社区的合作。社会组织是否参与社区营造、社区营造能否成功、社区营造能够实现可持续性，最为关键的是街道和社区内的资源整合度。街道和社区在制定社区营造计划、实施社区营造政策和措施时，需要根据社区内的物质资源、人力资源、文化资源和关系资源等不同类型的资源，进行有机地整合，以助推社会组织参与社区营造，和集中力量解决社区内的问题，促进社区发展。不同的街道社区之间可以实现资源的整合与相互支援，以使双方能够运用最小的资源解决各个街道社区的共同问题，实现最大的效用。在合作过程中，街道和社区之间也能够相互借鉴彼此的制度、政策、措施以及实践经验、路径、模式和教训，促进街道和社区间的合力发展。

第二节　能力建设促进社会组织治理效能的对策建议

一、加强社会组织专业能力建设，提高服务能力

加强组织专业化建设，打造一支稳定的人才队伍。在乡村振兴背景下，社会组织作为社区治理的重要推动者和参与者，数量不断增长、地位不断提高，但专业化程度却并未出现明显提升。为了更好地发挥社会组织在社区营

造中的作用，加强社会组织专业化建设成为组织发展的当务之急。

　　第一，社会组织应该明晰自身的专业定位，拓展招聘渠道，在招聘过程中提高专业人才的录用比例，加强社会组织人力资源专业化管理，提高社会组织专业化水平。第二，社会组织的专业化离不开专业团队的培训，民政部门或社会组织可以通过购买第三方专业团队的培训服务，定期开展社会组织员工培训和评估考核，建立一支专业化的人才队伍。第三，优化社会组织薪酬管理制度，加强社会组织员工的权益保障，提高组织人才队伍的稳定性，防止因人才流失造成组织执行力下降。第四，定期开展工作经验交流，就各自在社区服务、居民参与社区事务、居民凝聚力形成等方面进行工作经验交流，取长补短，全面提升社区治理及社区营造人才的综合水平和工作能力。此外，建立健全社会组织的各项制度，接受政府部门和社区居民的监督，通过开展社区营造活动加强社区居民对社会组织的认可度。

　　培养一批社区骨干，发挥社区领头人作用。在社区营造中社会组织是协助者，社区居民才是营造主体，社区骨干是社会营造过程中不可忽视的关键力量，社会组织进入社区离不开社区关键人物的帮助，他们能够有效带动社区居民积极参与社区营造活动。这些社区骨干可能是党员，也可能是离退休干部，甚至是具有文艺特长的居民，他们对社区是关心和热爱的，能够为社区营造添砖加瓦贡献自己的力量，但是他们往往缺乏社区营造的专业知识和技能，因此需要社会组织对社区骨干赋权增能，培养一批"社区领袖""新乡贤"，通过他们带动更多社区居民参与社区营造。一方面社会组织可以与街道、社区合作，通过开展讲座的形式，发现、挖掘、培养一批社区骨干。另一方面，对培训后的社区骨干进行跟进，如果发现他们遇到困难，社会组织应该及时给予帮助和指导，协助他们积累经验。只有这样，当社会组织从社区退出时，社区营造才能够继续有条不紊地进行。

　　在工作中，社会组织应当增强运作和行为的规范性，提高自律水平和合作水准。时刻坚守政治底线，必须遵守国家的法律和相关规定，坚持公益目的，坚持自主、自立，规范自身的工作制度和工作程序。坚持公开化，社会组织应当致力于组织间的信息互动、资源共享，加强合作互助，如利用社会组织集群优势，整合公共资源开展联合活动，运用集体智慧的力量，在活动组织参与中不断提高自律和互律水平，提高成员的行为标准、道德标准[①]。

二、重视数字治理，以数字技术赋能社会组织

数字治理是数字时代推进社区治理创新的重要路径，应搭建"线上＋线下"交流平台，促进共享与互惠的社会交往。无论是基金会还是其他社会组织都充分重视和积极应用数字治理在组织发展、服务功能发挥、有效对接居民需求等方面的积极作用，充分利用新媒体，网络平台、社群互动软件等。

具体地，在充分认识数字技术高效、精准等特征的基础上，借由数字技术工具，收集和累积各种社区治理数据，实现数字赋能，可以有效提升社区组织参与治理的能力和效率。第一，借助数字化，优化社区组织的服务供给。数字化可以打破传统社区服务时间和空间上的限制。通过打造线上交流与服务平台，数字化方式展示社区组织的服务内容，工作流程等，让居民更加了解每个社区组织及其服务流程。同时，可以收集居民需求与意见，整合社区内的各种资源，解决社区服务需求与供给之间的信息不对称问题，使得社区服务的派送能够更加精准化和定制化。第二，依托数字化，促成社区组织之间有机协作。通过数字技术，搭建社区协同治理平台，使得不同社区组织之间，能实现社区治理信息的共享，社区问题和需求的联合诊断，提高社区服务决策的科学性和准确性，共同推进社区问题的解决。还可以实现资源的优化配置，将不同社区组织所拥有的场地、设备、人力等资源进行共享，提高资源利用率，降低运营成本，形成社区治理合力。第三，借助数字媒体和平台，提升社区组织的动员能力，增强居民的社区参与。传统社区组织动员依赖于上门动员和开展各种活动。在数字时代，除了传统动员方式之外，还可以充分利用社交媒体，视频公众号，短视频等来提升社区组织的宣传动员工作水平。同时充分利用各种数字媒体平台，发布社区活动信息、呈现社区治理成果，以图文、视频等生动形式吸引居民关注，并促成社区居民的参与。

---

① 文军.中国社会组织发展的角色困境及其出路[J].江苏行政学院学报,2012,No.61(01):57-61.

一言以蔽之，数字技术和平台是海峡城乡发展基金会以及其他社会组织应该积极重视的。

第三节　提升社区组织治理功能，促进乡村振兴的对策建议

提高社区治理效能，更好地推动乡村振兴，社会组织的角色和功能不可或缺。与此同时，基于乡村振兴的阶段性，社会组织需要在乡村振兴的不同阶段实现转型，以更好地推进乡村振兴。

一、发挥社会组织资源调动、联结作用，深化乡村振兴

目前社区治理、乡村振兴广泛聚焦于对居民参与到社区事务的积极性动员或整体环境、基础设施改造提升，以及公共服务的供给。在此过程中，社区治理或乡村振兴都需要人力资源与社会资源链接。伴随社会组织的发展，对社区治理、乡村振兴的资源网络拓展起到了促进作用，丰富了乡村振兴中的组织资源、提升资源的可利用率。

社会组织在乡村振兴建设中具有重要的功能。社会组织是资源链接者、教育者、管理与协调者，发挥着积极的中介作用。乡村振兴重点需要依靠乡村自身，关键在乡村居民。这也要求社会组织应该依据乡村振兴建设不同阶段，调整组织工作重心。从社区建设经验来看，社会组织在乡村振兴发展前期主要扮演资源链接与引导教育的角色，旨在提升居民参与意识与主体性唤醒，简而言之，即确保乡村有人振兴、乡村人愿意振兴。

社会组织需要在乡村振兴不同阶段主动及时实现功能转型。在前期平台搭建工作完成后，随着乡村居民自身对于所在乡村发展认知的树立与意识加深，社会组织应该注重自身功能转型，推动资源协调与整合，破除社会组织与自组织间、与居民之间、与外部社会组织之间的沟通壁垒。在推动社会流动性较强的群体实现扎根后，社会组织可以尝试促进乡村不同年龄阶段群体

间的互动，推动乡村居民之间内部资源的自发性流动与治理，同时结合社会组织自身发展实际，回应或链接外部组织及资源入驻乡村，丰富组织多样性，回应居民需求。

二、坚持党的领导，形成乡村振兴的组织共同体

（一）基层党组织在乡村振兴中的领导作用

在乡村振兴实践中，应持续建构各类社会组织与基层党组织的互动机制，始终坚持基层党组织在乡村振兴中的领导作用，时刻坚定乡村振兴的党建引领作用。在乡村振兴过程中，与上级行政组织机构互动模式与方向性上，乡村振兴毫无疑问需要依靠自上而下的政策引领，这决定了乡村振兴的意识形态与政治基础是坚定的，就是始终坚持中国共产党的领导；在基层治理中，则表现为治理行为与基层党组织的紧密结合，形成"一核多元"的基层治理体系，提升基层治理的凝聚力。在乡村振兴建设中，应进一步发挥党员在居民中的引导作用，调动党员群体为社区发展，贡献自身力量。社区、小区党小组、党支部等组织形式同样是乡村治理的重要组织构成，党员居民可以有效利用组织化方式，推动乡村治理的提升与推进。

（二）夯实"五社联动"增能机制

2021 年中共中央、国务院印发的《关于加强基层治理体系和治理能力现代化建设的意见》指出，要发展公益慈善事业，完善社会力量参与基层治理激励政策，创新社区与社会组织、社会工作者、社区志愿者、社会慈善资源的联动机制。"五社联动"是社区治理体系中用于实现居民自治的实践机制。乡村与城市社区一样，作为基层治理单位，也适用该项治理机制。在社会服务提供过程中，应联合社区、社会组织和社工为居民提供更高质量的公共服务。

例如，在乡村文化服务方面，乡村为文化的传播提供物质基础和地理条件，但仍需要挖掘在地居民的实际文化需求。社会组织作为外来机构进驻乡

村，将政府的资源链接乡村，可带动乡村的文化发展与流通。[①]社会工作者作为服务的提供者，在承接政府购买项目后，协调乡村资源，发挥专业的社会工作方法，通过丰富多彩的专业活动，进行优良乡风文明传递，影响居民生活的方方面面，以达到提升居民思想和文化水平的目的。

（三）各类政策的持续性保障

社会组织对于社区发展的助力在大多数情况下具有阶段性，然而从乡村发展动力的长期需求看，需进一步确保社会政策的可持续性，以保障乡村振兴中人才、资源、制度等构成要素的持续性供给，形成乡村振兴循环运作的动力来源。海峡城乡发展基金会能够积极发挥作用的原因之一在于所在的市、区政府的政策保障与扶持多年来未有间断，并且不断倡导与加强。受此影响，其社区治理和乡村振兴成果相较于其他地区而言更为显著。相比之下，如果政策保障不足，特别是财政支撑没有持续性，则容易导致振兴项目终止，影响整体效果。总之，社会组织作用的发挥，是需要扶上马再送走一程，这就需要保障政策设计与扶持的持续性供给。等到社会组织能实现自我发展，并逐步稳定发展壮大时，再进行政策结构调整。

三、提升专业化社会组织培力成效，实现组织振兴

借由社区治理实现更好的乡村振兴，迫切需要实现社区内外公共服务资源整合。社会组织功能的发挥依托于社会组织专业的知识和能力，特别是整合能力，盘活在地的各类资源，以及将外在的资源内在化，并发挥这些资源的作用，提升居民的公共意识、自我服务等综合能力，实现社会培力，进而提升乡村社区居民的实际治理能力，这也是实现社区治理效果可持续发展的关键。另一方面，需要明确社会组织提供服务存在的阶段性特征，例如在现阶段海峡城乡发展基金会已经完成了乡村振兴人才在地化建设，初步实现了在地化建设的"输血"功能，提供了后期振兴的人力资源。但在后续实践中，需进一步确保其"培根""培力"成效。因此，在开展阶段性项目评估时，应

---

① 戚晓明.乡村振兴背景下乡村环境治理的主体变迁与机制创新 [J].江苏社会科学,2018(05):31-38.

检验培力对象的实际能力。除居民主体之外，还得重视乡村自组织建设。专业化的社会组织具备较为成熟的发展经验与运作模式可供乡村自组织作为参照。乡村自组织的作用至关重要。乡村自组织在提供公共服务的时间性上，相较于外来的专业化社会组织而言更为持久，而且更能明确服务对象的实际需求，更易调动乡村社区内部资源。

换言之，乡村振兴十分注重组织振兴，这被视为内部组织建设。即在"培力"的基础上，进一步提升乡村社区内部自组织成立与运营。不仅丰富居民日常生活，而且有效实现居民自我管理、自我教育、自我监督。就其实质而言，需进一步提升乡村社区居民参与社区治理的意愿与能力。社区治理一定程度上调动了社区居民参与公共事务的主动性，并为其参与到公共事务中提供了平台。可见，乡村振兴的内核就是农村社区治理结构的完善和功能的有效发挥。社会组织利用社区营造项目推动"活"的功能实现，并提升社区自治能力，完善社区内部治理体系构成，进一步实现基层治理能力整合与提升，这是乡村振兴活力持续性的重要保障。

社区治理或社区营造实现了乡村共同体意识的唤醒，以及共同体人文互动场景营造。一般认为，乡村振兴是一个综合性发展战略，是对乡村资源整合与调节的全方位提升。乡村振兴在此基础上还需注重基础设施建设与服务专业性供给，避免因碎片化服务所造成的公共服务同质化，造成资源浪费。

四、丰富文化服务供给，以文化促进乡村振兴

文化认同是实现文化自觉与自信的前提。乡风文明兼具中华文化的传统性与历史性，同时又具备现代乡村建设过程中注入的现代性。是"快"与"慢"、"新"与"旧"、"现代"与"传统"的艺术性结合。增强村民对乡风文明的认同感，将促进乡村地区的文化自觉与自信的树立，这对乡村振兴具有重要意义。

众所周知，现代化冲击着传统文化的凝聚力和认同感。乡村空心化削弱了乡村公共意识，人际关系的疏远造成乡村互助体系的瓦解。当前乡村社区

公共性消解，公共精神流失使得乡村公共事业日渐萎缩。一方面表现为个人私欲膨胀，日益功利化、原子化和疏离化，个人利益大于公共利益，自我中心主义的泛滥，互助精神的消解和公共意识的衰落；另一方面表现为公共舆论去公共化，人们不再在公开场合谈论、批评甚或指责社区内某个人的失范行为。① 因此，通过重塑原有公共意识和共同文化传统，重建公共领域，共建公共空间，有利于形成文化认同。

（一）基于乡村特性，完善公共文化服务供给机制

公共文化对乡村文明起到基础性作用。首先，公共文化的公共性特征是村民培养共享互助精神的有利条件。文化共享是信息共享、资源共享的思想基础，根据乡风文明的扩散性特征，积极传递正向精神。其次，公共文化服务需依托公共基础设施建设，文化需要物质作为载体，文明乡风的创建与传扬需要空间环境与物质保障。最后，基于农村特性，建立公共文化服务供给机制。城镇公共文化对乡村公共文化服务产生了辐射，若一味沿用城镇公共文化服务供给模式则会对乡风文明建设造成挤压等②。在强化乡村文化基础设施建设上，应结合乡风文明发展特点，按照村民文化发展所需，更新乡村公共文化服务供给形式，加大公共文化宣传力度，倡导培育优良乡风文明。

（二）重视人才资源，完善乡风文明建设的多元投入渠道

加强基层党组织建设，切实发挥基层党组织在乡风文明建设中的重要引领作用。对于不文明的行为和消极文化，要及时加以制止，让良好的乡风在居民中盛行。同时，党员要发挥先锋模范作用，进行严格的自我管理与约束，做优良乡风的传播者和领头人。光有党员做好表率是不够的，还需要居民中的人才对优良乡风进行潜移默化的传播。培育人才、引进人才、整合人才，充实乡风文明建设的人力资本。城镇化过程中，乡村人口迅速且大批量地向城镇流动，这就导致乡村人才的大量流失，基层组织应当建立人才培养与奖励机制，鼓励本地人才在地发展，积累乡村乡风文明的人才资本。创新载体、

---

① 吴理财.乡村文化"公共性消解"加剧 [J].人民论坛,2012(4).

② 闫小斌.启蒙：乡村公共文化服务之初始价值与使命 [J].图书馆建设,2018(05):8-12.

挖掘资源、体现特色，激发乡风文明建设的创建活力。

乡风文明建设需要更多资源的汇入与滋养，乡村应在现有资源网络的基础上，整合多方资源，进一步拓展支持网络。其一，培育乡风文明多元建设主体，完善多元人才投入机制。以政府为主导，积极培育乡村精英和本土社会组织，倡导乡民积极参与。鼓励乡村精英回乡支持乡村建设，给予"乡贤"更多的资金支持、技术支持和物资支持。其二，构建乡风文明多元筹资渠道，完善多元资金投入机制。创建政府经费保障机制、非政府组织经费开发机制、个人和营利组织费用分摊机制，同时调动农民积极参与创建乡风文明。

（三）创新文化治理，促进社会整合

通过文化治理培养村民参与基层治理的意识与能力，是维护社会稳定的有力保障。乡村多元主体参与文化治理的过程就是乡村社会整合的过程。将基层政府、自治组织、乡民和志愿组织通过合理的制度设计进行资源整合、制度整合和利益整合，能够最大限度发挥各主体的积极性和主动性。通过政府主导、市场效益突出、志愿供给和乡民参与的方式，以项目制为方法，以扁平式组织结构为方式，将各组织主体进行功能整合，形成组织共同体。最终，通过价值整合和组织整合实现农村治理的社会整合，以构成乡村振兴的社会合力。

第八章 结论

第一节 社区组织是提升社区治理水平的重要力量

新时代社区组织是推动基层治理现代化的关键主体之一，社区组织凭借其扎根社区，专业性强、群众性突出等优势，有助于完善基层社会治理格局，提升基层社区治理水平。具体地，社区组织有助于推进社区内外资源整合，发挥专业性弥补基层公共服务供给的结构性缺口，搭建多元共治平台，带动居民积极参与。简言之，社会组织参与社区治理在促进资源整合、满足居民需求和推动居民参与等方面发挥重要作用，为构建共建共治共享的社会治理格局提供了新路径。

一、社区组织是社会资源的整合者：内外联动，激活资源网络

社区资源广泛分布于社区各个层面，包括物质资源、人力资源、组织资源、文化教育资源、社会资本等。[①]一个社区的发展离不开各类资源支持。社区组织是激活、整合各类社区资源的关键主体。就资源运用角度而言，一方面，社区组织充分激活社区内部已有的资源；另一方面，社区组织可跨越社区界限，引入社区外部优质社会资源，为社区建设与治理增添动力。

---

① 杨贵华. 社区共同体的资源整合及其能力建设——社区自组织能力建设路径研究 [J]. 社会科学 ,2010,(01):78-84.

具体地，社区组织通过优化内部资源和拓展外部资源两种途径来推进资源整合。优化内部资源就是对社区内的人力资源、物力资源以及文化资源等进行全面的调查、梳理，特别是文史资料调查等，并进行合理地调配，提高资源利用效率，同时关注资源的活化和转化。拓展外部资源主要是与政府部门、企业和其他社会组织等建立联系，引入资金支持、先进技术和专业服务。这两种模式相辅相成，有效推动社区治理朝着多元参与、精细管理、高效运行的方向发展。

（一）激活社区内生资源：激活居民力量与空间资源再利用

社区内的重要资源之一就是社区居民的力量。社区组织能充分调动本地居民的潜在能力，发掘他们各自专长，并将这些特长转化为服务力量。社区组织以居民所掌握的具体技能作为联结纽带，建立起专业性的服务转化机制，将居民在医疗、教育、艺术等不同领域的专业知识、资源，以及参与志愿服务的热情转变为能够为社区提供服务的实际能力。通过资源调查，能力和专业技能提升，社区组织拉近了居民之间的关系纽带，也让社区居民看到自己价值和力量，为居民的参与奠定基础。

激活社区内的资源另外一个重要内容是空间资源活化，闲置资产再利用。对闲置场地进行再度利用是传统社区资源优化的经典范式。盘活社区空间资源，重新对闲置资产进行再度利用，使其焕发出新生命力是优化社区资源的有效途径。重新塑造原有的空间功能，把社区里原本闲置不用的场地改造成为实用场所，让原本荒废的活动室和空地变成居民交流互动的公共区域，并用于文化休闲、娱乐和技能学习等各类文娱活动，从而实现闲置空间的价值。社区空间资源的利用，不仅改善、美化社区的环境面貌，还通过融入多种功能为居民打造了丰富的社交和活动空间，让居民对社区的归属感和认同感不断增强，有力地促进了社区治理水平的提高。

（二）链接外部资源：便捷资源输入

社区治理的多元化趋势要求，社区组织承担起资源整合重任。社区组织的专业性有助于搭建政府社会与企业协同合作的资源供给网络，促使社区资源配置摆脱单一局限的供给模式，推动资源管理从粗放式向精准化升级。引入外部资源重点并非单纯扩大资源数量，更关键在于建立规范的合作机制，通过制度化协作，灵活调配各类资源，精准匹配社区实际需求，实现三者间的动态平衡。

政府资源或者政府购买公共服务项目是社区治理的基础性资源。该类资源的高效利用，离不开社会组织专业能力的支撑。社区组织通过强化政策研究与分析，围绕实际社区需求，发挥专业性，开展针对性的项目策划，能较为有效解决供需不匹配和资源短缺等难题。社区组织为更好地应用政府资源，必须在需求转化过程中积极召集社区内各方力量，将居民较为模糊不清的需要转化为清晰明确可量化评估的需求。并且在项目设计环节，聚焦居民需求，将资金用于基础设施改造、服务流程优化以及成效跟踪评估等方面，确保资金使用规范高效。

社区组织通过建立长期稳定的合作模式，引进或激活辖区内的企业，以及各类公益资源。针对企业公益活动持续时间短且缺乏系统性的问题，社区组织可创立系统性的项目方案，来帮助企业履行社会责任，并依据各个企业自身资源特点，量身定制不同类型的合作方案，转化为切实可行的服务场景，提升公益资源利用率。

（三）构建资源合作网络：内外资源联动

在社区治理迈向高质量发展的进程中，社区组织作为资源整合与链接的关键枢纽，通过构建内外联动的资源合作网络，推动社区资源供给体系向多元化和专业化方向转型升级。

社区组织作为社区资源联动的核心枢纽，借由系统性整合，有效打破资源闲置与低效配置的困局，提升了资源利用的边际效益。进一步地，社区组织致力于搭建起内外联动的治理体系，其运行逻辑蕴含着双向互促的特性。对内通过系统化整合社区既有资源，显著提升资源利用效率。对外借助自身的桥梁纽带作用，引入外部资源填补本地短板，优化资源配置结构。这种双向互动模式帮助社区组织打破资源限制的壁垒。在资源整合过程中,社区组织激活了社区内的社会资本存量,并促进多方主体协同合作,不仅有助于提升公共服务的品质,还产生了资源持续流动的良性循环效果。这不仅增强了社区内部资源的动员能力,又提升了对外界资源的吸引力,形成社区治理可持续发展的内在动力机制,为社区长远发展注入源源不断的新生活力。

二、社区组织作为专业服务的供给者:精准回应居民需求

在社会结构发生深刻变革的背景下,社区需求日益复杂多样,不仅需求总量不断增长、需求类型愈发多样,居民对服务品质的要求也显著提升。政府标准化的公共服务供给基本保障了民众的基础生活需求,但在满足群体个性化诉求方面仍存在不足,这为社区组织的发展创造了机遇与空间。社区组织凭借扎根基层、主体多元、运作灵活的特点,能较为精准把握居民需求,并灵活调整服务供给内容,搭建起覆盖较为全面的服务体系。在治理实践中,社区组织不仅能精准回应居民诉求、高效整合各方资源、创新服务模式,还能根据实际情况灵活调整组织运营方式。

具体地,为实现服务精准对接,社区组织建立需求评估体系,综合运用深度访谈与数据量化分析等手段,梳理不同群体的多元需求。在推动协同治理进程中,社会组织充分发挥资源整合核心作用,搭建起政府、企业、社会多方联动的合作平台,将行政支持、市场资源和社会力量有机融合。通过这些举措,社区服务的覆盖面和质量得以提升,多元共治的社区治理格局也得到巩固。

三、社区组织赋能居民参与:培育公共精神与自治能力

传统社区治理面临着公共性缺失的困境,居民社区参与不足[①]。社区组织激发民众的参与性,在参与中认识共同生活的场域和载体,增进互相理解,

---

① 李友梅,肖瑛,黄晓春.当代中国社会建设的公共性困境及其超越 [J].中国社会科学,2012(4):125-139.

形成个人与社会"共同的情感联结"①。社会组织通过构建参与式治理机制，诸如搭建包括居民议事会、社区听证会和志愿行动网络等多元参与平台，实现治理主体扩容，使居民完成从服务消费者到治理合伙人的角色转型。这种参与式治理模式，不仅通过实践赋能提升了居民的公共精神与治理能力，更通过"问题共治、成果共享"的机制设计，构建了具有内生动力的社区治理共同体，使社区事务的民意基础与决策合法性得到强化。

四、社区组织推动"五社联动"实践：建立社区治理共同体

新时代社区组织在推动"五社联动"实践中，通过整合社区、社会组织、社会工作者、社区志愿者和社会慈善资源，构建多元主体协同的治理共同体。这一机制以党建引领为核心，依托制度赋权与资源下沉，形成由政府主导、社会协同、居民参与的治理框架。社区组织作为资源枢纽，其核心功能在于激活内生动力并链接外部资源，选拔优秀社工团队和构建规范化社会组织体系，提升社区治理效能。同时，政府为社会组织提供合法性支持与资源保障，使其能够精准对接居民需求并推动服务创新。新时代社区组织的核心价值在于通过"五社联动"机制，将多元主体行动逻辑统一于治理共同体目标，为破解基层治理碎片化困境提供了制度性解决方案。在实践路径上，社区组织通过专业化能力建设与资源适配策略，将碎片化的治理要素整合为系统化服务能力。

第二节　新时代社区组织参与社区治理面临的主要困境

社区组织作为社区治理的重要力量，其参与社区治理的实践不断深化，但也面临着诸多困境。主要体现在社区组织能力建设不足、自身发展受限以

---

① 李杏果.社区社会组织参与社会治理共同体建设：内在逻辑与实现路径 [J].河南社会科学,2023,31(01):70-78.

及与社区居委会互动局部不畅等方面。这些困境不仅影响了社区组织的自身发展，也制约了社区治理效能的提升。

一、社区组织能力建设的困境

（一）社区组织自身资源整合能力的结构性困境

社区组织的资源整合能力是其可持续发展的核心要素，但在实践中，常因结构性矛盾陷入多重困境。首先，社区组织在萌芽期高度依赖外部资源输入，形成"输血式"生存模式。政府购买服务虽能缓解短期资金压力，但服务指标量化、行政流程合规性等要求，可能迫使社区组织调整目标优先级。其次，居民参与多依赖情感动员，缺乏可持续的利益联结机制，难以形成稳定的资源内循环。最后，在社区组织人力资源上，当社区组织过度依赖精英个体的威望与能力，而普通群众参与浅层化、参与积极性弱，则会形成"能人治社"而非"集体共治"的格局，最终制约社区组织治理效能的发挥。

（二）社区组织自主运作能力的制度化困境

社区组织的制度化能力是社区组织从"松散联合体"向"规范性组织"跃迁的关键，但实践中的制度供给失衡与执行偏差构成深层障碍。社区组织在初始阶段，成员之间可能只是基于共同的兴趣、需求或情感联系而聚集在一起，缺乏明确的组织架构、规章制度和管理流程。这种组织形式较为灵活，但也容易出现运作不规范、目标不明确、资源利用效率低等问题。经过制度化建设后，社区组织具备了明确的组织架构、完善的规章制度、规范的管理流程和清晰的目标导向。整体上，目前社区组织的制度化建设，存在制度供给失衡的状况，社区组织自身缺乏完善的内部管理制度，导致组织运作随意性大，缺乏规范性。一些制度可能过于复杂或不切实际，难以在实际操作中有效执行。除此之外，制度建立之后，由于熟人社会，在实际操作中也存在部分未能严格执行、组织运作不规范的情况。

（三）社区组织网络建构能力的协同性困境

社区组织的网络建构能力决定其资源动员与关系协调效能，但在与居委会、企业及其他社会组织的互动中，自主性较低与社会资本脆弱性制约其协同潜力。社区组织在开展工作过程中，如果优先考虑行政目标的情况，容易使得社区组织沦为行政延伸工具，丧失独立建构社会网络的能力。在社会关系网络的拓展上，虽然社区社会组织可以通过多种方式建立社会关系网络，但实际拓展过程中可能面临诸多困难。例如，与企业建立合作关系时，企业会更关注自身的利益回报，而社区组织难以提供足够的激励措施来吸引企业参与。同时，建立社会关系网络后，如何维护和巩固这些关系是一个重要问题，社区组织可能缺乏足够的资源和能力来持续维护这些关系，导致关系网络的不稳定。

二、社区组织与社区居委会互动的困境

（一）组织依赖引发角色冲突

相对于社区组织，居委会掌握着较多的资源，社会组织在发展初期往往依赖居委会提供的资金、场地和人员支持。这种资源依赖使得社会组织在决策和发展过程中受到居委会的较大影响，难以独立自主地开展活动。对于本地内生性社会组织而言，居委会的主导地位导致其与社会组织的角色混淆，可能会过度介入组织的内部事务，制约社区组织的自主性，使得社会组织的功能与居委会的功能重叠。对于外来社会组织，也存在着类似这样的状况。

当社区组织对居委会的资源支持形成持续且稳定的依赖时，这种依赖关系可能会逐渐固化，从而限制社区组织自身组织能力的提升，从而出现社区组织在组织结构、运作机制和决策过程中失去了其作为独立自治组织的特性。在这种情况下，社区组织的内部治理结构和运作模式可能与居委会高度相似。在这种依赖固化和"居委会化"的背景下，社区组织的创立、管理和发展过程都高度依赖居委会的资源和力量。长此以往，社会组织的自主性和独立性

将被严重削弱，难以形成独立的组织文化和运作模式，进而影响其在社区治理中的作用和效能。

（二）沟通缺位影响协同

社区组织与居委会之间缺乏有效的沟通和协商机制，难以形成共识和协同合作。这种机制缺失导致双方在处理社区事务时重复工作，降低社区治理的效率。例如，在一些社区项目中，缺乏统一的协调平台，居委会和社区组织各自为政，导致资源浪费。此外，信息不对称也是影响合作的重要因素。居委会与社区组织之间信息共享不足，在合作过程中难以形成有效的互动和协同。信息不对称，不仅影响双方的合作意愿，也制约了合作效果。

（三）边界模糊导致治理耗散

在社区治理实践中，社区居委会与社区组织之间的权责边界存在一定的模糊性，在一定程度上会导致两者在处理社区事务时出现职能重叠现象。这种边界不清的问题，不仅对双方的合作效率产生一些负面影响，还会降低居民对社区治理工作的满意度。此外，信任与监督机制的不完善也是影响双方合作的重要因素。由于缺乏有效的监督机制和透明的运行机制，社区组织与居委会之间难免存在一定程度的信任缺失问题。居委会对社区组织的扶持和引导若缺乏有效的监督机制，会产生资源利用效率不高和活动形式化等问题。这种信任与监督不足的问题，会进一步影响双方的合作意愿和合作效果。

第三节　优化社区组织参与社区治理的路径对策

社区组织发展存在一定困难，突破当前发展瓶颈，实现社区组织从数量增长向质量提升的转型，将为基层治理现代化注入可持续动能。实践中，破解社区组织发展困境，需构建系统性治理框架。通过制度创新、能力建设与协同机制优化，有效激活社区组织内生动力，推动形成"行政引导—社会协同—居民参与"的良性互动格局。同时，构建资源整合的长效机制、完善政社互动的规范框架、培育多元共治的生态体系。具体而言，提高社区组织参与治理的能力，可从社区组织能力提升，行政与自治平衡、多元主体协调三个方面进行。

一、社区组织能力的系统化提升

（一）构建内外协同的资源网络推进资源整合

破解社区组织资源整合的结构性矛盾，需构建多元共治、内生驱动的协同机制。首先，通过政府购买公共服务与引入社会资本，形成复合型筹资模式。保障社会组织基础运营资金，同时避免行政干预可能导致的目标置换。其次，建构参与式利益联结机制，将居民参与转化为可积累的权益资本，破解资源分配失衡难题。最后，进行人力资源结构优化，通过培育社区组织骨干和居民参与精神，建立组织核心成员与普通居民的能力衔接平台，运用数字化工具实现任务分工的细化，推动"精英主导"向"全员共治"转型，为社区组织可持续发展提供内生动力支撑。

在资源供给方面，积极引导社会组织、企业、慈善机构等不同主体参与社区建设，让资金来源更丰富，促进不同社区治理主体之间实现资源共享、优势互补。设立社区发展基金池，统一管理各类资金，通过合理规划和科学分配，提高资金使用效果。政府采用公开招标、项目委托等方式，向社会组织购买专业服务，同时给社会组织提供场地培训和政策支持，帮助提升服务能力。

（二）制度赋权路径：完善自主运作的规范化框架

首先，优化制度供给，建立制度供给的动态适配机制，制定分层分类的章程模板，给制度留出弹性空间，以此解决制度供给和组织发展阶段不匹配的问题，保证规则体系既有约束力又能在实际操作中行得通。其次，创新执行机制，构建执行效能的闭环管理系统，借助数字化治理工具搭建制度执行监测平台，设计好反馈环节。最后，培育制度认同的共同体文化，通过举办制度宣传工作坊，实行规则遵守积分奖励，让成员把制度规范变成自觉行动，形成良性循环。通过制度层面的权责明晰、技术层面的数字赋能、生态层面的协同培育，有助于破解当前社区治理主体协同困境，更能推动形成权责清晰、协同高效、充满活力的社区治理新格局，为基层治理现代化提供创新路径。

（三）协同网络建构：强化多主体联动的技术支撑

建立权责边界清晰的法治化赋权机制，制定《社区组织参与治理章程》，把居委会和社区组织各自的职责都列清楚，并设立第三方仲裁机构专门处理行政干预引发的争议。打造政社平等协作的网络，利用社区议事协商平台推动居委会转为牵线搭桥的资源链接者，保证社区组织有自主决策的权力。开展社会资本结构化培育工作，借助数字化平台把企业参与社区事务的付出，转化成看得见、能衡量的品牌价值和社会声誉，进而解决合作积极性不高的问题。搭建网络维护系统，用区块链技术把合作过程全程记录存证，定期评估合作效果。根据结果灵活调整合作策略，确保社区社会资本能一直稳定积累。总之，从制度约束、结构优化和技术助力三方面共同发力，全面提升社区组织网络建构的实际效果。

二、消解行政与自治之间的张力

首先，需要破解社区居委会行政化与自治功能弱化的结构性矛盾，明确行政指导与自治空间的边界。以法规形式明确划分居委会行政协助事项与自治核心职能。在行政协助方面，详细列举需协助政府完成的政策宣传、数据采集、事务办理等具体事项。在自治职能方面，突出居民议事协商、公共服务供给和社区矛盾调解等核心内容。权责明确不仅有助于消除职责不清而导致的推诿扯皮现象，还能让居委会摆脱繁琐行政事务的束缚，将更多精力投入到自治工作中。其次，借由社会组织积极培育自治内生动力系统，激发社区治理活力。社区组织在社区场域借由专业性建立有效的激励体系，将社区成员参与自治工作的表现，转化为可量化的服务积分；积分可兑换生活用品、学习培训机会等奖励，对表现突出的个人和团队给予荣誉表彰。通过物质奖励与精神激励相结合的方式，激活社区各类主体服务居民的内生动力。最后，积极培育居民自治意识，依托社区议事会等载体，引导居民主动参与社区事务，形成共建共治共享的良好氛围。总之，破解基层治理行政化的困境，消解行政与自治之间的张力，需要推动居委会从单纯的行政末梢向自治枢纽转型，实现社区治理从被动应对向主动作为，从政府主导到多元共治的根本性转变。

三、完善社区治理多元主体的协作机制与平台

为有效破解社区治理主体协同困境，需构建平等互信的合作关系，建立沟通与有效协作平台，推动社区治理从分散化、碎片化向整体化转型。尤其是，依托数字技术和平台，可较为有效地解决社区治理主体协同难题。具体地，通过搭建数字化综合管理平台，把需求收集、任务分配、工作进度等关键功能整合在一起。居民通过平台随时提交自己的需求。系统自动分类居民需求，并将任务派给对应的社区组织或个体。设置可视化界面，让居民可以看清每个任务的进展情况，方便居民及时了解工作进度。借助区块链技术，把合作的数据都存起来，并利用大数据分析，精准找到居民需求和各方资源

的匹配点，通过优化实时评估流程，解决因为信息不通畅导致的合作效率低下问题。

同时，为了调动各方参与社区治理的积极性，鼓励居民、社区组织、企业一起参与社区项目的规划、执行和监督。还可通过定期举办社区论坛、经验交流会等活动，培养协同合作的文化氛围，让居民对社区治理有更强的认同感，形成大家主动参与，共同治理的新模式。

附　录

附录一　社区组织能力访谈资料

一、社区组织能力访谈提纲

第一部分

1. 请您介绍一下金山社区的历史、现状及发展状况？

2. 金山社区人口规模、人口结构（包括年龄结构、职业结构），辖内的公共场所、设施、企业等社区资源情况如何？社区工作人员的构成如何？居民突出的需求有哪些？社区工作的重点是什么，和过去的工作相比有变化吗？若有，主要在哪些方面发生变化？

3. 在您看来，金山社区与其他社区相同的地方和特色之处分别是什么？

4. 在金山社区，社会组织和各种社团多吗？其中居民自发组织的各种类型的社团包括哪些，其发展情况如何？

第二部分

1. 当时成立金山社区志愿者协会是基于什么目的？是您牵头的吗？您当

时是怎么想的?

2. 您能否介绍一下社区志愿者协会的成立大体过程吗?当时志愿者协会的领导是如何产生?组织目标是什么,它是如何确定的?组织资源的来源包括哪些,其中最主要的资源来源是哪一块?协会的成员有多少,主要来源是什么?

3. 协会有登记为社会组织(社团组织)吗?在什么时候登记?上级主管部门是谁?主管部门参与社区志愿者协会的创立吗?若有,他们主要在哪些方面参与,对你们有何影响?在您看来,哪些对社区志愿者协会的发展至关重要?

4. 与成立之初相比,志愿协会现在是否受上级部门领导,特别是志愿者协会的领导产生和活动项目的开展需要上级部门的同意吗?在您看来,社区志愿者协会是否为一个独立自主的组织?它在哪些方面能够独立自主,而在哪些方面是得经上级部门批准的?

5. 社区志愿者协会成立 5 年来,跟成立之初相比,您觉得在哪些方面协会获得了比较大的发展(如各项工作制度的制定完善、活动内容的扩展、层次的提升、成员队伍稳定、来源的多元化、影响日益扩大)?在这些发展中,您觉得哪些因素是最重要的(如领导能力,组织凝聚力和工作人员的努力,居民的自组织、志愿参与,政府或者社区的各种支持)?协会在组织目标、组织结构、组织资源来源、组织领导的产生方式有无变化,如何演变?(经费的来源构成以及比例变化,募集经费有哪些途径?志愿者队伍的来源有哪些变化?)

5. 在您看来,目前社区志愿者协会发展存在的主要问题是什么?接下去,社区志愿者协会主要朝哪些方向发展,您有何对策?

6. 您的主要人生经历是什么?是什么原因促使您选择在社区工作?您从事社区工作有多少年了?(作为厦门市城市社区为数不多的男性居委会书记)与其他社区居委会书记相比,您觉得最大的不同是什么?您觉得您的性格以及您所拥有的各种资本是什么?这是否有助于您开展社区志愿者协会的工作,具体如何体现(比如说容易得到领导的支持,社区居民的认同、支持,以及企事业单位的支持）？

第三部分

1. 协会是采用会员制的吗？招募会员主要由协会的哪个部门负责？招募会员的程序主要有哪些，决定是否接纳申请者为志愿者的主要标准是什么，需要报上级审批吗？会员的进入与退出是否自由？

2. 协会开展的活动主要包括哪些，为什么要开展这些活动？开展这些社区性活动（主要指活动的时间、地点、活动内容性质）需要报上级批准吗？比较大型的、超社区的活动需要报批吗？

3. 协会能自主地使用经费（协会使用经费是否需要上级部门的审批）吗？平时的经费如何管理，有做记录吗？每次活动开展的经费（包括款项总额、经办人、花费项目等）对外公开吗？从成立到现在，募集的经费大约有多少？数额比较大的捐赠有哪些？协会是如何获得的？能否具体说明一次活动所花费的总额是多少，是不是相对较少，为什么？

4. 您觉得金山社区志愿者协会的特色是什么？金山社区志愿者协会主要作用有哪些？

5. 协会需要政府的各种支持吗？目前政府或上级部门对协会的帮助主要有哪些？这些支持是否与协会自身需要相一致？在您看来，协会在哪些方面需要政府更大的支持（或者说最希望从政府或主管部门获得哪些支持）？

6. 在您看来，协会和主管部门现在的关系是什么，您希望二者的关系是什么？当前协会的自主程度高，为什么？

7. 社区的居民职业结构和居民需求是否出现多元化、复杂化，具体是如何体现的？志愿者主要构成是什么？他们的参与动机是什么？如何参与？

8. 到目前为止，协会总共开展多少个项目，参与志愿者总人数，累计服务时间和受众人数是多少，社会捐赠是多少？

9. 除社区志愿者协会外，社区内的其他各种类型社团组织多吗？分别有哪些，起到了什么作用？

10. 在社区宣传志愿精神吗？如何宣传？协会的组织目标是什么，如何确定的？协会通过哪些方法和途径来增强社区居民的认同感和归属感（让社区居民有志愿服务精神）？

第四部分

1. 社区居民的利益表达渠道主要有哪些？即社区居民可以通过哪些途径向社区居委会反映诉求？反映的诉求问题主要集中于哪几块，居委会（如何处理问题）有一套反馈处理机制吗？志愿者协会的会员代表大会、理事会的主要职责是什么？会员代表大会一年开几次，开会的内容主要包括哪些内容（有会议记录吗）？志愿活动的开展是否为自上而下和自下而上双向互动的结果？在已开展的活动中由会员提出并被采纳的有哪些，活动开展的效果如何，与其他活动相比有何区别？

2. 会员代表是否广泛性，有无弱势群体和外来人口的声音？召开会员代表大会流程主要有哪些？有无民主恳谈环节，会不会向会员征求意见，集思广益之类？有无评估环节，由群众对过去工作的评价机制？会员代表大会、理事会的决策机制？决定是否开展某项活动的标准是什么？能否举一个例子。

3. 开会或开展活动时通过什么方式召集会员？志愿者除在活动中或开会时的接触之外，还有没有活动（如志愿者技能培训、办社区杂志等）使志愿者能够交流彼此的志愿经验和感受，进而达到相互了解的目的？志愿者之间、志愿者和协会领导之间的互动是否平等，如何体现和保证平等？作为协会领导，您如何看待平等协商对协会发展的作用？

4. 协会是否也会出现紧张或者说冲突的情况？协会是通过采取哪些方式来缓解冲突和消除不当竞争的？

第五部分

一、资源整合能力

1. 人员：志愿者和协会领导

（1）现在志愿者协会共有多少志愿者，这些志愿者主要由哪几部分人构成？和刚建立时相比有什么变化？

（2）协会有对志愿者进行相应的存档归类，特别是根据志愿者的特点如专长、年龄、服务时间等进行归档整理吗？协会是否开展过对志愿者志愿精神、服务技能等方面的培训，若有，协会是通过什么样的方式（如定期的，请专家、社区工作者、播放视频），这些培训对志愿服务的开展有什么帮助？

（3）协会采用什么样的动员方式？

（4）协会通过哪些方法使志愿者能够真正自愿地参与到志愿活动中来？这些方法的背后蕴含着什么样的理念（如宣传志愿精神、通过服务感化群众，给予适当的精神回报，提高利益相关度，迎合群众的需要）？

（5）作为协会的领导，您觉得应该具备哪些能力（如何凝聚人心，推动制度化建设：由活动型向制度型转变？如何更好地获得经费、开展项目？亲和力、为人服务的信念）？哪些能力对于协会的发展最为重要？

2. 经费

（1）协会现在每年的经费有多少？成立之初，协会的经费多少，主要从哪里获得？这些年变化如何，有详细的记录吗？

（2）现在协会的经费募集途径有哪些（如政府财政支持、市场化手段、社会自愿捐赠）？这些途径是如何开展的？各种经费来源比重的变动趋势如何？

（3）有无比较大的企业或社会捐赠，有记录吗？协会通过哪些措施来激励企业或社会捐赠？

（4）当面临经费不足的情况时，协会如何解决？在您看来，经费的重要性如何？

3. 各种活动场所和其他设备

（1）如何保证或获得协会所需的办公场所、设备，以及统一的服装和彩旗和较为便利的活动空间？

（2）您觉得这些条件对促进自愿参与有何作用？

二、制度化能力

1. 目前协会的制度化能力发展程度如何？（指协会战略管理层次的组织目标、愿景、文化和具体操作层次的各项机制，如招募机制、管理机制、培训机制、激励机制、评估机制等，是否规范化、系统化、制度化？）

2. 主要存在哪些不足？制度化能力弱的原因是什么？有何应对措施？

三、协调能力

1. 在合作状态时，协会的人、物、财以及服务技能、服务时间，如何根据活动开展的特定内容优化组合？

2. 个人、组织之间如何开展互动与协商？

3. 在面临冲突时，组织要素是如何协调？或者说通过什么方式和方法能够增进合作，协调冲突与竞争？

4. 能否用一项活动过程来说明协会的协调能力？

四、获致能力

1. 组织内

（1）如何动员广大志愿者自愿贡献各种资源和支持？

（2）协会的哪些做法，可使协会获得持续性资源支持。

2. 组织外

（1）目前有无企业、高校或其他组织与协会共建？这样的组织总共有几个，分别是哪些，彼此之间联系紧密吗？

（2）社区党组织和社区居委会、志愿者协会二者的关系如何？协会与政府的相关部门是什么关系？您觉得应如何建立协会和政府的伙伴关系？协会最想从政府方面获得哪种类型的资源？协会在哪些方面能为政府分忧解难？

（3）协会采用什么样的方式？能举个例子吗？

（4）协会与其他民间组织、高校的互动、交流、交换情况如何？

（5）您如何评价协会目前的组织网络规模及其建设？

第六部分

1. 您参加社区志愿活动多久了，当时为什么参加？

2. 您感觉协会的各项工作是民主吗，为什么？您如何评价协会？

3. 成为志愿者以后，你有收获吗？你以后还会继续参加吗？

4. 您对目前的协会工作满意吗？你觉得协会哪些好，哪些还需要改进？

二、社区组织能力访谈资料摘要

（一）对盛书记的访谈

1. 当时创建志愿者队伍是基于什么目的？

盛书记：当时成立志愿服务队伍主要是基于生活的不便，尤其是弱势群体，他们的需求无法满足，经济宽裕的居民可以通过购买服务来满足需求，但弱势群体却不能。通过组织有爱心的人，给予老人、残疾人等困难群体帮助，使他们能过得好点。

2. 为什么要成立协会？

盛书记：创立协会我们一开始也没有经验，只能向国内外先进做法学习，当时我还自费到新加坡和香港等地考察，借鉴他们社区义工管理模式，时间积蓄制度就是从那边学过来的，也学习国内其他社区的做法。

随着我们社区建设的不断完善，志愿精神的宣传，社区志愿队伍的发展非常迅速。一些热心的居民也自发组织起来，互帮互助开展许多活动。参加志愿服务的居民越来越多，如何更好地管理，尤其是分类、建档案，以便更好地开展社区志愿服务成为紧迫的问题，我们当时就想能否借鉴国内外的一些社区的做法，也成立社区志愿者协会。

3. 目前，协会制度建设进展如何？

盛书记：我们建立了志愿者档案，依据个人才能和志愿服务时间进行分类管理，同时制定一套制度对志愿者的服务时间进行登记。除此之外，我们逐步设立培训制度、奖励制度等，我们也是边搞、边学、边摸索。

4. 协会的经费来源有哪些，这些年募集了多少经费，通过什么途径？

盛书记：目前上级部门没有专门的款项资助，协会只能通过自己想办法解决，包括从社区其他办公经费中挤出点，以及向企事业单位、居民募集，但难度比较大。

第一年3000多元，第二年只有4000—5000元，今年估计会有7000多元。这方面估计很难突破，能维持在7000元左右就很不容易，毕竟单位少，公司也不大。

通过跟一些老板交谈，了解到有的企业每年都需要搞企业文化活动。企业把这项工作交给我们做，我们负责策划、派人，安排节目。一方面，为企业省去很多事情，因为有的企业自己确实没有精力或能力自己搞；另一方面，由于协会有许多文体活动爱好者，有的还多才多艺，我们安排节目、搞策划等方面的能力也不低。对企业而言，给协会的捐款低于通过市场方式（指他们在外面请歌手、请广告公司或策划公司策划）所花费的钱。协会还会为他们的捐款行为进行宣传，若捐款数额较大，协会还会请区街领导过来，给其颁发荣誉证书，并登报宣传帮他们塑造企业形象。

我们会为他们的捐款行为进行宣传，若捐款数额较大我们请区街领导过来，并登报宣传，帮他们塑造企业形象，颁发荣誉证书。

5. 居委会为什么要重视志愿服务？

盛书记：搞好社区建设，关键要建设好两支队伍。一是社区工作者队伍，二是志愿者队伍。搞好社区工作，必须动员社区内的各种重要资源，组织志愿者队伍是一个很好的形式，以志愿者队伍做支撑，社区服务才能搞上去。为此，我们居委会高度重视发展社区志愿服务。

社区工作者或组织者的积极性要高、工作能力要强、要有凝聚力。作为社区领导必须高度重视社区志愿服务对社区服务的重要作用，社区志愿是居民内在需求的产物。我们社区工作一切以居民的需要为出发点和落脚点，志愿服务使社区工作更加贴近居民，服务居民的要求，而且它能促进邻里关系融洽，倡导志愿精神，推动精神文明建设。

6. 居民需求有哪些，居委会或协会是通过什么途径了解居民需求？

盛书记：通过调查，我们社区居民比较突出的需求有：文化方面的精神需求、子女的教育需求、下岗人员的职业需求、优美的生活环境需求、和谐邻里关系需求。

7. 协会的组织结构是什么样的，成员之间关系如何？

盛书记：协会最高的权力机构是会员代表大会，除了工作总结、计划、表彰等功能之外，更重要的功能就是吸纳会员意见、倾听居民的需求，并通过讨论认清问题，经过民主投票决定哪个能纳入优先服务的范围。

协会里的任何会员都是平等的，即使你是会长、队长，也和其他人一样，我们首先是志愿者，没有等级之分，会员有什么意见可以直接表达，队长做得不好，队员也可以直接指出。

8. 协会之间会存在竞争吗？

盛书记：现在志愿服务小分队之间的竞争比较激烈。队内的志愿者都想参加志愿活动，他们不想落后给其他队伍，为此，他们经常会根据周围的观察和居民需求主动提出一些服务的内容，经常找事情给队长做。当队长的压力也比较大，如果队长不能很好地开展志愿服务活动，或者活动开展很少，该队的成员就会跑到其他队。现在有些队伍志愿者人数多，有些志愿者人数少。这种竞争对提高各队的工作积极性很有好处。

9. 协会为什么重视与外界组织建立联系，如何建立？关系对协会发展有什么作用？

盛书记：我们坚持一个原则就是尽量通过自己能力或通过关系去解决发展所需的资源，实在不行才通过市场渠道解决。

通过建立社会关系，场地、人力等问题就比较好解决。如金山小学可以提供办班的场所，学校的老师可以为培训的考试出题，辖区的酒店可以提供礼仪上课地点，幼儿园阿姨可以讲授儿童基本知识，老年人队伍可以提供一些基本器材等。

我参加过社区志愿服务的经验交流会，既有全国，也有省市的，区和街道就更多了。现在我们负责湖里区社区志愿服务的推广工作，尤主任还给社区培训班上关于社区志愿服务的课程。通过参与会议，交流介绍，逐步树立了金山社区志愿者协会的品牌。

（二）对吴会长的访谈

1. 为什么要成立协会？

吴会长：在没有成立协会之前，社区志愿队伍的管理处于比较乱的状态，开展活动也比较随意、松散。现在不同，协会每年要召开志愿者会员代表大会两次，协会领导得做年度计划和报告。

2. 协会的领导成员、理事会成员是怎么样成立的，协会的章程是怎么样制定？

盛书记：理事会成员由选举产生，由筹备委员会根据居委会和居民的推选、综合考虑个人能力、志愿服务时间、个人威信等因素，向会员代表大会提交理事会建议名单，然后由会员代表大会选举产生。

协会章程先由筹备委员会制定初稿，然后交大会表决。现在的章程跟初稿在原则上没有很大的差别，比初稿多了几条由会员代表提出来的建议，如增加志愿者奖励、成立志愿者活动日等。

3. 协会有哪些途径可以了解居民需求？

盛书记：无论是居委会还是志愿者协会，为了与居民沟通互动，我们建立了很多渠道，包括社区网站论坛、电子邮件、打热线电话、投意见箱。有些人若当面不好意思讲也可以委托他人，或者直接到办公室找协会领导谈。通过这些方式，我们能及时了解居民需求。

4. 协会可以自主支配经费吗？

盛书记：我们自己支配经费，资金是我们自己募集的。数额小的经过队长同意，数额大的则要会长或者理事会批。但都得有单据，因为要公示。

5. 您如何看待居委会干部对协会的作用？

盛书记：其他社区之所以搞不好社区志愿服务，一个主要的原因就是没有认清社区志愿服务的重要性，把其当作是累赘，认为搞志愿服务是为了应付上面检查，搞搞形式而已，未能认识到社区志愿服务对社区工作的促进作用。居委会的许多干部成为社区志愿协会的骨干是协会成长、发展的一个重要原因。毕竟社区工作者是专职的，对社区情况熟悉，长期扮演着居民之间的纽带，相对而言，也更具有威信，时间和能力。活动的开展依赖于社区工作者与居民之间的合作，缺了谁，活动都开展不了。

6. 从成立至今，协会的服务项目为什么要变化？

盛书记：志愿服务项目变化的主要原因，一是比较多的居民有这方面的需求，我们要么组建，要么将一些临时项目变成固定的；二是源于我们志愿队伍的不断扩大，专业人才的增加，使得我们能够将服务更加细化、更具有针对性和吸引力。

7. 协会能与其他组织建立关系的最主要因素是什么？

盛书记：最主要因素是信任。只有提高协会服务能力，让社会资源更为有效地满足居民需要，人家才会信任你，企业和居民才会支持。只有这样，他们才会觉得他们的付出是有意义的，确实为社会做了贡献。此外是宣传，我们与新闻媒体建立较好的关系，影响较大的活动，一般都会作为社区志愿服务的典型而被报道，盛书记也经常接受采访。

（三）对居委会游主任的访谈

1. 协会志愿者队伍发展现状如何？

游主任：不管是加入志愿者组织，还是参与志愿服务活动，都要尊重本人意愿，不搞强迫命令。现在向协会主动提交志愿申请书的居民有 2000 多人，许多居民想参加，有的还进不来（指被吸纳为注册志愿者）。

2. 您知道盛书记的个人情况吗？

游主任：盛书记是个退伍军人，转业到社区，在社区勤恳工作了 20 多年。他的领导能力、工作能力非常突出，多才多艺，并勇于创新，如厦门市第一个民选社区干部、第一个学习型社区，还有第一个志愿者协会。在他的带领下，我们社区获得多项省部级荣誉，他个人也获得较多荣誉，深得区街道领导的认可和尊重。

（四）对志愿服务分队队长的访谈

1. 时间积蓄制度是如何运作的？

分队队长：时间积蓄制度大体的操作方式是志愿者在做完志愿服务后，志愿者和受助对象一同在服务登记卡上填上志愿服务的时间、内容，然后由受助对象签字确认，接着是志愿服务小分队队长核实，最后在每个月的月底由社区协会统一录入志愿服务档案，累积志愿服务时间。等志愿者需要服务时，可向协会提出申请，然后协会派其他社区志愿者为他服务。

通过时间积蓄，志愿者可以尝到甜头，我们社区有一位老人曾在社区志愿服务 3 个小时。有一次他生病住院，由于家里经济条件不是很宽裕，请不起护工。经协会志愿者反映，协会知道情况后，主动上门为他服务，分批次派人为老人服务，累计服务 13 个小时，从经济上为老人减少了 400 多元，同时也给老人情感上的支持，因为有些社区志愿者是他的好朋友，他们能在情感上支持、鼓励老人。

尽管以志愿服务时间为准，但会尽量根据志愿服务内容的性质（有些是技术要求高的、有些是不用技术的）返回给志愿者。话说回来，我们毕竟是做志愿服务的，没有必要计较那么多。还有一个就是我们志愿服务时间管理制度较为完善。我们设立了由受助者、志愿者同伴、队长、协会以及其他居民共同参与的监督体系，这能避免志愿者谎报志愿服务时间。

2. 志愿服务的任务来源有哪些？

分队队长：在开展志愿服务时，很多情况下是志愿者提供的消息，他们会知道哪家困难需要帮助，然后告诉我们队长，我们再组织人员过去帮忙。

3. 协会是如何募集经费的？

分队队长：我们曾向居民募捐过，但效果较差。募集的钱很少，只能偶尔募捐一两次，不可能多次，毕竟不能整天向老百姓要钱。协会没有经费，大多经费是盛书记亲自去企业劝募的，他面子比较大，认识的人多，也比较有办法，每次或多或少能劝募到一点钱。

4. 协会的制度是怎么建立的？

分队队长：协会的许多制度如注册制度、激励制度、培训制度等都是在盛书记的带领下，大家不断学习借鉴，在实践中摸索出来的。

5. 你们之间存在竞争与合作吗？能举个例子吗？

分队队长：队员也经常会评论其他志愿者的表现，哪些人做得好，哪些人做得差。每次志愿服务开展完以后，受助者、志愿者以及队长都要进行一次志愿服务登记，除登记时间、内容外，还有一项是受助者对志愿服务的评价，这就促使志愿者提供更好的服务。我们也经常一起搞活动，毕竟是为居民服务，人多好办事，而且社会反响比较好。共同开展活动，有时是根据年度计划如协会要求大家一起搞较大规模的活动，有时是会长或盛书记牵头的，当然也有我们队长之间相互帮忙的。志愿者之间，很多本来就很熟悉，他们私底下经常也会结伴搞活动，如去打牌、喝茶之类。

6. 协会的社会关系网络是怎么样建立的？

分队队长：我们社区的志愿者协会小有名气，除了我们工作走在前面外，更主要的是因为我们社区有盛书记，他在社区工作领域有很高的知名度。协会的很多共建单位都是他牵头建立的。我们社区是新建的社区，一些单位如公交公司、学校都是经盛书记的牵线下才落户的，他们之间关系可能比较好。

（五）对社区居民的访谈

1. 您为什么要参加志愿者？参加了协会有什么感想？

居民：社区志愿者协会是居委会搞的，相信他们，就参加了。下岗了，家里比较困难，多亏居委会帮忙，才办了低保。参加志愿者，主要是不想白拿政府的钱，希望能够为其他人做点事，这样别人也不会说你。另外跟老盛他们熟，他们号召的，当然支持了。加入志愿者，就是希望能够帮助别人，给别人方便的同时，自己也快乐；况且协会的一些培训对提高自己也是有好处。当志愿者，一方面可以帮别人，自己有需要时别人也会帮我，另一方面，当志愿者可以认识更多的同龄人。我是个水电工，协会创立时就加入了志愿者协会，曾为其他居民服务。有一次，电脑坏了，束手无策，想找电脑公司吧，询问了价格，光上门费一次就要 30 元，后来急忙给社区志愿者协会打电话，正好志愿服务队伍的毛华会修电脑，后来在他的帮忙下，很快就修好，自己一分钱也不用付。我老爸生病住院时，我们在外地，没法照顾到，多亏社区志愿者帮忙才渡过难关。回来以后自己也加入了志愿者，尽管自己空余的时间不很多，但自己会尽量积极参与。

三、社区组织访谈对象基本情况

附表 1-1　访谈对象基本情况表

编号	性别	年龄	文化程度	政治面貌	在志愿者协会的职位	在社区的职位	备注
LD-C1-SYC	男	59	大学	党员	会长、名誉会长	社区党总支书记	创始人
LD-C2-WLM	女	30	大专	党员	会长	社区居委会主任	
LD-C3-YCL	女	43	大专	党员	理事会成员，文明督导队长	社区党总支副书记	
TL-C1-LYN	女	26	大专	团员	环卫维护队长	社区居委会委员	
TL-C2-ZS	女	32	大学	党员	综治巡逻队长	社区居委会副主任	
TL-C3-QLZ	女	39	大专	群众	计生服务队长	社区工作者	
TL-C4-XCK	男	69	大专	党员	物价监督队长	金山小区党支部书记	
JM-C1-HCQ	女	54	初中	群众	志愿者	居民代表	
JM-C2-ZQL	男	43	高中	群众	志愿者	居民	电工
JM-C3-ZYT	女	42	高中	群众	志愿者	居民	下岗低保
JM-C4-DZM	男	35	大专	群众	志愿者	居民	
JM-C5-MH	男	31	中专	党员	志愿者	居民	电脑技术员
JM-C6-YXL	女	56	大专	党员	志愿者	居民	退休
JM-C7-HLN	女	54	小学	群众	志愿者	居民	低保

附录二　社区组织参与社区治理访谈资料

一、访谈提纲

（一）海峡城乡发展基金会的组织建设

1. 人员招募、组织适应、专业性、组织文化

2. 组织管理制度有哪些好的地方、不够完善的地方，能不能够跟大陆适应？

3. 资金的来往、资金的可持续性、财务制度

4. 社区营造适应性问题（活动差别、活动对象招募、内容的适应、人员匹配）

5. 基金会成立以来有哪些成果，面临着哪些问题？

6. 基金会未来发展的方向和规划

（二）海峡城乡发展基金会组织如何参与社区营造和乡村振兴

1. 社区营造是如何开展的，以一个具体活动作为例子。利用到了哪些资源、场地、经费和时间、志愿者？

2. 社区营造的内容是怎样确定的，遵循什么流程？是否有公众参与？与台湾的社区营造有什么区别？

3. 基金会在社区开展活动时是怎样动员社区成员的？

4. 基金会在参与社区营造中的作用和功能是什么？

5. 基金会在参与社区营造的过程中和民政局、街道、社区营造员以及第三方之间的关系如何？举例说明，民政局在项目推动中的作用、意见和采取的措施等。这些关系和在台湾的有哪些不同？关系处理上有哪些困境？

6. 与乡村振兴的结合，这个组织的优势和发展可能面临的问题，以及如何结合，这一个组织参与乡村振兴与台湾之间的区别与联系。

7. 接下来基金会将怎样参与到乡村振兴？

二、社区组织参与社区治理访谈资料摘要

（一）对海沧区民政局相关工作人员及基金会理事长的访谈

2021 年 5 月 22 日于 H 区民政局进行座谈，就基金会内部组织架构与资金运行情况，社区营造员发展情况，第三方督导机构升阳升情况，以及台湾社区营造经验与大陆社区发展融合等相关问题，与海沧区民政局相关工作人员及理事长进行深入交流。以下为访谈记录摘要：

1. 基金会内部组织架构情况如何？

理事长：基金会目前共有 41 人，基金会中有 18 个社区营造员，其中 23 名台胞助理，23 人中大部分有意向来基金会。基金会自成立以来，前后招了 4 批，一开始我一个人，2017 年第二批招收了 7 个人，2018 年招募了 35 人，2019 年 11 个人。如今，海沧每一个村居都配备社区营造员，总人数达到 43 名。

基金会 2019 年成立，但在 2020 年下半年，基金会的架构、制度才开始规范化运作管理，现在在 5 个社区、村重点开展营造工作，包括海沧社区、芦塘社、赤土社区等，在项目运作过程中队伍项目规划周期为 1 年，赤土社区为 2 年。这几个村居在开展乡村振兴活动，在进行路面改造、房前屋后整治等。选的地点是我们选择，基金会只是进入，秉持"以我为主，为我所用"的理念。

基金会中行政部 2 个人，主任和专员，真正下基层的 12 到 13 个人，一些人不适合做项目，就没有参加下沉工作。一个社区平均分配 3 个人，从事驻点"造人造物"，一个组长配 2 到 3 个组员，在村庄的组长拥有良好的能力，一般考核排名前五。

2. 基金会的人员工资及资金运行情况如何？

理事长：秘书长、理事长、社区主任、社区营造员薪资按不同的层级来分配，在 2021 年 6 月 1 日每个层级将不区分工资。社区主任助理与社区营造员差不多 20 万出头，第三批基本工资一个月 1 万，年底加上绩效；第二

批一个月快 2 万。

薪酬规定是一个探索的过程，不知道参照标准，大批量的招聘会减少工资。台湾没有固定工资，而是跟着项目走。原先计划招聘的时候需要有社区营造师，制作招聘简报，台盟、台商协会转发，成员是自主招聘的，不是台湾人带动台湾人，后期有"一带一"的情况出现。假设晋江项目 100 万，一定比例劳务报酬，开展项目的差旅和项目运作，剩下放在基金会里面，维持慈善支持、行政单位的开支等费用。

3. 基金会社区营造员发展情况如何？

理事长：例如，赤土社区的社区营造员王嘉麟，凭借其真诚与专业，耐心有亲和力，又说着一口流利的闽南话，取得了当地人的信任。当地人不问村庄、不问书记，只相信社区营造员。"培根""赋权"，让小朋友来介绍自己的家乡，培养他们对家乡的热爱与归属感。台湾青年在教小朋友的同时，也培育了台湾青年个体对祖国的认同。他们原先的工作经历对后面找工作也有人脉帮助。大节日举办活动上台表演，提升了知名度。台湾青年在这里不仅找到了事业发展的机会，也找到了属于自己的幸福生活。有些在这里结婚生子，将自己的根深深扎下。

作为最早、最大的台商投资区，海沧区两岸工作针对青年创新创业有优惠，前期有自贸区给台湾青年创业空间，创业基金、经费赞助吸引台湾青年，但是很多人刚大学毕业，创业成功率较低，且存留时间较短，"先就业、再创业"，台胞助理就是在这个环境下孵化的人才。我们基金会是采取国际基金会的视角来做的，放眼全球也是公认的。2019 年成立的基金会，是台湾青年就业的升级版本，是台湾青年来大陆就业的一个组织，不是政府单位。现在实行的是理事制度和理事长制度，是在民政部门规范的政策下成立的，由台籍担任法人，里面的所有成员也都是台籍，这是大陆的第一家。与其他非营利组织一样，基金会以公益为出发点，社区助理分散在 43 个点。单个人的能力是基础薄弱的，在当地没有一呼百应的能力，执行效果很弱，通过基金会能够实现 1+1≥2。通过乡村振兴，让人文与硬件空间并行，实现部门之间的合作。

　　社区营造员在参与项目中得到了成长。赤土社是乡村振兴过程中重新改造的成功案例，基金会为其打造的"公益书屋""赤土书院"已成为乡村集体活动中心。建设初期，硬件修复虽有资金支持，但是没有软件的配备，如家具、灯光、书籍等。社区营造员积极行动起来，首先组织了村民大会，向村民们详细说明了社区建设的现状与需求，激发村民们参与社区建设的热情。随后，通过众筹的方式，鼓励村民们捐赠老物件、二手书籍、鼓风机、书架等物品。村民们积极响应，捐赠的物品数量之多，以至于大堂都放不下。社区营造员开说明会，然后挨家挨户发放问卷，询问村民意愿，老厝怎么改，怎么翻修，修完之后做什么，全由村民自己决定。在这个过程中社区营造员认识了村民，增多了互动和联系。当硬件修复得差不多，让村民有意愿参加公民事务，将公共空间与个体空间相联系，提升认同感与归属感。之后开众筹大会，响应程度也非常大。短短2个月，赤土社众筹了七万多元爱心捐赠款，参与人数超过100人。要知道，赤土社总人口才800多人，这个参与比例很高了。

　　在社区营造的具体实施过程中，每个村基金会都会策划一个主题，民政部门会去旁听、指导，里面所有人都是台湾青年，对于大陆规章制度不熟悉，需要民政部门引导。有具体的评估方式，与街道单位签订合同，在"做中学"。由街道购买服务，街道组织评估，会邀请民政部门参与评估。根据当时的行政规划合同，进行总结。每个社区营造员的工作要对得起项目。写年度计划，月初向理事长报告目标，每周周末提交周工作计划。组员选择与地缘关系有关，尽量熟悉安排。

4. 基金会发展目前存在哪些问题，问题有解决吗？

　　理事长：两岸目前持证的专业人员很少，社区规划师只是县市认定。台湾地区能做到自给自足，本社区培养的人才基本会留在本社区，但大陆这边还需要扶持，这些基金会如何成长壮大、走出海沧、复刻模式是基金会发展面临的问题。同时，社区营造员专业性方面参差不齐，在招聘的时候只要是台湾青年，就可以选择，对于专业要求不高，因为专业性不足，导致项目开展情况存在差异。

　　社区营造员在工作中面临不适应、缺乏人文关怀、沟通技巧欠缺等问题。社区营造员中不适应的占 1/5，现在有 2—3 个不顺利。个体特质的差异性影响了工作的适应性，可以通过配合运用人力资源，实现互补。对于社区营造员来说，专业不是门槛，更多的是情怀与人文关怀的要求，在服务中需要耐得住性子。

　　我们基金会的成立循序渐进地弥补了社区营造员的不足，提供了培育人的环境。为社区营造员设计课程，教他们进村第一个月做"人、文、地、产、景"调查，逐渐可以参与到社区服务当中。也有请集美大学、厦门大学、金门大学教授进行培训。同时在制度上做创造性地转化，每周开例会，解决当下发生的问题，面对面深入了解问题。我自己也会安排走访，亲力亲为。同时，还有第三方机构的培育加持。这三方面保证了基金会的正常运作。

5. 第三方督导机构升阳升是怎样的?

　　理事长：深圳港澳青年创业基地也是走的一个复制的模式，通过梳理名片、挖典型，寻找台湾可行经验嫁接过来。按照台湾模式再培训，与第三方合作，提供一整年的课程。海沧的社会组织孵化基地"手牵手"深圳的升阳升，根据需要的专业课程、现场督导等需求购买服务的项目，也会问村委会的观感，让双方在过程中改善。

　　为了提升培训效果，今年对培训内容进行了优化，分为必修课和选修课，通过采用"走村"的方式，开展一对一督导，了解成员工作中遇到的问题，并提供个别督导和团体督导。基金会对于成员的稳定性有信心，很多人今年过年都在厦门过年，情感连接丰富，同时，基金会为成员提供了完善福利，有五险一金、医保卡、居住证。与升阳升的督导培训是一年一签，知识产权归基金会。作为海沧区社会组织文化基地的运营方，升阳升致力于为成员提供"陪伴式"成长。根据成员和不同村居的实际情况，量身定做工作形态，不是坐班制，要求写日报表，在村委会签到，下班前发动态，此外，还需定期进行做周报告、月分享。对于未在村委会报到的成员，要求写村庄走访日志，并附上笔记和照片。

　　升阳升在深圳 3 万多个社会组织中排名第 7，国际开放性很强，台湾地区、香港经验都有所移植，每年也会根据海沧具体情况进行修订。当前制度建设有 22 条，主要集中在管理方面。委托升阳升修订也更加完善。今年在章程细节、薪资报酬、考勤补助等方面做明确规定，成员有医保卡、居住证，解决了生活的后顾之忧。

6. 台湾社区营造技术如何内化于海沧?

理事长：台湾地区的社区营造经验是"由下而上"的，以居民的主动需求为核心，居民通过争取自主权来推动社区发展。在台湾，社区营造员的培训主要面向村民，由地方公权力部门开放培训班，并规定课程数量。地方政府还会为个人提供 5 万元资金，用于操作村庄事务，包括撰写企划书，并进行期中、期末考核。

社区营造到了大陆就要接地气，这和大陆的群众路线是一致的。说实话，专业技术其实比不过村主任入户。村主任做了社区营造员的工作，自下而上与居民沟通交流，做群众工作等于做社区营造员，往往更为有效。

对于台湾青年来说，入乡随俗、理解大陆的发展过程至关重要。社区营造员的作用不仅是推动社区发展，还是沟通两岸。社区营造员需要适应大陆的实际情况，将台湾的经验与大陆的群众路线相结合，更好地服务于社区和居民。

7. 基金会选择五个村庄的原因是什么?

理事长：这五个村庄是乡村振兴的重点村，五个村的项目组长是社区营造员中专业排名前五的成员，再为他们搭配一个组员。小组成员之间的搭配和地缘关系有关，一般会优先选择之前驻村的。

（二）对沧江古镇项目组成员的访谈

2021 年 6 月 16 日访问沧江古镇，就项目开展动员情况、项目运行过程中与成员及学校沟通机制、基金会运作优势与项目进行中遇到的困难及解决方案、社区营造员自身对基金会工作的认识等情况，与沧江古镇项目组成员进行深入交流。以下为访谈记录摘要。

1. 你们一个项目会做多长时间?

项目组成员：通常是一年起。

2. 做"小小解说员"项目的契机是什么?

项目组成员:因为这边是一个古镇,具有浓厚的历史文化底蕴,并有很多游客来参访。游客们来到这里,渴望深入了解古镇的前世今生。做"小小解说员"的契机其实就是因为这个地方,那时我们的一个伙伴王女士,刚进来这个村子,开始做有关社区营造的工作。在工作过程中,她发现村子在导览方面有着很大的需求,无论是上级领导来视察,还是村里的其他部门组织活动,都需要专业的导览人员来向来访者介绍古镇的历史、文化、风土人情等,但她自己一个人有些应付不暇。

如果让这个村子里面的人说自己村庄的故事,在地人一定比我们外地的人更熟悉,只是说他们不知道怎么去表达,不知道怎么去梳理这个村庄的故事,所以王女士就想让我来给这个村子的人来做一个培训。

培训最简单的就是从小孩子开始。王女士找到沧江古镇的沧江中心小学的校长。刚好校长因为学校也是有百年历史,也常常要去做导览工作,两人一拍即合,决定从学校开始,让孩子们先接受训练,成为"小小解说员"。

这个契机看似偶然,实则有着深刻的渊源。后来我们仔细琢磨"小小解说员"项目的意义时,发现远不止于此。一方面让小孩子提升了文化自信。让他们知道,原来我的村庄发生了那么多伟大的故事。这边其实是一个侨乡,有很多华人,下南洋,去越南,去马来西亚去做生意、打拼,赚了钱之后,他们会回来,回馈乡里。所以这个村子里有很多关于侨乡文化的、特别感人的故事。孩子们在讲自己村庄故事的时候,会发现原来我的村庄是这么有意义的一个地方,以家乡为荣,等于是把他的这个根扎牢了。以后,小朋友也许会出去工作,也许会离开家乡,可是这个根在,他就不会忘记自己的"本"。另一方面,我们台湾青年也是有受惠的。大家跟当地的村民,有着密切的合作,同时我们也更了解大陆这边的发展,建立了更深的情感,做这个"小小解说员",我们双方都是互利的。

3. 做"小小解说员"项目时有没有遇到什么困难?

项目组成员:其实没有多大的困难。我们上课的方式不是像学校的那种上课方式。前期,我们发现这边孩子在解说时都会背稿子,但是我不希望他们单纯地背稿子。我希望他们是用自己的经验，甚至是用不同的方式去表达你对村庄的情感.虽然这样，他们刚开始有一点不适应。我们对教材，还有针对当地孩子教学方式做了一些改善，大概是过了半年，他们才渐渐适应，然后也喜欢了这个课程。

4. 目前"小小解说员"有几位，是什么情况？

项目组成员：起初我们跟校长说，要做"小小解说员"的招募，其实有点像学校社团的方式，每周三16：00有"小小解说员"的社团，让孩子自由报名参加。最初有四五位孩子加入了"小小解说员"。建立口碑之后，慢慢有更多人加入。每年的暑假，也会办一个"小小解说员"的夏令营。夏令营主要招募对象为四年级的同学，后来，三年级的同学也可以加入社团。校长也认为，这是一个很好的项目，希望能够持续下去。

5. 项目开展过程中，与学校方面的沟通是否顺畅？

项目组成员：很顺畅，校长应该说是跟我们"一拍即合"，因为学校刚好有这个需求。

6. 这个项目是怎么下来的？怎样立项的？

项目组成员：刚开始我们没有想把它做成一个项目，只是一个日常工作，因为我们是村庄的社区营造员，是办社区的活动而已。后来发现，其实"小小解说员"蛮有意义的，就开始推广。学校也大力支持，就觉得社团可以持续下去，小孩子也喜欢。因为这边是海沧社区沧江古镇，它推起来之后，我们基金会的秘书长认为这是一个很好的范例，别的村庄可不可以也有"小小解说员"？于是我们就开始推了，所以第二个开展"小小解说员"的地方就是芦塘。芦塘"小小解说员"是去年开始做的，也推起来了，说明这是一个可复制、可持续性的项目。也可以说，这是我们基金会的一个代表项目。这个项目的精神就是"培根"，不仅是培育文化的根基、地方的根基，也有多种含义。

7. 你们与街道办有互动吗？

项目组成员：街道通过合约购买我们提供的服务。

8. 申报书是你们自己写，还是基金会有专门负责写申报书的员工？

项目组成员：我们是一线人员，不负责申请项目，基金会申请项目后分配给我们来具体开展。

9. 相比其他从事社区治理的人，你们的优势是什么？

项目组成员：跟其他社会组织比较不一样的地方，是我们比较强调延续性。我们希望在我们走了之后，村民可以把我们的一些理念和核心价值继续地在村庄运行。平时，我们能认识一些古镇比较活跃的居民，同时也能让他们认识我们、理解我们。

10. 怎样传递、延续基金会的理念和核心价值呢？

项目组成员：我们基金会一直在强调两个精神：一个是"培力"，另一个是"培根"。我们来到这边之后，会去找这个村子的特色，它的优势是什么？特别是我们另外一个基金会讲的就是"先造人、再造物"的理念。"先造人"，就是说我们要把这边的人培育起来，让人对文化有兴趣，人才是核心。在项目结束之后，这边的人还可以把我们培育起来的，或者他们自己本身自己有的东西持续组织、延续下去，我们只是把它带出来，让它更亮一点而已。

11. 你们刚来这里是完全陌生的，可能当地人都不知道自己有什么特色，而你们要去引导他们，你们是怎么了解的？

项目组成员：我们一开始会做"人、文、地、产、景"的调研，通过填问卷、去村民家中走访来获得信息。看起来很平常的"调研"工作，其实特别重要，就像盖房子的地基一样。要熟悉村庄与村民，了解他们的需求，这些都需要花点时间慢慢积累。就比如，我们去村庄调研"文史"，这不只是收集村民的回忆，也是抓住村庄未来发展的关键。除了要了解村庄的文化历史，盘点软硬件设施也很关键，比如村庄的基本资料、地理环境、风土人情等等，这些都是社区营造员要做的调研工作。社区营造员到了驻点村居后，就开始入户拜访、走访村居，认识村民们。我们的"人、文、地、产、景"调研工作会一直进行下去，还会及时更新。要是碰到不清楚的事，社区营造员就会及时去问街道主管、村居干部和村民，一起找解决办法。

例如，古镇造街，历史长廊里的心跳，这个项目，通过实地走访调研，挖掘出了历史故事，让古厝换新颜；又比如，在西部地区，社区营造员发现当地儿童上学遥远，难以解决中餐，饿着肚子上学，缺乏情感支撑等等，我们通过实际调研走访了解情况，与村居干部进行沟通后，对接资源，新建心理咨询室。这些看似稀松平常的小事，需要驻点的社区营造员细心地进行观察与了解，才能够以问题为导向回应村庄实际需求。发现问题，解决问题，最后满足村庄的一些实际需求。

12. 您是怎样进入村庄，一步步开展工作的？

项目组成员：我是 2019 年 6 月来的，刚去的时候，秘书长就上过一堂培训课，有培训说一开始进入村子里面需要做什么，整堂课汲取了很多知识，但后来我进村发现课上的那些基本内容完全没有用。不过，我印象特别深刻的是秘书长提到的一个关键点——往人多的地方走。我就按照这个思路，在后井这个偏僻的小村里寻找人多的地方。我发现，村子里有一间妈祖庙，那里经常有一些老人，还有一些比较活跃的人。于是，我决定走进去，跟他们聊天，做自我介绍。我用的是一种比较接地气、比较草根的方式，告诉他们我是从台湾来的女孩。他们一下子就对我很感兴趣，开始问这问那的。我就跟他们介绍我自己，讲讲我是来做什么的。慢慢地，我和他们熟悉起来，通过他们，我也了解到了一些村里的生活情况。

那堂课另外一个关键点后来也有帮到我，就是要去找村庄的关键人物。我跟那群庙里面的老人熟了之后，打听到了很多内部消息。在他们的介绍下，我也得知了村里最了解情况的一个人的名字。于是，我花了一天的时间去找这个周伯伯。找到之后，可能因为我长得很有亲和力，周伯伯看到我就很开心，他非常热衷村庄的文化历史，可村里面没有人重视这件事情。我一找到他，说："阿伯，你好。我是社区新来的一个台湾人，我想要了解村庄的文化历史。"他一听，特别高兴，马上就给我讲起来。他说了很多关于村庄的故事，从很久以前的事情讲到最近的变化，我能感受到他对这个村庄的热爱和对文化的执着。

通过周伯伯这一关键人物，我又认识了很多人。我想肯定会有志同道合的人去找他，那段时间，我一周里有两三天都会常常去他家拜访他。慢慢地，我的受众群就扩大了，从一开始的一两个人，变成了四五个，七八个。我发现他们都有一个共同点，就是都很喜欢这个村庄，对村庄的文化和历史有着深厚的感情。于是，我就开始做一些口述历史的工作。比如，我帮他们回忆并还原了 20 世纪 70 年代后井的地图，那时候村子还没被拆。我还协助他们把一些想要做的事情说得更通顺、更清晰。我会认真倾听他们的故事，然后整理成文字，帮助他们更好地记录和传承。在这个过程中，我也学到了很多东西，对这个村庄有了更深的了解。

这就是我 2019 年一开始工作的经历，从零开始，慢慢找到这些资源和机会的。后井村是一个特别的例子，因为那个村子真的没什么资源，我真的是一个人走出来的。但在沧江古镇的情况就比较不一样了，因为那里有项目的支持，所以工作方式也有所不同。

13. 之前那个是完全没有项目支持的吗？

项目组成员：之前是没有项目，这些基金会是采用一个社区营造员分配到一个村的模式。这种模式比较辛苦，因为真的是把一个人放到那个村子里面，你得自己去发展，自己去寻找机会和资源。但是后来在沧江古镇，变成用项目的方式去做的话，一开始，我就会去找村委会，请他们介绍一些社区里面比较热心的人。我当时是从沧江书院开始的，先认识了书院管理员，然后我会和他聊天，了解村庄目前做过什么样的活动，比较喜欢什么样子的东西等等。聊完之后，我就会开始去调研这个村庄，了解它的文化历史。之后，我们在这个村庄观察一段时间，发现这个村庄可以做什么，它的问题是什么，以及我们怎么样解决这个问题。然后开始设计企划活动。我们的活动不是那种昙花一现的活动，办完就没了，而是系列型的，采用培育的方式，让他们有他们自己的东西，是一种"陪伴式"的模式。

14. 街道办购买服务时，会要求做到什么地步吗？

项目组成员：服务是通过协商的方式来确定的。在签订合约前，我们基金会一定会先过来调研两三次，跟这个村庄的领导去了解一下村庄的问题。了解完，大概有个雏形之后，我们基金会再去跟街道办说这个村庄可以定哪些主题。当然这个只是一个大方向，实际还是要有我们一线的人下去走，还

是要花一两个月的时间才会比较清楚了解

15. 工作量大不？担心有些不能完成吗？

项目组成员：这个我不担心啊，我比较担心的是我做的活动有没有切合他们的需求。

16. 你们两位职责有什么不一样吗？

项目组成员：我比较不一样，是因为我去年 11 月才加入基金会，我没有他们驻村的经历。刚进来的三个月是把我分到不同的村去跟着那边的社区营造员一起，刚好因为那时候可能是年底了，是有点在收尾的阶段。

17. 现在做的这些项目怎么跟乡村振兴联系起来的？现在做的乡村振兴主题是什么？

项目组成员：我们的主题叫作"古镇造街"。其中，"历史长廊里的心跳"这个题目太有情怀了。海沧以前是一个小渔村，但它有一个很特别的地理位置。它位于九龙江口，在明末的时候，隆庆皇帝开海，废除了之前的海禁政策。当时，粤港是唯一开放的港口，而海沧刚好位于粤港的北岸，是一个可以进行海上贸易的港口，是全中国贸易的一个重要节点。因为这个契机，海沧开始发展海上贸易。

这也是这边有那么多华人下南洋去做生意的原因之一，因为从那时候开始，海沧就成为了海上贸易的重要地点。这边以前是贸易港口，等于是岛内的中山路，有现在鼓浪屿的那种感觉，非常繁荣。时代变迁，这个古镇后来没落了。以前，如果海沧人要到厦门岛内，这边有船可以载过去。后来海沧大桥开通了，另外一边也做了新的贸易港口和自动化码头，这边的功能渐渐被取代，变成你看到的这个样子。以前的骑楼、古厝老宅都还留着，有些已经破破烂烂的，只剩下历史的遗迹。可这个地方它曾经的那种繁华的历史还存在着，它还是真实地活着，还没有被拆。我们的主题叫作"历史长廊里的心跳"，意思就是它的心跳还在，它还活着，只是还没有被人们听到。我们希望通过我们的努力，让人们重新听到沧江古镇的"心跳"，感受到它的历史和文化底蕴。

18. 整个海沧老街保留着最完整的建筑，怎样把老街利用起来并契合当

代人的爱好呢?

项目组成员:是的,我们也是这个思路,设想了汉服体验馆作为载体。这样既可以利用这边的建筑,重新设计老街,又能给人一种老街玩出新区域的感觉。目前这个项目还在进行中。刚开始,我们就是以汉服体验馆为载体,开始策划一系列活动。到目前为止,我们大概办了三场活动。第一场是亲子手作课程,很受大家欢迎。第二场是妆发课,还有一堂妆发课是安排在这个礼拜,但还没开始办。因为项目才刚刚开始,所以还在做基础的铺垫工作。

19. 这个项目多久结束?

项目组成员:可能要到明年3月。前期刚来的时候,在做硬件方面的工作,把一个破房子改造成了现在的工作室,所以后面还需要一点时间。

20. 工作室是找谁借还是你们租的?

项目组成员:只有我们这个点没有付钱。这个点是村委会无偿提供给我们的,其他点都是要付钱的,我们跟房主租。

21. 这个你们搞活动的书院之前是干嘛用的?

项目组成员:其实这个书院有点像是我们台湾的那种居民活动中心,他们也会在这里办一些活动,但通常都是以我们的活动为主。

22. 有没有代表性的案例?比如西部扶贫。

项目组成员:我们去年有西部扶贫的项目,我是去甘肃,然后另外一个同事是去宁夏。其实社会组织也是可以去脱贫的,是做一个辅助的角色去做扶贫工作。海沧也是可以派社会组织过去的,其中一次就是我们基金会。在宁夏泾源县,我们主要推进的是"海沧社会组织培力列车"计划,这个计划是在宁夏泾源六盘山镇的集美新村实施的。我们通过空间提升、组建地方团队、活动引入、搭建海沧区社会组织扶贫培力列车联盟等方式,发掘了四点钟学堂、爱心超市、卫生室和扶贫车间等活动与项目。大家不同的社会组织聚在一起,一起合作,同时也非常注重运营机制、管理方法在当地能否实现自主管理,规划了人才培训课程。

23. 你们去那边主要做什么工作?

项目组成员:我们主要是做社区营造。社区营造需要相对成熟的条件,西部跟东部真的是很不一样的地方。西部并不是随便一个地方都可以开展社区营造的，它还是需要一定的成熟度。我所说的成熟度不是指很完善的设施，而是指当地的环境，还有那边人民的观念。我们当时有先去调研过一两次，然后发现那边的村庄好像还没有那么成熟，环境也比较恶劣。后来，我们就跟当地的扶贫干部商量，觉得以留守儿童为主题是社会组织绝对可以做的一个题目。于是，我们选定了偏远的小学，开展教育服务计划。

在甘肃前期调研的时候，我们发现那所学校里有 90% 以上的学生都是留守儿童。而且，他们从家里到学校非常远，上学要走一个半小时，这一个半小时可不是走平路，而是要翻过一个山头。校长跟我们说，这些孩子每天上学，不管是夏天的露珠还是冬天的雪水，他们的脚都是湿的。他们一大清早就得往学校赶。路途这么遥远，我们发现学校里有一个很严重的问题，他们的中餐都是让小孩子自己回家吃。但是这些留守儿童第一个回家路很远，第二个他爸爸妈妈又不在身边，怎么办呢？结果就是，很多孩子只能饿着肚子上课，或者有时候爷爷奶奶给他们两块钱去买泡面、辣条，重点是那边还没有热水，所以他们只能生吃，也吃不饱。有时候老师那边的热水壶还有一点水，小孩子们就会跟老师要热水，但这种情况很少。我们就觉得，他们的午餐问题真的很严重。而且，这些孩子要在小学待 6 年，难道这 6 年都要这样度过吗？我们觉得这个地方是社会组织可以协助的。后来，我们发现有很多社会组织，比如中国社会福利基金会，他们有一个项目叫"免费午餐"，我们就联系了"免费午餐"，但我们不想只是简单地帮学校申请午餐。因为如果这样，我们走了之后，这些学校可能还是会面临同样的问题，还是会依赖别人的救助。我们不希望这样。

所以我们到那边也是用陪伴的方式，我们带着这些老师还有校长，教他们怎么去申请项目，怎么去跟外面的这些慈善组织去联系、对接、合作。从无到有，学校的厨房原本是没有的，我们去帮他建制，去申请经费，去购买厨房的用具，还帮他们找厨师。前后也大概花了 3 个月的时间，我们是 3 月 25 日进驻的，大概 7 月 7 日他们就开始提供午餐了。

24. 在这个过程中有没有遇到什么困难？

项目组成员：我们也是想尽办法多方链接资源，像他们有所谓的公益性岗位，我们可以跟政府申请，还有免费午餐这个项目，其实也多少补助一些厨师的费用。我觉得困难主要在于甘肃省的那个地方相对比较落后，他们也没有太多跟外面接触的机会，这种经验比较少。所以，从外面引进资源到学校里面，中间是需要经过很多层，比如教育局、乡里的学校，因为它们是有分偏远小学，顶上还有一个中心小学，所有的事情都是要经过中心小学去对外联系。所以，我觉得最困难的是中间那一层的行政关卡，审批程序很复杂。我们去跟他们解释，说我们需要开公益性发票，他们可能不太清楚这是什么，又要解释又要走很多手续。但我觉得老师和校长他们其实非常清楚为孩子们提供免费午餐是一件好事，他们非常热情，也非常积极地去学习。这让我觉得非常好。主要的困难还是在中间的行政关卡。

25. 你们离开之后有没有继续跟进呢？

项目组成员：都在跟进，就像刚才讲的，希望我们离开之后还是可以留下些什么，所以我们不单单是去募集钱，去募集物资给他们，然后就走了，不是这种模式。我们希望可以用授人以渔的方式让他们自助，教他们怎么去申请免费午餐，让他们也有自助的能力。我们还帮他们建一个校园农场，这个农场在学校里面，我们盖了一个大棚，他们可以自己种菜，为自己加菜，同时也是教育这些孩子，虽然我们生长的环境差，但是我们可以想办法自食其力。虽然只是一个小农场，叫"阳光小农"项目，支撑不了整个学校的菜，但是让他们有了这个教育的理念。

26. 这个项目当时是海沧这边提供资金去做的吗？

项目组成员：它其实就是一个海沧的对口支援，但是我们这个案子真的超省钱。企划案也不用写，就是这样的事情，那个大棚我们全部也才花 8 万。

27. 当时有多少家机构申请对口支援项目去那边？

项目组成员：因为这个是海沧区民政局他们去统筹的，所以我不清楚。海沧区民政局好像每年有一个月的时间会派遣社工去甘肃积石山县的各个农村。

28. 海沧区现在有多少个跟你们做这种服务的？海沧区类似的社会组织也需要去参加对口支援吗，还是只是需要一部分基金会去？

项目组成员：我想主要是因为国家政策，社会组织是作为辅助单位的。如果他们需要的话，社会组织也可以去做扶贫工作。民政局在接到政策后，会号召社会组织参与。但不知道他们是怎么样统筹社会组织的，可能就是招到这几家，派你去西部一个月，然后再回来，再跟他们报告。

29. 你们跟其他的社会组织有沟通联系互动吗？

项目组成员：会有的，更像是共建模式，我们这边是芦塘组，就跟那个哈雷奶奶团队有一些合作。哈雷奶奶是个很时髦的奶奶，他们会在鼓浪屿穿旗袍等等，为鼓浪屿代言。我们芦塘组的同仁刚好在推动一个"妇女站出来"的项目。在农村，妇女通常是很卑微，默默在旁边打扫、煮饭。可后来我们觉得，这些妇女其实是一个温柔而坚定的力量，"她们"可以温柔、可以美丽，也可以活力自信。如果没有她们在背后默默支持，很多事情都难以完成。农村妇女其实很伟大，应该要把她们推出来。乡村振兴不仅仅是环境变美而已，更重要的是人美心美，社会和谐发展。所以芦塘组那边，他们想训练这些妇女，提升她们的美姿美仪，让她们更有自信。她们也很喜欢这个项目。于是，我们和哈雷奶奶团队合作，让哈雷奶奶公益地教她们。

30. 平时有活动的时候，你们会去帮忙吗？相当于他们主办，你们协办？多是大陆的社会组织吗？他们一般跟你们互动的话，你们会选择哪种？

项目组成员：其实也是需要互相学习的，大多是大陆当地的团体的，我们会跟他们聊，说我们现在想要做这个项目，希望提升妇女的自信。听说哈雷奶奶团队在妇女相关工作方面很有经验，也是这方面的代表。希望可以邀请他们，看看双方可以用什么样的方式合作，以达到我们的目标。我们会先和他们谈合作方案，设想后面可以邀请来一起办活动等等。

31. 你们所有的社会组织有没有一个群聊？

项目组成员：没有，之前去西部肯定有的。

32. 社会组织怎么招募的，之前您做什么的？

项目组成员：2019年我才来的厦门，之前在台湾是在媒体行业，来厦门先做了电商，去年才加入这个组织。

33. 你来大陆适应吗？

项目组成员：我比较特殊，因为我从小就在大陆读书。所以对这边比较熟悉。我是台商二代，刚来的时候去了新疆，一下就去了那么远的地方，然后慢慢回来，高中在北京读的，大学是在泉州的华侨大学。我毕业后想说太久没有回家，平时只有寒暑假才会回家，所以想先回台湾工作，工作几年我发现还是想过来，因为家人都在这里。所以又跑回来了。

34. 这个组织里哪些文化是你比较喜欢的？

项目组成员：我感觉社会组织真的是需要一份热心，因为它不是营利组织，不追求名利，而是需要有一颗友爱的心。这种文化让我感觉很温暖，我能从里面的老师和大家的工作状态中感受到这一点。

35. 你们的工作每一周都会做记录吗？

项目组成员：每一周我们会做一个周报，记录这一周的工作情况。然后每周会再打印出来，方便大家查看和回顾。

36. 每个月会开月会吗？

项目组成员：有分享会。

37. 一般这种项目有没有第三方组织给你们做培训呢？

项目组成员：有的，我们会请海沧的一个专业团队定期进行督导。会和他们聊聊在做项目过程中遇到的问题、困难或状况，然后他们会给我们一些建议和方法，让我们知道怎么去改变和处理现况。

38. 他们会考核你们吗？多久考核一次？

项目组成员：他们也会参与考核。不过因为我还没有经历过完整的考核流程，所以不太清楚具体细节。我们这个项目是今年 3 月 13 日才开始购买他们的服务的，所以具体的考核时间和内容我还不太了解。

39. 你们基金会年终时会被考核什么？

项目组成员：记得我们基金会是每个月会有一个分享，每一季会有一个季度考核，然后在一年的年终会有一个全面的年终考核。

40. 季考核是考核什么？

项目组成员：季考核主要是让你汇报这三个月来的工作进度。比如你达到了哪些目标，你之前计划书里设定的目标有没有实现。即使你没有完全达到目标，也要说说你目前做到了哪些，你觉得哪些地方是可以的。总的来说，类似一种工作汇报。

41. 你们的考核是既有量化的指标，又有主观的，是吗？

项目组成员：对。考核主要还是综合评估方式。一方面，我们有明确的量化指标，比如目标完成进度等具体数据要求；另一方面也包含主观评价维度。这种双轨制考核更加全面。

42. 有没有考核不通过的？

项目组成员：考核不通过很难的，整体的考核机制是比较包容的，除非你真的什么都不会那种。只要具备基本的业务能力，能够完成日常工作，基本上都能通过考核。

43. 平常是怎样使用项目基金开展活动的？

项目组成员：通常是按照财务组织顺序。比如，有机构来购买我们的服务，双方经过协商确定了一个服务价格。比如，他们说要花50万购买我们机构的服务，这50万就给你们。但这50万里面，基金会那边可能需要扣除一些人事经费、行政经费等固定支出，剩下的活动经费可能就是20万。这20万是给你们项目组去统筹的，但不是全部用来办活动。你还要考虑工作室的费用、人事费用等。当然，我这里说的这些数字都只是举个例子，方便理解。

44. 你们经费是一个月向上报一次，还是说分项目的？

项目组成员：好像没有一个月，而是根据活动的周期来上报。上报频率比较灵活。也就是说，会根据不同项目从启动到结束的完整周期，来相应地确定经费上报的节奏和时间节点。这种安排方式相对来说更加符合项目运作的实际需求，而不是机械地固定在某个月度时间点上。

45. 相对来说，你们有较大的自主权去支配这个活动经费？

项目组成员：很自主。只要是在项目预算范围内，并且符合相关的财务规定和管理制度，我们项目组可以根据实际工作需要安排经费的具体使用方式和分配方案。这样的话，我们面对实施过程中遇到的各种情况，也更好处理。所有的经费使用都要做到合理合规。

46. 一个地区就是这一个项目，你们现在站点的话，活动经费大概是多少？

项目组成员：这个站点让我算一下，大概48万，但是因为我们每做一个项目，都会做一个影片记录，我们也请了一个摄影团队，这可能要花8万。所以，剩下的大概有40万，还有一些其他费用。但总体来说，48万是够用的，我觉得很充实。

47. 之前驻村是没有经费吗？

项目组成员：之前驻村就是公益，都是没有经费的。

48. 那你们要是想办活动，该怎么办呢？

项目组成员：如果想办活动，我们能自己来就自己来，然后和书院沟通一下。如果书院在某些方面有需求，而我们也有这方面的资源，那我们就可以合作。用他们手里的资金，我们出人力，这样就可以把活动办起来。

49. 举办活动会感觉人员紧张吗？

项目组成员：如果有活动，当天我们就会把大家召集在一起。我们和其他村的社工也有一个类似资源共享的机制，如果哪里人手不够，就可以从别的地方调配一些人过来，这样比较灵活，人员还是够用的。

50. 我感觉你们好像很开心？

项目组成员：还可以，做这个做得还不错。

51. 你们这边也是有五险一金吗？工资这些满意吗？

项目组成员：有五险一金，要看衡量标准，其实跟台湾比有一点点低。

52. 相同的行业的话，台湾高吗？

项目组成员：我觉得差不多，但因为我们是从台湾过来的，其实还有很多成本要算进去，因为在这边很多东西要搬过来，还是离家比较远。

53. 跟台湾差不多，为什么要来大陆？

项目组成员：虽然差不多，我们会觉得大陆的福利比较好，我们比较愿意来这里。

54. 这位姐姐你是有家人在这边，那姐姐你是为什么要来的？

项目组成员：我就是想去别的地方看一下、试一下，因为台湾就这么小，有时候需要出岛去看一下。大陆近几年发展得也很好，机会也多。

55. 你们是先来到大陆再找工作，还是在台湾的时候就已经找好这个地儿了?

项目组成员：我是在台湾就先找好，然后就过来，因为我也是第一次来大陆。

56. 你们之前是从事什么工作的?

项目组成员：我的本科是念资讯业，前两年我是在做资讯，后来我就转换跑道变成做贸易。

57. 在台湾有没有做过社区营造?

项目组成员：我做过全职义工，一年半是做义工。

58. 你感觉在大陆跟在台湾做社区营造有什么区别吗?

项目组成员：怎么讲，我觉得这边的制度和福利比较好一点。虽然台湾的社工行业起步较早、发展更成熟，但制度可能没有这边完善。在台湾，社工工作比较辛苦，很多时候需要依靠热忱来支撑。当然，大陆这边也需要热忱，但整体环境和资源支持更好。

（三）对芦塘书院、海峡城乡发展基金会工作站成员的访谈

2021年6月18日，访问芦塘书院、海峡城乡发展基金会工作站，就人员招募、组织适应、组织文化建设情况以及组织参与社区营造和乡村振兴参与情况、社区营造员等问题与理事长、芦塘社区营造员进行深入访谈交流。以下为访谈记录摘要：

1. 基金会具体情况介绍

理事长：基金会成立于2019年6月，从民政部到各个地方的民政局，都是基金会的主管机关。基金会的组成，其实就是依据国际基金会的执行方式在做，相关的法规和制度，网络上都有。成立基金会它有几个方式，比如公开募款等。我们基金会属于非公共慈善机构，非公共的意思是不公开用款，因此它的款项是由某个单位直接指定给予我们，用于慈善工作。

　　基金会的组成是理事会制度，上有理事会，下有一个秘书处来执行。理事会包括理事跟监事，他们在基金会的运作过程中起到出谋划策的作用，就像人的头脑。而秘书处就是手脚，去执行理事会的任务，负责执行理事会每年认定的大方向和理念。

　　我们现在能看到的秘书处，从之前的戴老师到现在下面的这些同仁，其实是分成两块，一个是行政组，另一个是项目组。行政组主要负责有关人事管理考核，由朱老师负责，这一部分的工作内容包括人事管理、部门管理以及事务管理。人事管理涉及人员的招聘、培训、考核等；部门管理就是管理一个部门，包括人员的调配和管理；事务管理则包括文书工作、器材管理、物资管理等。另外有一个独立的财务部，负责财务管理。秘书处的架构在网络上都可以找到类似的模板，全国、全世界都是这样的。

　　项目组是我们目前执行基金会项目的主体，项目分为两大区块。一个叫作"培根"计划，这是我们在海沧地区执行的工作；另一个叫作"培力"计划，这是在西部扶贫的工作。"培根"计划顾名思义，字面上就是培养地方的根基，希望为当地社区打下坚实的基础，提升社区的整体能力和可持续发展能力。"培力"计划则是培养当地居民的能力，帮助他们提升自我发展能力，增强自信心和自主性，从而摆脱贫困和实现可持续发展。这两个名字来源于社会学中的"赋权增能"概念，我们希望用更接地气的方式，让大家更容易理解和接受，不希望这些名词听起来很高大上，而是真正贴近社区和居民的需求。

　　基金会希望把台湾在社区营造方面的成功经验引入大陆的乡村振兴工作中，同时我们也总结大陆在美丽乡村建设上的好做法。说得宏大一点，我们做的这些事儿，其实不只是在帮一个地方变好，而是想通过这些努力，给两岸的城市更新、社区治理和乡村振兴都添把火，出份力。这些工作不仅能实实在在地改善地方，还能让两岸之间的交流和融合更深入。我们也积极参与乡村振兴、社区营造、空间规划与治理，还有像公共参与推广以及人才培训等等；汇聚两岸的人才和智慧，一起研究城乡发展、社区治理、文化交流，想把事儿做得更专业、更有深度。此外，基金会还会搭建一个两岸城乡发展工作的交流平台，举办两岸交流活动，开展城乡发展专业课程培训，培养并输送更多在乡村振兴、社区营造、乡土文化保护传承方面的人才。当然，这些也是我们后续努力的方向。

2. 在海沧做"培根计划"的初心是什么？

理事长："培根计划"不仅让村民扎下对家乡文化自信的根，更让台湾青年扎下对这片土地认同的根。关于"培根计划"的初心，首先我们希望台湾青年能够参与到大陆的工作中来。大陆在社会组织和社会工作方面有相当高的专业度和丰富的人才资源。我们以台湾的社区营造方式来到大陆，希望在社会组织、社会治理等领域做出贡献。在台湾，社区营造不仅涉及社工，还涵盖了建筑、景观、环境等空间规划层面的专业做法。台湾从1994年开始提倡社区营造，最初是由建筑专业者发起的，从大专院校的建筑科系开始。因为他们在处理空间规划时，更容易发现一些基础层面的问题。例如，在一个空间里盖大楼或做规划时，会碰到很多与社区相关的问题。这些问题不仅需要专业的建筑和规划知识，还需要社区营造的理念和方法来解决。要解决一个公司的环境更新，会涉及土地、法律总体规划，土地使用的问题，也因此在台湾做社区营造的话，是控制空间的验证。

希望利用"培根计划"的项目把村里现有的资源好好整合，然后设计出一些既有趣又有创意，还特别有人文关怀的活动。通过这些活动，社会组织就能和当地建立起信任感，这样后续的工作就好开展多了。在活动的过程中，我们也有意识、有目的地去提炼出一套好用的操作机制，然后把这些经验和方法教给参与者，让他们以后自己也能做，就像俗话说的，"授人以渔"，而不是简单地"授人以鱼"。

3. 海沧区跟台湾当地相比有怎样的特殊性？可以举例说明。

理事长：特殊性体现在我们不仅仅只做志愿者服务，而是会结合空间实际的环境。一般的社会组织可能更偏向于"造人"，也就是关注人的部分，而没有涉及"造物"，因为社工通常没有相关的空间专业背景。在台湾，过去我们也会进入社区，向居民表述我们要怎么操作，通常是先从人入手，带动这些人参与到周边实际生活的空间改造和更新中去。但在海沧，我们提炼出了一种工作方法，叫作"先造人、再造物"。

　　要做培根，培养地方的根基，也就是从周边环境认识起。如果你对自己生长的地方毫无知觉，没有那种归属感的话，你是很难真正投入进去的。至少你会觉得"门前雪"是自己的事。我以芦塘社区为例，你们刚刚下车的社区书院，是在2016年开始启动的，当时当地政府有一个小政策，叫作"耕读文化"，希望透过每个地方的社区书院的打造来提升村民的精神文明。听起来很抽象、很形而上，对不对？怎么突破环境，通过一个社区书院来提升精神文明呢？这个过程其实是有落差的。精神文明的提升肯定不是单靠在学校或是社区书院上课就可以做得到的。况且如果一个老师只是教你技术，而没有身教和言教，你在学习过程中会很难受，是很难真正学到东西的。

　　这个社区书院怎么达到"造人"又"造物"，突出与台湾不一样的社区营造特色呢？当时社区书院要做建设，村子里面就开始找地方，大家都觉得这是一个很好的机会，可以通过社区书院带动整个社区的发展。其实，如果你们对地方规划有所涉猎的话，会发现人们最喜欢盖楼，因为这是未来的资产。但在闽南地区，农村里其实最多的是闲置的屋子，相信你们也经常遇到这种闽南古厝。闽南古厝为什么会闲置在那里？甚至很便宜，一个月300块就可以租出去，因为这样的空间，不符合现代生活的实际需求。很多古厝是没有饮水，没有电，更没有什么厕所，这对居民来说就非常不方便，所以他宁可闲置在那里。再来，年久失修的古厝可能漏雨，晚上可能有蚊虫、蟑螂等等。但是你们有没有想过，在闽南地区，大部分古厝都是曾经下南洋的人建的。而我们在做村庄的硬件空间资源盘点的时候，发现芦塘相当不得了，它是清末时期，陈氏家祠的一个祖庙，东西都是最精美的。芦塘的陈氏家族，以前有越南"米仓大王"之称。原先在福建都是因为山多田少吃不饱才往外走，才会下南洋。在你人生地不熟、语言又不通的情况下，居然还能到达之后被冠上"米仓大王"之称那是多难得的，也在这样过程中，陈氏家族建造了宗祠，宗祠连片，往右就是义忠祠，两厝一楼的一个大规模。宗祠除了提供陈氏家族的私塾上课之外，也开放给青礁村村民一起来上课，而青礁村95%都姓颜，这么少数的陈氏人在这里拥有如此辉煌的历史，但后来陈氏的光荣都被掩埋在了时光里，古厝也没有再被利用。

我们就想着利用这个古厝来改造我们的社区书院，之后找了这个主人，没想到他一口答应，10 年免租，政府出资帮忙修复古厝。我们差不多前后花了 5 个月修复这个古厝，我们将这些文化历史归进去，之后上墙。看了之后，他们都觉得太不可思议，这个陈氏的家族原先有这么辉煌的历史。你们想想看，一个硬件环境的空间，将他的人文历史去做上墙的过程，已经在建立一个"人＋物"的雏形出来。

人的情感加一个空间的修复，产生了一个无形的情感线连接进来。他在看宗祠、看古厝，他已经不觉得它是一个毫无生命的空间，他会觉得这个是我祖先的血脉在那里呈现，他会看到的是当年那么不容易打造的东西，情感线被连接起来。这个就是我们很重要的"造人造物"的一个工作机制。先让一个空间跟人的情感有一个无形的连接，之后他在对待空间已经不是单纯地看它是房子，看它是一个教室，是一个书院，他会觉得这个是我的家，对吧？这就是一个很有趣的连接。

当环境被塑造，越来越多的村里人会来主动支持这项事业。我们书院的室内空间其实不到 50 平方米，挺局促的。有天，一个妇女拉着我的衣袖跟我说："李老师，你们这地方太小了。你前面那块地我给你腾出来，你们把它改造成广场。"这位女士叫林亚花，她就是我们现在的房东。她把她的番薯田让出来给我们用，这才有了那么一大片空间。刚刚你们下车的地方本来是一块番薯田，我手机里还有照片。当时村里正在搞美丽乡村建设，农村里要改造真是不容易。农村的地，大家都是寸土必争，谁都不愿意让出来。所以公共空间特别少。我们想利用的地方，只能靠大家让利。就像亚花阿姨，她让出来这块地，我们的环境才有了更好的公共空间。还有像退休老支书贡献的自家近百平方米土地用于拓宽村道，修缮花坛，拿出自家盆栽放在门口供人观赏；有的村民主动将自家猪圈拆除，让出一百多平方米的地进行整治提升。

在这个过程中，我们还去了解了当地的人文历史。这很重要，因为要让大家对脚下的这片土地有认同感。让村民了解这段历史，他们就会产生认同感。了解了，认同了，他们就会有文化自信。不管姓陈、姓王还是姓李，这都是我们中国人共同的历史。在这个过程中，我们让村民为祖先感到自豪。当他们有了自豪感，就会觉得自己和祖先息息相关，不能给祖先丢脸。

这个就是连接一个什么生命共同体很关键，你不知道你的过去，你更不会有未来，所以当下呢，往上跟你的祖先的这种历史连接，往下在未来，我们希望你要参与村庄的公众事务，有这样的情感线连接之后，我们再去发展其他的项目工作，就更可以带动他，就不会觉得这不是我家的事。在这样的生命共同体的连接之后，我们再去倡议其他的问题，比如垃圾分类或者是其他的活动，他们的参与度就会非常不一样。透过一个社区书院一个小小的50平方米的空间，到后来有村民让了前面这一块广场。我们2016年开始一直累积到2018年，这一段时间在做美丽乡村，前后让地让户的总面积达到了几千平方米。

芦塘的案例就可以简单地让大家知道"造人"与"造物"，是怎么连接。先让你有文化认同、文化自信，进而参与到周边的公众事业。这是我觉得和台湾地区的社区营造很不一样的地方。

4. 西部扶贫时的社区营造又有什么特殊之处吗？可以举例说明。

理事长：从2018年开始，我就一直参与西部的扶贫工作。大家都知道，今年已经全面脱贫了。那脱贫之后，我们再提供扶贫支持，就得特别讲究方法，因为现在的问题已经不是温饱问题了。就说甘肃吧，那边的交通很方便，物资运输也很顺畅，硬件设施国家已经建设得非常到位了。那脱贫之后，我们还能做些什么呢？其实，我们的重点是培养村民的自立自强能力。以前我们是直接给资源，现在这个阶段，我们要持续提供的是标杆，教他们怎么去调研，怎么自己设计解决问题的方法。

当我们认识到这一点，明白我们能为西部做什么时，未来我们的方向就很清楚了。比如小江老师，他也参与了甘肃的扶贫工作，一直在阳山小学那边。我们为阳山小学做了一张地图，叫作"回家的地方"。圈子里95%的小朋友都是留守儿童。我们还做了一张地图，记录了这些孩子的父母在外打工的地点，有的在四川，有的在新疆。这些地图很直白地呈现了孩子与父母之间的距离，不仅是地理上的，更是心理上的。了解到这些情况后，我们做了两件事：一是对接社会资源，争取为孩子们提供免费的营养午餐；二是打造了一间教室，利用学校现有的心理咨询室，我们叫它"悄悄告诉他"。在偏远地区，信息不太畅通，虽然我们经常在手机上看到腾讯、阿里巴巴等都有线上评估，但那边的孩子们可能并不了解这些资源。所以，我们在西部扶贫时的社区营造，就特别注重打通资源链接渠道，让当地需求可以持续性得到对接，实现长远的良性互动。

同时，在稻田里，我们组织孩子们亲自参与耕种，让他们填写记录表，认识各种树木和植物。这些活动不仅增加了他们的知识，还增进了同学之间的友情。我们还设立了小组，让每个孩子都成为"小天使"，负责服务和关怀他们的"小主人"，也就是其他同学。通过这些活动，孩子们学会了互相帮助和关爱。这些内容也会被整合起来，成为孩子们与父母交流的话题。我们希望孩子们在与父母交流时，不仅仅是被问"书读了没"，这种问题会给孩子带来学习压力。相反，他们可以和父母分享他们在学校认识的新朋友、种了什么菜、参加了哪些有趣的活动。这样的交流方式不仅丰富了孩子们的话题，也让父母能够更好地了解孩子的学校生活，增进亲子之间的互动和理解。

5. 创意这么好的，比如说让他们种菜，是谁想出来的呢？

理事长：这些创意都是我们自己想出来的，但是这样的做事方式和执行方法在台湾是很普遍的。从 1994 年到现在，都近 30 年了，这个过程里面不断摸索、实践，积累了丰富经验。大陆曾经走过的路台湾都走过。只是台湾起步得早，所以过程里面它可以在发展过程中有更多的时间去总结经验教训，把那些不完善、不高效的部分逐步优化，删掉那些"磕磕绊绊"的环节，最终提炼出最精华、最有效的部分。我们有这样的台湾经验来大陆的话，前期的那些原先的弯路就可以不需要走。台湾肯定也有一个时期是直接丢物资，后来反省之后就会觉得应该要更细致的。

6. 这些相关的有台湾生产经验的方式，专业的就您一个人吗？您起到什么作用？

理事长：我其实是起到了一个大脑的作用和一个理念的传达。很多社区营造员的经验也是很丰富的，可以在日常工作中加以利用。像小刁老师，他本身是学教育的，不是专业做社区营造的，但是他在教学教育的专业过程，也会带着他的专业思路跟理念进到项目里面。比如在阳山小学或者芦塘的工作，之前提到过"小小解说员"项目，通过寓教于乐的方式，让小朋友自己去做田野调查，当小记者去采访村里的长辈，提炼出村庄的故事。

7. 现有项目与项目之间的关联大吗？

刁助理：基金会的各个项目之间联系得还是挺紧密的，有些项目不仅在空间上相互衔接，更在目标和方法上相互支持。我们做的很多工作其实都是结合空间和人的部分。比如，一开始，其实当地很多人都不知道"开台王"颜思齐是谁，我们让小朋友在老师的指导下，通过讲故事的方式了解颜思齐的故事，同时也让他们在这个空间中感受到生命的活力。于是就有了开台文化公园的"小小解说员"项目。有了这个经验之后，我们继续和青礁小学合作，把这个模式延续到芦塘。在此基础上，我今年创办了"芦塘小主人"活动。

为什么要办这个活动呢？因为今年我们的活动是芦塘的招牌，主要针对妇女群体。其实这个村庄变得这么美好，离不开这些阿姨们的无私奉献。比如"爱心妈妈"团队，很多人都问我这个队伍是怎么成立的。其实，是先有这一帮人，才有这个名号，而不是先有这个名号才有这一帮人。比如亚花阿姨和丽丽阿姨，当时书院在建的时候，亚花阿姨让出了 2000 平方米的地；厕所还没建好时，40 个小朋友去丽丽阿姨家上厕所，这些都是她们无私贡献出来的，后来才有了公共厕所等设施。因为前期修建书院时，生活实在太不方便了，但周边的居民都愿意一起帮忙，"我这边让一下，你那边让一下"，所以才称她们为"爱心妈妈"。但作为一个外来人，我 2018 年到海沧，2019 年开始进入开台文化公园做项目，说实话，我对村子的了解也很少，甚至不知道什么是"爱心妈妈"。我很好奇，所以设立了这样一个课程，和小朋友一起当记者，去采访芦塘当时贡献最多或比较著名的几个爱心妈妈，让她们的故事被大家知道。因为妇女们通常整天在家，不太出门，也很少有平台让她们讲述自己的故事。如果不去记录，谁知道这些阿姨们的付出呢？但这些故事是值得被记录、被传颂的。

所以，项目和项目之间也就联系起来了，我和小朋友们在之前的"小小解说员"的训练基础上，一起挖掘这些故事。我们设计访谈提纲，学习如何摄影、录音等，让小朋友们也能参与其中。今年，我们打破了传统的解说方式，改为代言。活动的全称是"芦塘小主人，我的家乡我代言"。解说可能是讲一个和自己无关的事情，而代言则不同，我希望让小朋友们自己去挖掘"爱心妈妈"的故事，用在地小朋友的视觉，讲好芦塘故事。虽然"爱心妈妈"对外有这样一个说法，但我希望小朋友们能找出自己对"爱心妈妈"的定义，了解她们的故事。通过访问这些爱心妈妈，我们不仅记录了她们的故事，还培养了小朋友们的沟通表达能力和专业素养。

8. 您是怎样调动小孩子的积极性？

刁助理：其实也是连续性的问题。当时我们是跟青礁小学合作，最开始我们提的几个方案，请校长这边支持，让校长觉得我们学生有意愿来学习。当然我们跟学校里讲的时候是说我们会培养他们在口语、演说这方面的能力，这样算是说服他们把人带起来。其实我们自己的内心做的事情我很明确，我们要把尊重的历史文化要留下来。其实第一届我们跟青礁小学合作，到现在就变成是我们有一个基础，有些小朋友他们对这个很有兴趣，甚至不用去招募，很多主动来的小朋友。

小朋友本身对前期的活动就有兴趣，然后我们直接去寻访，用玩的方式让他们去写，他们会觉得很有意思、很有趣。比如在给孩子们准备访谈提纲的时候，我不会直接告诉他们"你要去问阿姨什么"，因为那样就太像机器人在帮我问问题了，毫无趣味性。相反，我会先给他们讲阿姨们的故事。第一堂课上，我会介绍我们要访谈的三位阿姨：第一位亚花阿姨做了哪些事情，第二位阿姨做了哪些，第三位阿姨又做了哪些。然后我会告诉孩子们，我们要侧重这些重点去提问，但具体的题目需要他们自己去想。这样，孩子们不仅能够了解阿姨们的故事，还能在思考问题的过程中锻炼自己的思维能力。通过这种方式，我们强调孩子们需要有一个引导者，也就是老师。老师的作用不是直接给出答案，而是引导孩子们自己去发现、去思考、去创造。这样的过程不仅能让他们学到知识，还能培养他们的自主性和创造力。

9. "芦塘小主人，我的家乡我代言"已经成为青礁小学课外课程的一部

分了吗？

刁助理：应该说是我们是链接学校的一个资源，因为我们是针对小朋友这个群体去抓起来。前期我们跟学校的合作变成是我们基金项目组的资源库，有了这样的资源库之后，这一次去跟学校沟通，学校说可能不能像以往用社团的时间，我们有一个课程的群，我们去群里面找到底有几个有意愿的小朋友，主要是要针对本村的小朋友做一个这样的培训。

10. "培根计划"最初是如何构思的，可以简单介绍这个理念吗？

理事长：培根计划的一个理念是双向的，扎的是台湾青年在大陆生活的根，也扎下了大陆居民对台湾青年认同的根。你看像刁老师在教小朋友，小朋友扎根的同时，他自己在过程里也无形扎下了自己在海沧的根。他认识的这些村民、小朋友、学校、村委会之类的，都是师与德之间的一个双向的互动的沟通。我们这样子的一个工作，看似我们在付出，但是过程里面，我们工作人员其实获得的不比我们授予孩子的少。

同时，这个"根"的灵感来自毛竹。毛竹在刚开始生长的前4年，它的根只涨了3厘米，从第6年开始，它是每天30厘米的往上蹿。当你前4年看到它的时候，它不是没有在涨，而是在扎根，这样的案例让我们得到很大的一个启发。"我不是没有在生长，我是在扎根"，要让大家知道，有时候乡村建设看似没有作为，但其实很多东西在前期是没法体现出来的，很多是被省略掉的。但如果你没有前期扎根的功夫，你未来建再好、再漂亮的空间环境，大家都很漠然，这个不是我们想要的。毛竹给我们很大启发，因此得名"培根计划"。

11. 您可以详细介绍开台文化公园"小小解说员"的情况吗？

理事长：刁老师是最早做开台文化公园"小小解说员"项目的。我们知道，单单从青礁村，开枝散叶到台湾的就有11万人。如果你未来有机会去台湾，你可以直接猜碰到的人是青礁村的，搞不好他都说："对"。"你怎么知道有青礁村的？"开台文化公园"小小解说员"的计划，是想让小朋友向下去扎根。在过程中，老师们要准备非常多的课件和计划书，对村庄的文史资料进行系统梳理。每一堂课不仅有纸本课件，还要带着他们去走村，跟实际的环境结合，不会只是在学校教室那样的教学形式。例如，小朋友怎么画他自己空间的地图？自己想象中的地图在哪里？然后怎么通过实地走访，将想象中的地图与实际环境进行对比和验证，去做进一步的超越？我们培养了两支队伍，一支是小朋友的，另外一支是村民的。

在海沧区开台文化公园，这两年统计接待了 225 团，来听"小小解说员"解说的有 1 万多。这些数字背后，是我们在过程中指导的老师们的辛勤付出。比如，你看小刁老师他自己带了 100 多，有一个村民带了 50 个，培养 25 名青礁小学学生在"开台公园"，接待了文化团。有从甘肃跟金源来的，我们特地让他来参观这里，然后让小朋友解说。大人说，他听了鸡皮疙瘩都起来，他会觉得太了不起了，小朋友对于自己村庄的历史这么熟悉，然后侃侃而谈，非常有自信这样子。在芦塘，我们当年就接待了 400 多团，将近 2 万人。我们项目在执行过程中一直在思考，项目结束后我们离开之后，村庄不能变得空荡荡的，这就是"培根"和"培力"很重要的一个体现。在东孚街道，我们还开展了寻找项目代言人的活动，寻找有能力的父母和本地青年，通过"培根"的方式教导他们，让他们成为村庄的代言人。通过这种方式，我们希望不仅在项目执行期间，而且在项目结束后，村庄依然能够持续发展，传承和弘扬当地的文化。

12. 这些解说员有收入吗？

理事长：这些解说员后来受聘为村庄的解说员，一个月是 3000 块。他们拿固定薪资。

13. 如果你们从这个点撤离了，他们还会有人继续做那种历史的回溯吗？

刁助理：所以我们这个过程中为什么留下这些课件，其实我们今天的课都是对外开放的，是无偿提供的。课件记录了村庄的历史和文化，也包含详细的讲解方法和教学内容，即使项目团队撤离，当地居民和有意愿的个人仍然可以利用这些资料继续进行历史回溯。

理事长：对，我们现在做的村庄项目，凡是课件材料都是无偿提供的，如果有心想要持续去做，我们都可以提供这样的一个材料，但还是要他们自己愿意去做。这个是最基本的，如果你自己都不愿意，真的没有人可以强迫。

持续的动力和意愿是最重要的。

14. 基金会在做的过程中也接触了不少大陆这边的社会组织，相比有哪些优势？

理事长：我觉得我们基金会的一个主要优势是比较自由，我们的工作空间和内容也比较多元，尤其是在"造人造物"方面，不会像一般的社会组织有单向性的专业，专业理念比较强，锁定某一些客群去做，比如有些社会组织专门服务老人，或者专注于小孩的孤独症康复。我们是比较全面的。但是一旦全面的话，我们就没办法掌握到这样细致，意味着我们在某些专业上可能不会像一些单一领域的社会组织那样精进，有些部分还是主要由社工专业者去执行。我们做得是比较泛的，尤其是在硬件空间和基础建设方面。

15. 基金会做这些活动会跟民政局和社区街道直接打交道吗？

理事长：对，据我所知，目前海沧有 11 家社会组织，其实中间有一个叫作社会组织孵化基地，民政局是主管机关。海沧地区就是打造一个叫作社会组织孵化基地，由"手牵手社工服务"来做 11 家社会组织的管理工作。手牵手社工服务就是我们提到的，由深圳市升阳升社会工作服务社提供的督导顾问、智力和资金支持。

16. 项目都是从哪儿接的呢？是从民政局接，还是从其他单位接？

理事长：都有。我们主管单位是民政局，目前几乎都是由民政局来牵头执行。我们现在有 5 个村庄做三个振兴加社区营造的工作，都是由民政局牵头。乡村振兴是农业农村局主管的，民政局就横向地跟农业农村局做一个对接，农业农村局提供了 5 个目前在做乡村振兴的地方村庄社区，然后搭着民政局下设的海峡城乡发展基金会，参与到他们乡村振兴理念之中的社区营造。

17. 您的社会组织会不会跟其他 10 家有一些竞争或者是合作之类的？

理事长：因为我们这 11 家风格不一样，有不同的取向。我们之间并没有明显的竞争关系，但合作的机会也相对较少。每家社会组织都有自己的专业领域和工作重点。

18. 和其他社会组织平时有合作或者是开展互动的活动吗？

理事长：每一家社会组织都有各自不同的取向，多数都是自己做自己的。

这个也是我们当时发现的问题，你问得很好。前年在海沧地区社会组织的创投大赛，我们以西部"培力列车"创作获得大赛第一名，西部"培力列车"这个构想是怎么来的呢？我们希望基金会担任火车，后面有 10 节车厢，每一节车厢是不同的社会组织。因为去做西部扶贫的工作，一个村庄面临问题那么多。老人的问题我不会，我可能会泛着去做，小朋友的问题我也不能去帮你处理，如果说基金会是一个火车头，拖着 10 个不同主体的车厢进到你村庄，其实大家就可以一起做。但这个东西可遇而不可求，尽管我们认识到合作的重要性，并且希望通过"培力列车"这样的项目整合各方资源，但因为平常各个组织还是得为了自己的生计，努力做好自己的那一块。毕竟，每个专业领域、资源和目标，都需要投入大量的精力去维护。所以这种整合在一起做就是短暂的，但是我们希望也借此打造一个平台，让其他的社会组织彼此交流，这是一个善的，而不是竞争的方式。我觉得合作得看机缘，通常情况下，只有当一个项目具有明确的目标取向，并且能够吸引多个组织共同参与时，合作才更容易实现。

19. 做乡村振兴，你们有什么相对优势，面临哪些困难？

理事长：近些年，基金会确实很专注在乡村振兴这边，因为这也算是大的政策背景，也是实实在在为村民好。优势的话，其实就是两岸的资源在这里，台湾青年又擅长于督促，沉得住气在一个村庄扎点驻点。我们能充分利用两岸的资源，尤其是台湾青年的专业能力和经验。再就是人文关怀这一部分，也是基金会在执行项目的重要措施，注重与当地的人建立深厚的情感连接，通过走访调研，了解他们的需求和期望，设计出更贴合实际的项目。同时，团队整体近些年人员也逐渐多元充实了起来。

短板的部分，就是我们没有指定专长背景要求。如果你有心要做，我们都觉得你可以来服务村民，服务地方，所以我们单位里面成员的背景都是多元的。虽然带来了不同视角，但因此我们最大的挑战是怎么样去培训员工。我们叫作"做中学，学中得"。什么叫"做中学"呢？我就直接让你去操作执行，旧人带新人，由专业者去指导，通过实际工作来学习和成长，由经验丰富的成员指导新成员，确保他们能够快速上手。即便现在 5 个村庄有 5 个小组长在带组，但是我跟组长之间的关系就非常密切，掌握他们目前运行这个项目有没有走偏，有没有上轨道。我们的一个方法就是开密集的会议，还有要实地走村，了解他们工作的实际效果，所以"做中学"其实是一个好的机会，他们在做的过程中面对问题马上去改，而不是先纸上谈兵之后放到各个村庄里面去执行。这个挑战性就会变多，你的主管、机关的人员跟各个点的小组长就要很密切。我原先是做这个空间专业的，但是我目前大部分时间得先做管理员，管理他们目前工作的情况。

20. 做乡村振兴项目时，政府提供的资金是否充足？

理事长：对于我们来讲，这两年都不是问题。因为我们做的事情正好是现在大方向的需求。据我所知，这个单位他们的资金来源会非常固定，不过他没有办法一次养太多人。现在社会组织的问题是有了项目他再招聘，所以这个组织的骨干非常少，项目资金有限，社会组织很难长期维持一个庞大的团队，这也会导致员工经验积累较少。

21. 能不能适应大陆这边的规章制度？还有哪些问题需要政府做出改进？

理事长：完全可以适应。作为社会组织来讲，目前最成熟的就是深圳、广州，还有四川的成都，因为这些地方起步早。项目发现问题能不能够得到社会组织的解决，问题不在于制度法规本身，而是当地的大环境是否成熟，是否可以孕育社会组织在这里有好的发展。大部分社会组织都会希望往深圳跟广州那边去。我就知道在广州那边一个成熟的社区，就有三家社会组织，这个地方就要看当地财政有没有经费，然后就是他们认不认同社会组织能做的事情。在海沧地区，地方政府对于社会组织的思维，对他们能做的事情的肯定，不及深圳跟广州。有一些社会组织来海沧看了之后，觉得大环境还不是很成熟。你看现在全国哪一个地方政府社会与行政规划是与社区营造挂钩的，没有，目前海沧还是第一个。这个是相互的，就像是前几年在海沧区地区他们购买社会组织服务，大部分来办活动。比如，我现在有垃圾分类，你来帮我策划活动。政府现在要来做防疫工作，社会组织来帮我办宣传活动。这些哪一个广告公司不能办，对不对？所以，社会组织必须要打造出区别于广告公司的内涵性成果，我们追求的不是风风火火、热热闹闹的活动场面，而是在活动之外政府以及相关部门对社会组织专业的认可，彼此一定要相互了解。

你看我们做社区营造的"造人造物"，有些人会觉得不必"造人"，造桥铺路不是更快吗？所以当你没有这个意识的时候，你就做不到这一点，把我们放到一个不认同我们的地方，我们就跟没有专业背景一样。放对地方，他会让你们沟通，所以说都不是规章制度的问题。公益事业在全球范围内都在发展，说明社会组织的存在是有价值和意义，然而，由于大环境的需求和互动方式，社会组织不得不适应这种环境，以求生存。这导致一些社会组织逐渐变成了"办活动的专家"，而失去了他们原本的专业深度。

22. 基金会申请项目，是迎合政府的想法，还是专门根据社区做？

理事长：因为我们组成构成都有特殊性，也是我们的一个幸运，不会被看成一般的社会组织，这有它的特殊性在。海沧是最早、最大的台商投资区，两岸的关系很密切，比如说台湾新的社区营造这个思路，在海沧地区已经非常普遍，有些地区对于这个认知可能还很薄弱，接受度就会比较低。所以当我们有这样的一个单位，在海沧地区做项目工作的话，都是非常顺风顺水的。

23. 援助西部地区，是如何选定甘肃、宁夏地方的？

理事长：当时有一个农建局牵头，我们都有闽宁协作对口帮扶，海沧区政府对口帮扶甘肃，在当地还有扶贫办的援助。我们对接的都是海沧地区的干部，通过他们和地方政府做交涉。特别是往西部，不是说你想要去哪里就往哪边去，因为它其实有责任田的分属，一般会避免不是你的责任田不是你这个地方管，像现在甘肃的积石山属于山东青岛对口帮扶，所以我们今年度就不去了。

24. 一般设计一个项目在一个地区要持续多久？

理事长：目前我们这5个点都是5个一年，分别是赤土社、下陈社、赤土社、海沧社区、过坂社区。如果持续做得好，就会看项目有没有要持续，或者再换其他地方。项目的持续时间会根据具体情况进行灵活调整。

25. 海沧区对基金会做项目考核，有哪些考核指标？

理事长：有第三方的考核，这是第三方督导单位的工作，这样比较能公正。第三方督导单位会根据项目的实际执行情况、目标达成情况以及财务状况等多方面进行评估。

刁助理：我们也需要量化，我们要办一个活动，开展哪些内容都是有指标的，跟深圳、广州一模一样，我们自己要提交计划书。到底项目资金在哪里，财务做到哪里，你要有预算表。比如，项目是否按照预定目标完成了项目任务，活动内容是否符合项目要求，项目资金的使用是否合理，是否达到了预期的社会效益等等。

26. 基金会成员有没有不适应？

理事长：不适应现在就不在了。可能就是他觉得自己不适合啊，或者是他有其他的志向什么的，他自己就会有一个自然的流转。我们基金会尊重成员的选择，目前留在基金会的成员都是能够适应工作环境并愿意继续参与项目的人。

27. 对基金会成员有考核评价制度吗？不行的会辞退吗？

理事长：其实我们比较少主动把他们考核退出，还是希望在过程里面，他们可以去适应环境之后参与，但是如果说自己真的不希望留下，那就没办法，大部分时候是他们主动离开。

28. 离开的人员去了哪里？项目不多的话，会进行人员调动吗？

理事长：回台湾的多，留下来得少。不会，因为我们现在是 5 个点，是一个常态性的工作。民政局购买服务，每一个人是有一个负责的村居做驻点。像有的老师之前他是在海华社区，现在是来做专案项目，如果专案项目没有了，他的责任区还是在海华社区，他可以回到服务社区上。

29. 基金会有哪些发展规划？

理事长：今年更明确了对口帮扶的，可能会在 7 月左右再进行新一步的西部服务。今年的西部服务我们会跟社会组织进行密切合作。现在预计是两个点，这两个点也会跟社会组织一起去搭配，这个过程也是为了组织跟组织之间的相互学习、单位跟单位之间的相互学习。今年我们也开创了全国第一个"社区营造＋乡村振兴""软＋硬""人＋物"的一个结合，沧江古镇是其中一个案例。

30. 基金会对项目有没有自评效果？

理事长：我们在办任何活动，都会去做阶段性反省。就是说你办了一场活动，结束之后，有没有达到目标，都要去做一个评估。如果没有的话，活动会举办得太复杂，目标不够明确，没有做好前期受众基础等等都会有。我们也会设考核，现在是在月登记，前两年是月工作计划分享，每个人要做PPT简报，年中还有考核。

三、2020—2022 年海峡城乡发展基金会主要工作领域与内容

本研究根据海峡城乡发展基金会理事长、基金会成员微信朋友圈所呈现的活动报道或记录，共有 700 多条，从中节选总结如下。

（一）青少年的传统文化传承与扎根活动

附表 2-1　青少年传统文化传承与扎根典型项目

典型项目名称	活动对象	活动内容 / 特点	活动时间
沧江古镇工作站：古镇造街系列活动："我是旅游小达人"报名开跑！	限 15 位（三年级以上，海沧社区的孩子优先）	集探险、娱乐、学习、参与设计于一体。	为期 6 周，9 月 12 日 9:00 隆重登场。

附表 2-2　青少年传统文化传承与扎根活动记录

活动宣传主题	活动内容
芦塘乡村振兴	儿童欢乐天地！这是最期待的工程项目，得好好监督	嘉嘉老师一对一，进行"芦塘小小解说员"培训演练，扎实的历史文化教学，生动的实地练习。孩子一早就出现在门口，等待上课。

活动宣传主题	活动内容	
青礁村芦塘乡村振兴儿童公园	这是一个想要和你交流对话互动的建筑空间。透过塑造"看与被看"，营造出"相遇、相识、相知"的过程。	厦门理工大学建筑系黄主任为青礁村乡村振兴情意相挺！
海峡城乡·社区营造儿童乡村议事会	本会"芦塘社工作站"与海沧区社会组织孵化基地，联合响应"儿童友好型城市建设"的政策倡导，执行推动儿童乡村议事会。	首批招募：海沧区上学的儿童，以青礁村儿童为主。执行主旨：尊重社区儿童的需求，鼓励儿童参与社区公共事务管理，积极推动、保障儿童参与、决策的能力，尊重儿童提出的针对涉及相关儿童事务的诉求与社区建设。

（二）文化相关活动

附表2-3　文化典型项目

典型项目名称	活动对象	活动内容 / 特点	活动时间
海峡城乡·社区营造赤土社工作站：你我有心，赤土有金——赤土公益书院茶话会	—	赤土公益书院，在4月中旬东孚街道乡村振兴工程项目过程中，村民让地、让物、捐善款。 6月中旬完成第一期工程。明晚茶话会，将开始酝酿村民志愿服务团队。本会将以培力、赋能，陪伴赤土一起成长！	7月1日（周五）20:00

附表2-4　文化活动记录

活动宣传主题	活动内容
"乡村振兴，艺术铸魂"农村的一道美丽风景线	青礁村芦塘社，驻村艺术家，国家一级美术教师康明义老师，周天的乡村美术课，已经开展到第130堂课了
海峡城乡·社区营造赤土书院读书会	飞鸟计划阅读计划 赤土书院小小院长培训营开始啦！我的书院我做主、我管理！

续表

活动宣传主题	活动内容
海峡城乡·培根计划	赤土社工作站：闽南童谣推广。赤土社工作站团队，集结本地村庄人力资源，隔壁家的叔叔伯伯就是讲师，他们会种田，也会教我们闽南语哦！

（三）环境整治相关活动

附表 2-5　环境整治典型项目

典型项目名称	活动对象	活动内容/特点	活动时间
海峡城乡·社区营造，嘿，别碳气！	10—15 组小学四年级一六年级的亲子（洪塘村民优先报名）	11 月儿童议事厅。节能减碳活动，赤土公益书院。（一）模式学习：让赤土的孩童透过儿童议事会学习发言与议题的讨论方式。（二）知识学习：让赤土的孩童透过儿童议事会学习碳中和。（三）运用学习：让赤土的孩童透过儿童议事会所学习的碳中和运用到生活。	2021 年 11 月 20 日（周六）10:00—12:00

附表 2-6　环境整治活动记录

活动宣传主题	活动内容
海峡城乡，你今天节能减碳了吗？	DAY1　从今天起，参与环保议题项目的队员，将以 2 周时间，先行先试，以身作则，将节能减碳落实于日常生活！每日八项习惯养成开始！ "嘿，别碳气！"我们一起加油！短程交通，我们骑电动车，代替一般汽车；长途交通，以大众运输工具优先！

（三）青年相关活动

附表 2–7　青年相关活动记录

活动宣传主题	活动内容	
海峡城乡·社区营造 台湾青年与本地村民的双向培根计划	开台公园文化培根平台，启动！青礁村委会从村主任、村两委、博士村干部、村姑导览员与台青社区营造员们群策群力，让开台公园发挥多元用途，打造青礁村过田社社区营造工作！	
海峡城乡·社区营造	赤土青年团队，迎来第一团活动，50位小朋友玩得不亦乐乎。赤土青年导览队与外部团队合作，欢乐收割活动——收割稻子、制作稻草人、水稻知识的学习，以及蔬菜水果套圈圈等。赤土青年，出谋划策村庄的发展，土地流转盘活，寻求创意出路。刚起步，扎稳脚步，走得远。	华侨大学"台湾学生乡村振兴研习营"一行 22 人来院前参观学习。走过路过我的牛棚木屋，身为台籍优秀村民的我，一定要出来分享哈！
海峡城乡·社区营造 "交流组"的自媒体行动、开跑！	自己的故事，自己来说！ 三年了，我们终于勇敢了，决定在自己的平台上，自在地奔跑！我们是一群台湾青年，在大陆农村田野，做社区营造！	
海峡城乡·人才自造	漂鸟计划，是本会今年夏天的新项目，台港澳高校生透过实习、见学，参与台湾青年在大陆农村的社区营造！我们也因为第三方的视角，更加肯定工作中双向扎根的可贵；很有信心，让高校学子们在即将踏入社会之前，认识一种相当不一样的单位文化、价值体系。	今年赴大陆求学的台青人数增加！盼台湾青年，选择正确的道路，掌握自己的未来，拥抱光明前途！

（四）自身团队建设相关活动

附表 2–8　自身团队建设典型项目

典型项目名称	活动对象	活动内容 / 特点	活动时间
海峡城乡·社区营造课程：基金会新进社区营造员培训	—	主题： 1. 项目工作分享介绍。 2. 项目点导览解说。 3. 伙伴们交流互动。	1. 09:30—12:00，赤土社； 2. 15:00—18:00，过坂社区。

附表 2-9　自身团队建设活动记录

活动宣传主题	活动内容	
海峡城乡·社区营造	项目组员阶段验收：村居"人、文、地、产、景"，导览解说考核。 第一、二场：过坂社区、洪塘村赤土社。第三场：海沧社区。 第四、五场：青礁村芦塘社、一农社区下陈社。	本次进行 5 个项目点，共计 7 位社区营造员的考核。
海峡城乡·社区营造基金会新进社区营造员培训	本会营造学习型的工作环境，并为伙伴创造做中学的专业实践提升！ 一整个月培训，两天进行项目工作点调研学习；组长分享项目工作、组员导览解说村庄社区营造过程。	
海峡城乡·社区营造	新形态的项目工作至今九个多月，故事悠长，请您来认识我们！ 我们职称："社区营造员"！ 我们工作目标："培根培力"！ 自 2019 年成立以来，我们在乡村振兴的路上，不断投入台湾社区营造的精神；以"培根""培力"的理念，为农村社区的人，做好"人的工作"！	

（五）女性相关活动

附表 2-10　女性相关活动典型项目

典型项目名称	活动对象	活动内容 / 特点	活动时间
海峡城乡·社区营造芦塘工作站：姐姐妹妹赞（站）起来！	—	小小成果展——芦塘妈妈形象队展示！	7 月 10 日（周六）19:00—20:00

附表 2-11　女性相关活动记录

活动宣传主题	活动内容
芦塘妈妈站（赞）起来计划	激励农村妇女走出小家，参与公众事务。温柔而坚定的力量，厚积薄发。
芦塘爱心妈妈赞（站）起来	芦塘爱心妈妈发芽于 2016 年，因芦塘书院而起。农村妇女，温柔而坚定的力量。参与村庄公共事务，你可以抱孙子来参加，也可以带孩子来，我们的机制多元开放，完全可以配合妇女们在家庭中的待命状态。
海峡城乡·社区营造芦塘社工作站：姐姐妹妹（站）起来！	在"芦塘爱心妈妈"的基础上，她们从村庄的公益服务，到如今可以进行"商演"。从家庭妇女的单一角色，逐渐发挥多元能量！培根培力，我们看到芦塘社的农村妇女新典范！

（六）西部扶贫相关活动

附表 2-12　西部扶贫相关活动记录

活动宣传主题	活动内容	
"让爱环环相扣"海峡城乡发展基金会，以扶贫项目获得本届大赛金奖	扶贫工作由于地理距离遥远，社会组织参与扶贫，所付出的人力成本十分可观，也不易办到。然而，海峡城乡发展基金会有其特殊角色，我们愿意在获得资源的同时，将调研数据无偿提供，分享给有意参与扶贫的社会组织，以此降低各位的人力成本，让各位可以充分掌握服务对象的实际需求，让各位的专业可以有效而快速的达到点上。	这是一个新尝试，我们将在宁夏泾源县一个易地搬迁村"集美新村"先行先试。此时此刻有两位台湾青年：韦谕、淙毅，他们将持续三个月驻点工作，山海携手！
西部扶贫：让爱环环相扣	厦门海沧区 11 家社会组织共聚一堂！连线西部驻点伙伴，分享一个半月来的阶段报告。扎实的一手数据建置，言之有物的计划构想，理性的要求下是你们丰盈的爱意。	我们将无条件提供驻点的一手信息，让社会组织共享，你们的参与，才能让一切圆满。

活动宣传主题	活动内容	
让爱环环相扣,海沧社会组织培力列车	火车即将进入宁夏泾源县集美村,车上装载着社会组织群策群力的智慧,奔驰在脱贫攻坚的轨道上,齐心协力!	驻点台青淙毅与韦谕策划的"美人养成计划",获得多方肯定与加入,今日10家社会组织从厦门启程,抵达泾源县,集结集美村。
海峡城乡·西部培力	再续山海情——闽宁协作在泾源台青社区营造员驻点对口帮扶,机制再创新。"1+1+1"台青种子教师传帮带+台青社区营造员+陆籍社工,社区营造+社会工作=培力赋能。 感谢泾源县委书记、县长的热情欢迎仪式;感谢宁夏回族自治区港澳台办;感谢福建省港澳台办。	厦门:闽宁培训班 2019年,泾源县闽宁协作项目乡村振兴培训班。 2020年,泾源县六盘山镇提升社会组织及社会治理能力培训。 累计服务61位泾源扶贫干部。 台青社区营造员驻点: 2019年,2名台青社区营造员驻点+3名台青见习生;六盘山镇集美村。 2020年,启动"海沧社会组织培力列车"计划,带动海沧区11家社会组织,落实志愿服务。

参考文献

一、中文著作

1. 陈伟东 . 社区自治——自组织网络与制度设置 [M]. 中国社会科学出版社 ,2004.

2. 陈向明 . 质的研究方法与社会科学研究 [M]. 教育科学出版 ,2000.

3. 哈耶克 . 法律、立法与自由 [M]. 中国大百科全书出版社 ,2000.

4. 李学举 . 社区建设工作谈 [M]. 中国社会出版社 ,2003.

5. 林尚立 . 社区民主与治理 : 案例研究 [M]. 社会科学文献出版社 ,2003.

6. 马西恒 , 何海兵 , 罗峰等 . 中加社区治理模式比较研究——以上海和温哥华为例 [M]. 上海人民出版社 ,2006.

7. 潘小娟 , 史卫民 , 王时浩等 . 城市基层权力重组 : 社区建设谈论 [M]. 中国社会科学出版社 ,2006.

8. 青木昌彦 . 比较制度分析 [M]. 周黎安 , 译 . 上海远东出版社 , 2002.

9. 乔纳森· 特纳 . 社会学理论的结构 [M]. 华夏出版社 ,2001.

10. 王名 . 社会组织论纲 [M]. 社会科学文献出版社 ,2013.

11. 王思斌 . 社团的管理与能力建设 [M]. 中国社会出版社 ,2003.

12. 吴彤 . 自组织方法论研究 [M]. 清华大学出版社 ,2001.

13. 夏建中 . 社区社会组织发展模式研究 [M]. 中国社会出版社，2011.

14. 徐永祥 . 社区发展论 [M]. 华东理工大学出版 ,2000.

15. 徐中振、孙慧民等 . 社区文化与精神文明——上海静安寺街道、南京东路街道等研究报告 [M]. 上海大学出版社 ,2000.

16. 俞可平 . 治理与善治 [M]. 社会科学文献出版社 ,2000.

17. 张静 . 国家与社会 [M]. 浙江人民出版社 ,1998.

18. 郑杭生 . 社会学概论新修 [M]. 中国人民大学出版社 ,1994.

二、中文期刊

1. 边防 , 吕斌 . 基于比较视角的美国、英国及日本城市社区治理模式研究 [J]. 国际城市规划 ,2018,33(04):93-102.

2. 卞国凤 . 社区组织角色、职能定位与和谐社区建设 [J]. 高等职业教育 (天津职业大学学报),2006,(01):61-64.

3. 蔡琴 . 运用大数据提升乌鲁木齐市智慧社区治理效能的探索研究 [J]. 科学咨询 (科技·管理),2024,(02):5-8.

4. 曹海军 . "三社联动" 的社区治理与服务创新——基于治理结构与运行机制的探索 [J]. 行政论坛 ,2017,24(02):74-79.

5. 曹军辉 . 结构调适与机制优化：党建引领提升社区治理效能的实践路径——基于地方 "红色网格" 的多案例研究 [J]. 重庆社会科学 ,2023,(10):94-107.

6. 曹阳 , 白虹 . 空间生产视角下党建引领社区治理共同体建设的实践路径——基于武汉市 C 街道的考察 [J]. 社会科学动态 ,2024,(08):38-44.

7. 曾望军 , 吕耀怀 . 论社区自组织在社区管理中的角色归类及自治功能 [J]. 理论与改革 ,2006,(01):30-33.

8. 曾望军 . 论我国社区自组织的自治困境及其成因 [J]. 理论与改革 ,2007,(03):85-88.

9. 陈家喜 . 反思中国城市社区治理结构——基于合作治理的理论视角 [J]. 武汉大学学报 (哲学社会科学版),2015,68(01):71-76.

10. 陈捷 , 卢春龙 . 共通性社会资本与特定性社会资本——社会资本与中国的城市基层治理 [J]. 社会学研究 ,2009,24(06):87-104.

11. 陈伟东 , 李雪萍 . "社区自治"概念的缺陷与修正 [J]. 广东社会科学 ,2004,(02):127-130.

12. 陈伟东 , 李雪萍 . 社区自组织的要素与价值 [J]. 江汉论坛 ,2004,(03):114-117.

13. 陈伟东 . 城市基层社会管理体制变迁 : 单位管理模式转向社区治理模式——武汉市江汉区社区建设目标模式、制度创新及可行性研究 [J]. 理论月刊 ,2000,(12):3-9.

14. 程秀英 , 孙柏瑛 . 社会资本视角下社区治理中的制度设计再思考 [J]. 中国行政管理 ,2017,(04):53-58.

15. 褚鋆 . 社工组织参与社区治理的机制与路径——以社区参与行动服务中心为例 [J]. 中国机构改革与管理 ,2014,(05):23-24.

16. 刁伟涛 . 制度、自组织与秩序——兼论中国社会的制度变迁 [J]. 江苏社会科学 ,2006,(03):37-43.

17. 丁柯汛 , 徐红 . 数字技术赋能社区治理的逻辑与出路——以上海市 Q 街道"数字孪生"为例 [J]. 智慧中国 ,2024,(06):84-86.

18. 丁赛姮 . 从"重复叠加"到"协同嵌入": 社会治理创新中"五社联动"的内在逻辑及优化路径研究 [J]. 广州社会主义学院学报 ,2024,(02):70-77.

19. 范明林 , 程金 . 城市社区建设中政府与非政府组织互动关系的建立和演变对华爱社和尚思社区中心的个案研究 [J]. 社会 ,2005,(05):118-142.

20. 方晓彤 . 中国社会组织 : 历史进程、现实状况与发展趋向 [J]. 西南石油大学学报 (社会科学版),2017,19(05):71-77.

21. 方亚琴 , 夏建中 . 社区治理中的社会资本培育 [J]. 中国社会科学 ,2019,(07):64-84+205-206.

22. 费孝通 . 对上海社区建设的一点思考——在"组织与体制 : 上海社区发展理论研讨会"上的讲话 [J]. 社会学研究 ,2002,(04):1-6.

23. 汤一介 . "文明的冲突"与"文明的共存"[J]. 北京大学学报 (哲学社会科学版),2004(06):7-15.

24. 冯伟林 . 地方政府政策创新的动力机制分析 [J]. 中共福建省委党校学

报 ,2008,(04):25-28.

25. 甘骏 , 戴顾卫 , 李嘉威等 . 数字技术赋能社区治理的逻辑、困境及其纾解 [J]. 科技和产业 ,2024,24(11):130-134.

26. 高成运 . 民间组织能力建设的视角与路径 [J]. 学会 ,2006,(05):15-21.

27. 葛天任 , 李强 . 我国城市社区治理创新的四种模式 [J]. 西北师大学报 (社会科学版),2016,53(06):5-13.

28. 侯紫珍 , 杨思佳 , 王可涵 , 等 . "五社联动" 社区治理模式实践与优化路径探析——以浙江省杭州市 C 社区为例 [J]. 改革与开放 ,2024,(01):39-46.

29. 胡仙芝 , 罗林 . 社会组织化与社区治理研究 [J]. 中共福建省委党校学报 ,2007,(11):36-41.

30. 胡杨可 , 杨静慧 . 数字赋能社区治理的内在逻辑与优化路径 [J]. 决策科学 ,2024,(01):67-77.

31. 黄浩明 . 加强民间组织能力建设的有效途径 [J]. 杭州师范学院学报 (社会科学版),2003,(05):5-9.

32. 黄卫平 . 南山和谐社区建设 : 党、政府与社会的良性互动 [J]. 中国行政管理 ,2007,(09):8.

33. 姜振华 . 社区参与 : 对社区居民与居委会互动关系的透视 [J]. 中国青年政治学院学报 ,2007,(03):114-120.

34. 康晓光 . 关于官办社团自治化的研究 [M]. 中国青少年发展基金会 , 基金会发展研究委员会 . 处于十字路口的中国社团 , 天津 : 天津人民出版社 ,2001.

35. 康宇 . 中国城市社区治理发展历程及现实困境 [J]. 贵州社会科学 ,2007,(02):65-67.

36. 李国武 , 刘岩 . 一个民间社区组织的成长经验及其面临的问题——来自长春市 "和心俱乐部" 的启示 [J]. 城市发展研究 ,2004,(04):8-13.

37. 李辉 . 社会报酬与中国城市社区积极分子上海市 S 社区楼组长群体的个案研究 [J]. 社会 ,2008,(01):97-117.

38. 李嘉豪 , 卢芳霞 . 从 "分散治理" 到 "融合治理" : 社会治理的逻辑转向——以 M 社区融警务创新为例 [J]. 上海公安学院学报 ,2024,34(02):22-38.

39. 李涛, 李真, 王海英. 社会工作培育社区社会组织的功能、路径和方法 [J]. 中国社会工作, 2021,(04):25-27.

40. 李霞, 陈伟东. 社区自组织与社区治理成本——以院落自治和门栋管理为个案 [J]. 理论与改革, 2006,(06):88-90.

41. 李亚平, 于海. 第三域的兴起——西方志愿工作及其志愿组织理论文选. 上海: 复旦大学出版社, 1998.

42. 李友梅. 基层社区组织的实际生活方式——对上海康健社区实地调查的初步认识 [J]. 社会学研究, 2002,(04):15-23.

43. 李友梅. 社区治理: 公民社会的微观基础 [J]. 社会, 2007,(02): 159-169.

44. 李珍刚, 王三秀. 论非营利组织的筹资策略 [J]. 社会科学, 2002,(06): 67-71.

45. 李志清. 党建引领下广州社区治理的现状、困境与路径 [J]. 广州社会主义学院学报, 2021,(04):63-67.

46. 林闽钢. 社会学视野中的组织间网络及其治理结构 [J]. 社会学研究, 2002,(02):40-50.

47. 林闽钢. 社会资本视野下的非营利组织能力建设 [J]. 中国行政管理, 2007,(01):42-44.

48. 刘春荣. 国家介入与邻里社会资本的生成 [J]. 社会学研究, 2007,(02): 60-79.

49. 刘剑康, 曾望军, 吕耀怀. 社区自组织在我国社区管理中的角色困境及其解救 [J]. 湖湘论坛, 2006,(03):9-11.

50. 刘伟. 前中国社会的自组织问题之思考 [J]. 绿叶, 2007(8).

51. 刘岩. 城市社区组织的自主性缺失与内源性发展 [J]. 社会科学战线, 2009,(02):207-211.

52. 刘振, 朱志伟. 目标与结构: 社区社会组织的类型化分析 [J]. 社会工作与管理, 2018,18(02):72-77.

53. 刘志昌. 草根组织的生长与社区治理结构的转型 [J]. 社会主义研究,

2007,(04):94-96.

54. 卢汉龙 . 社区服务的组织建设 [J]. 上海社会科学院学术季刊 ,2002,(02): 96-105.

55. 卢瑾 , 郭光玉 . 建构社区治理共同体的多重逻辑与实现路径——基于 昆明 C 社区 "五社联动" 分析 [J]. 中共天津市委党校学报 ,2024,26(04):87-95.

56. 鲁露 , 金艾裙 . 社区治理主体视角下的社区能力建设对策研究 [J]. 河 北北方学院学报 (社会科学版),2015,31(04):87-91.

57. 陆震 . 社区建设、企业改革和现代社会结构 [J]. 社会 ,1998,(05):7-9.

58. 罗峰 . 和谐社会与社会自组织力的提升 [J]. 探索与争鸣 ,2007(2):30.

59. 马立 , 曹锦清 . 社会组织参与社会治理 : 自治困境与优化路径——来自 上海的城市社区治理经验 [J]. 哈尔滨工业大学学报 (社会科学版),2017,19(02): 1-7.

60. 孟晓玲 , 冯燕梅 . 我国社会组织参与社区治理的模式、困境与路径 [J]. 西安财经大学学报 ,2021,34(03):109-118.

61. 闵学勤 . 社区自治主体的二元区隔及其演化 [J]. 社会学研究 ,2009, 24(01):162-183.

62. 戚晓明 . 乡村振兴背景下乡村环境治理的主体变迁与机制创新 [J]. 江 苏社会科学 ,2018(05):31-38.

63. 秦海霞 . 关系网络的建构 : 私营企业主的行动逻辑以辽宁省 D 市为个 案 [J]. 社会 ,2006,(05):110-133.

64. 邵梓捷 , 杨良伟 . "钟摆式回应" : 回应性不足的一种解释——基于 S 市地方领导留言板的实证研究 [J]. 经济社会体制比较 ,2020(1):114-122.

65. 深圳凤凰社区营造模式 : 让人们不再陌生 [J]. 领导决策信息 ,2016(22): 20-21.

66. 沈冠辰 , 王磊 , 杨鑫 . 大数据背景下我国城市社区治理问题及优化路 径 [J]. 科技智囊 ,2022,(11):43-48.

67. 石凤蓉 . 社区自治组织缺位下的治理困境与对策研究——以 H 小区防 汛为例 [J]. 甘肃科技 ,2021,37(12):89-92.

68. 孙立平. 实践社会学与市场转型过程分析 [J]. 中国社会科学,2002,(05): 83-96.

69. 孙志祥. 北京民间组织个案研究 [J]. 社会学研究,2001(01).

70. 唐兴军,李定国. 文化嵌入:新时代乡风文明建设的价值取向与现实路径 [J]. 求实,2019（02）.

71. 唐有财,胡兵. 社区治理中的公众参与:国家认同与社区认同的双重驱动 [J]. 云南师范大学学报 (哲学社会科学版),2016,48(02):63-69.

72. 王毕然,尹学朋."五社联动"模式影响社区居民的社会治理效能感研究——基于河南、四川两省调查数据的实证分析 [J]. 河南财政金融学院学报 (哲学社会科学版),2024,43(04):68-72.

73. 王宁. 代表性还是典型性?——个案的属性与个案研究方法的逻辑基础 [J]. 社会学研究,2002,(05):123-125.

74. 王秋花. 社区组织参与城市社区治理的实践与思考——基于惠州市 H 区的调查 [J]. 惠州学院学报,2017,37(01):19-24.

75. 王茹. 台湾的非营利组织与公民社会构建 [J]. 台湾研究集刊,2004(4).

76. 王锐. 村干部的政策执行策略:地方性知识运用与政策投机——基于农村计生干部的口述史分析 [J]. 中国农村研究,2017:88-113.

77. 王瑞华. 社区自组织能力的有机构成及其提升途径 [J]. 四川大学学报 (哲学社会科学版),2007,(02):101-105.

78. 王瑞华. 社区自组织能力建设面临的难题及其成因 [J]. 城市问题,2007,(04):64-69.

79. 王仕图. 社区型非营利组织资源动员与整合:以社区发展协会为例 [J]. 台湾社会福利学刊,2007(2).

80. 王思斌. 社区建设中的中介组织培育 [J]. 中国民政,2001,(01):15-18.

81. 王思斌. 体制改革中的城市社区建设的理论分析 [J]. 北京大学学报 (哲学社会科学版),2000,(05):5-14.

82. 王雪婷. 浅析我国社区组织存在的问题及其对策 [J]. 福建论坛 (社科教育版),2010,(06):61-62.

83. 王英伟. 城市社区组织结构的重建 [J]. 社会科学家 ,2003,(02):50-53.

84. 卫志民. 中国城市社区协同治理模式的构建与创新——以北京市东城区交道口街道社区为例 [J]. 中国行政管理 ,2014,(03):58-61.

85. 魏娜. 我国城市社区治理模式 : 发展演变与制度创新 [J]. 中国人民大学学报 ,2003,(01):135-140.

86. 文军. 中国社会组织发展的角色困境及其出路 [J]. 江苏行政学院学报 ,2012,No.61(01):57-61.

87. 吴光芸,杨龙. 社会资本视角下的社区治理 [J]. 城市发展研究 ,2006,(04):25-29.

88. 吴理财. 乡村文化"公共性消解"加剧 [J]. 人民论坛 ,2012(4).

89. 吴彤. 自组织方法论论纲 [J]. 系统辩证学学报 ,2001,(02):4-10.

90. 吴修丽. 社区组织参与城市社区治理实践探究——以深圳市 L 社区为例 [J]. 公关世界 ,2022,(15):87-88.

91. 吴宗友,翟玉龙. 论城市社区组织的形态培育和角色定位 [J]. 中国民政 ,2003 (11):14-15.

92. 夏建中. 治理理论的特点与社区治理研究 [J]. 黑龙江社会科学 ,2010,(02):125-130.

93. 夏玉珍,李骏. 社区组织体制创新刍议 [J]. 华中师范大学学报 (人文社会科学版),2003,(03):44-47.

94. 向德平. 社区组织行政化 : 表现、原因及对策分析 [J]. 学海 ,2006,(03):24-30.

95. 向静林. 结构分化 : 当代中国社区治理中的社会组织 [J]. 浙江社会科学 ,2018,(07):99-106.

96. 肖日葵,萧仕平. 不同理论视角下的社区自组织研究综述 [J]. 天府新论 ,2009,(01):82-85.

97. 徐选国. 从体制创新到生态建构 : "五社联动"对"三社联动"的传承与超越 [J]. 社会科学战线 ,2024,(08):241-250.

98. 轩明飞. 社区组织与社区发展——一对社会学概念关系的界定与阐

述 [J]. 科技与经济 ,2002,(04):27-30.

99. 闫小斌 . 启蒙 : 乡村公共文化服务之初始价值与使命 [J]. 图书馆建设 ,2018(05):8-12.

100. 燕继荣 . 社区治理与社会资本投资——中国社区治理创新的理论解释 [J]. 天津社会科学 ,2010,3(03):59-64.

101. 杨贵华 . 重塑社区文化 , 提升社区共同体的文化维系力——城市社区自组织能力建设路径研究 [J]. 上海大学学报 (社会科学版),2008,(03):92-98.

102. 杨君 , 徐选国 , 徐永祥 . 迈向服务型社区治理 : 整体性治理与社会再组织化 [J]. 中国农业大学学报 (社会科学版),2015,32(03):95-105.

103. 杨团 . 志愿精神能够用行政方式推动吗 [J]. 志愿服务论坛 2004(1).

104. 杨宜音 . 试析人际关系及其分类——兼与黄光国先生商榷 [J]. 社会学研究 ,1995,(05):18-23.

105. 叶林 , 宋星洲 , 邵梓捷 . 协同治理视角下的 "互联网 +" 城市社区治理创新——以 G 省 D 区为例 [J]. 中国行政管理 ,2018,(01):18-23.

106. 俞可平 . 全球治理引论 [J]. 马克思主义与现实 ,2002,(01):20-32.

107. 张大维 , 陈伟东 , 孔娜娜 . 中国城市社区治理单元的重构与创生——以武汉市 "院落自治" 和 "门栋自治" 为例 [J]. 城市问题 ,2006,(04):59-63+68.

108. 张会霞 . 城市社区政府与社区组织之间的新型互动关系 [J]. 中国集体经济 (下半月),2007,(02):242-244.

109. 张立荣 , 李莉 . 当代中国城市社区组织管理体制 : 模式分析与改革探索 [J]. 华中师范大学学报 (人文社会科学版),2001,(03):14-19.

110. 张平 , 雷洁琼 . 社区服务、社区建设、社区管理、社区治理的概念辨析 [J]. 淮北职业技术学院学报 ,2017,16(01):84-88.

111. 张莺 . 试论城市社区组织构成的特征 [J]. 经济与社会发展 ,2010,8(03):119-121.

112. 张勇 . 农村基层权力 "悬浮" 之本源与解决路径 [J]. 理论视野 ,2010(9):27-30.

113. 张育广 , 姚欢芸 . 风险治理中社区组织韧性 : 意涵、局限与优化 [J].

社会工作与管理 ,2023,23(01):91-100.

114. 张云熙 . 社区社会组织研究综述 [J]. 社科纵横 ,2015,30(04):95-98.

115. 赵芳芳 . 社群主义视角下社区组织参与治理的困境分析 [J]. 经济研究导刊 ,2017,(02):190-191.

116. 赵国政 . 协同治理视阈下城市社区治理效能优化路径研究 [J]. 住宅与房地产 ,2024,(19):74-76.

117. 赵楠楠 , 刘玉亭 , 刘铮 . 新时期"共智共策共享"社区更新与治理模式——基于广州社区微更新实证 [J]. 城市发展研究 ,2019,26(04):117-124.

118. 郑露荞 , 伍江 . 社区公共空间的生产——以大鱼社区营造发展中心的上海新华路社区营造实践为例 [J]. 新建筑 ,2020(04):81-85.

119. 周庆智 . 论中国社区治理——从威权式治理到参与式治理的转型 [J]. 学习与探索 ,2016,(06):38-47+159.

三、中文学位论文

1. 卜万红 . 中国城市社区组织结构的演变与重构 [D]. 华中师范大学 ,2004.

2. 邓涛 . 角色期待与实践：社区建设中的社区社会组织 [D]. 华中师范大学 ,2017.

3. 刁伟涛 . 和谐社会的组织与自组织分析 [D]. 山东大学 ,2006.

4. 董秀 . 深圳非政府组织（NGO）参与社区治理模式研究 [D]. 武汉大学 ,2010.

5. 郭珅 . 社区社会组织参与社区治理研究 [D]. 南京大学 ,2012.

6. 韩树明 . 嵌入视角下街道社工站参与社区治理的实践探索及路径优化研究 [D]. 青岛大学 ,2023.

7. 何威 . 治理共同体建构：城市社区协商治理研究 [D]. 华东师范大学 ,2018.

8. 贺丽瑾 . 城市社会管理创新中的基层社区组织研究 [D]. 南京师范大学 ,2012.

9. 姜郸 . 中国城市社区互动式治理研究 [D]. 吉林大学 ,2020.

10. 李师坪 . 社区社会工作与社区组织体系建构研究 [D]. 吉林大学 ,2012.

11. 热娜·阿布拉哈提 . 三社联动机制下社区社会组织参与社区治理的困境与对策研究 [D]. 北京化工大学 ,2021.

12. 思琦 . 地方文化产业与社区营造之研究——以关西玉山地区为个案 [D]. 新竹教育大学硕士学位论文，2008.

13. 童倩倩 . 嵌入视角下社会组织参与社区治理行动策略研究 [D]. 西南财经大学 ,2022.

14. 吴猛 . 社区自组织与居委会直接选择成本——以武汉柴东社区和宁波澄社区为个案 [D]. 华中师范大学 ,2005.

15. 余坤明 . 转型时期城市社区自治——行政权边界外的自组织 [D], 华中师范大学 ,2006.

16. 张玉婷 . 社区社会组织参与社区治理的功能与困境 [D]. 南京大学 ,2019.

四、中文网站

1. 杨团 . 社区非营利组织与社区 [EB/OL].http;//www·chinasocialpolicy·org/Paper-Show·asp? Paper-ID=184,2005-11-25.

2. 葛道顺 . 社区自组织下的志愿者行动与老人服务 [OL].http://www.chinasocial policy.org/Paper_Show.asp?Paper_ID=151,2005-11-21.

3. 和谐社区建设全国推广"湖里经验"厦门网 [OL].http://www.xmnn.cn/dzbk/xmrb/20080507/200805/t20080507_552805.htm,2008-05-07.

4. 北京市大兴区创新"拉家常"议事会工作机制打造党建引领老旧社区治 理 新 格 局 [OL]. https://www.12371.cn/2020/12/30/ARTI1609321819920897.shtml,2020-12-30.

5. 社区参与式博物馆正式开馆！ [OL].https://mp.weixin.qq.com/s/SrtMMnQFMkQit3JG57vVIQ,2021-03-10.

6. 李习彬 . 系统管理与政府管理创新 [EB/OL].www·long-sighted.com/lixi

bin/ 2002-03-04.

7. 深圳凤凰社区营造的"涅槃"实验 [OL].http://www.cncn.org.cn/content/
2016-04/146163496327396.html,2016-04-26.

8. 凤凰空间，居民的幸福空间 [OL].http://www.sswc.org.cn/news-74426.
html,2018-12-27.

9. 中华人民共和国中央人民政府 [EB/OL].http://www.gov.cn/zhengce/2019-
10/27/content_5445556.htm.

10. 张辉."拉家常"议事会 打造社区协商新机制 [OL]. 社区杂志 ,https://
mp.weixin.qq.com/s/SgjmhdFXoXBIp0aa9bCNKA,2022-01-28.

五、英文著作、论文

1. Agrawal, A. and C.C. Gibson, 2001, "The role of community in natural
resource conservation. In Communities and the Environment: Ethnicity, Gender,
and the State in Community-based Conservation".(eds.)A.Agrawal and C. C.

2. Baker, W. 1990, "Market networks and corporate behavior".American
Journal of Sociology,96: 589-625.

3. Blau.Peter M，1964，"Exchange and Power in Social Life".Transaction
Publishers.

4. Bradshaw J.1972，"The Concept of Social Need." New society,30(3)).

5. Community and Society. Ferdinand Tonnies[M]. Dover Publications，2011.

6. Cristiana Simao Seixas and Brian Davy,2008, "Self-organization in
integrated conservation and development initiatives". International Journal of the
Commons Vol(2)1:99-125.

7. George J.warheit,1984, "selecting the Needs Assessment Approach in Fred
Mcox." tactis and techniques of community Practice,Itasca: pencock.

8. Gibson, 1-31. New Brunswick, NJ: Rutgers University Press.

9. Luhmann，Niklas，1979, "Trust and Power".Chichester:Wiley.

10. Nahapiet J. and S.Ghoshal，"Social Capital,Intellectual Capital and the Organizational Advantage".Academy of Management Review,1998,23(2).

11. Paul S. Adler and Seok-Woo Kwon，2002，"Social Capital: Prospects for a New Concept". The Academy of Management Review,vol(1).

12. Selznick Philip，1953，"TVA and the Grassroots Berkeley".CA: The University of California Press.

13. Tsai and Ghoshal，1998，"Social capital and value creation: The role of intrafirm networks".The Academy of Management Journal, vol(4).

后 记

本书的撰写凝聚了笔者和学生们的心智和努力。在写作过程中，我的研究生徐语晴、王学勤、王超、王青芸、陈丽霞、张金水、苏悦等对相关资料收集、访谈资料整理做了大量的工作。王青芸、陈丽霞、张金水、苏悦则对海峡城乡发展基金会开展了田野调查。王学勤、王超、徐语晴对全书的参考文献格式的校正做出贡献。通过著作撰写，教学相长，收获颇丰。

本书的田野调查能顺利进行，十分感谢相关领导的支持和帮助。特别感谢时任海沧区民政局陈晓忞局长的大力指导和支持，以及海沧区海峡城乡发展基金会各位成员，尤其是李佩珍理事长的全力配合与帮助。笔者先后进行多次田野调查，与海沧区政府民政局相关工作人员、海峡城乡发展基金会理事长及从事社区营造项目的社造员，就社会组织内部规划问题与社会组织参与社区治理和乡村振兴的相关问题进行深入交流，从中获取了大量丰富的第一手访谈资料，为著作的撰写奠定了翔实的文字记录基础。

本书的撰写过程中，高和荣教授给予了大力的支持、指导，在此表示感谢。最后，非常感谢厦门大学台湾研究院对本书的各种支持。

肖日葵

2024 年 11 月 12 日